人文篇

臺灣的紋理

Man-Land Relations Manifested in Culture, Settlement, Economy, Landscape, and Disaster Reduction

Human Texture of Taiwan

王文誠／李柏賢／李素馨／林俊全／洪伯邑／
洪廣冀／陳宏宇／陳美惠／黃誌川／劉益昌／蘇淑娟　著

人地關係中的文化、聚落、產業、景觀與防災

2

目次／Contents

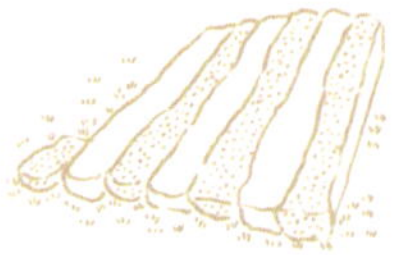

PART 3 林鑛・晶片——經濟之島

PART 4 環境．共融——芳菲之島

PART 5 韌性・再生——機會之島

11 多變環境下的島嶼生存方式：臺灣的地質災害與預警／陳宏宇

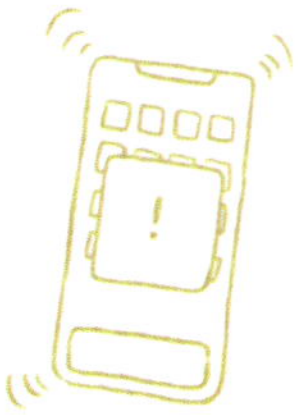

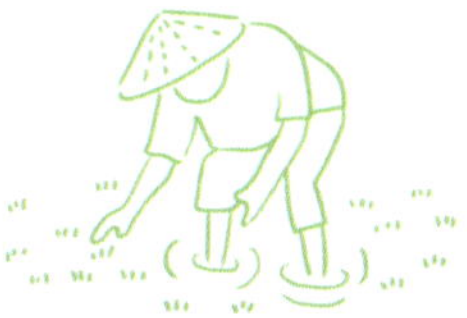

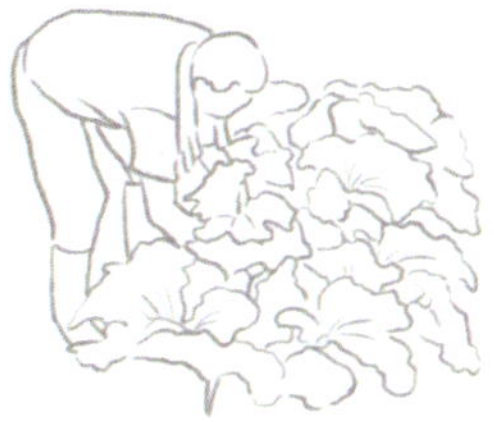

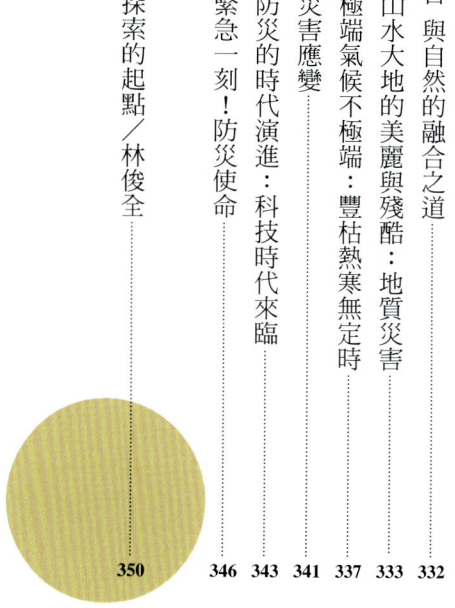

序

歷史文明與自然環境影響，我們在動態紋理中尋路

／林俊全

我們對臺灣究竟有多少認識呢？臺灣有許多特色，都是由地表的岩性、構造與地表作用、氣候特性，經過長時間所形塑的。生長其間，我們似乎已經認定這些地表的特色，是環境中理所當然的現象，卻沒有細心想過究竟對它們有多少認識？有沒有歷史、地理課本沒有教導，卻是我們應該知道的呢？

「我們可以將這些地景的組成，稱作臺灣的紋理嗎？」「如何有系統的認識這些紋理？」「人們如何生活其間？」以上層層叩問，產生出「臺灣的紋理」系列最初始的演講構想。本書之所以誕生，即是源於此系列演講。

此系列希望探討的，是從不同角度觀看臺灣的特性，並且可以比較完整地了解這些特性是如何呈現出臺灣的紋理。

為了完整這個企劃，邀請了二十四位跨領域的專家學者進行演講，一起帶領大家重新認識臺灣。二十四位專家述說的紋理面向，包括自然環境的地質、地形、林業、礦產、海洋資源、漁業、野生動植物等領域，另外更有人類學、歷史、文化、經濟等脈絡與故事，說明交織其間的人文史蹟與大地脈動。

這些精采的主題，分成兩冊出版，分別是自然篇與人文篇。本書中，劉益昌教授以他多年的涵養，詮釋臺灣的人類世，從舊石器時代開始，尤其是近四、五百年來，人們在臺灣這塊土地耕耘的足跡，

其土地利用方式，改變了許多地貌，說明臺灣如何受到文明發展而變遷。對於了解過去到現在的各項活動的影響，這篇文章做了很好的論述。天然災害對臺灣而言，是不可迴避的發展宿命。地殼擠壓以及每年颱風帶來的災害，不斷刻畫著地表地景。可以看出人類世以來的臺灣，面對這些災害的挑戰，一直是滾動式的發展。如何趨吉避凶，是土地子民必須建立的素養。

黃誌川教授討論的水文課題，說明土地如何涵養水資源，以及各種水資源的利用，是本書一個重點。洪廣冀教授的林業資源以及森林利用史，乃至於日本時代如何經營規劃臺灣的森林資源，更是我們需要重視的課題。就礦業而言，臺灣一向被認為是缺乏天然資源的島嶼，礦業有哪些資源與如何利用，李柏賢老師用金瓜石做了很好的說明，非常值得參閱。

王文誠教授、陳美惠教授與蘇淑娟教授對臺灣的產業與經濟活動的發展，以及對這塊土地的影響，各自有其獨到的切入視角，尤其以臺灣西南泥岩惡地居民對大自然的調適與土地利用的案例來看，特別值得細心深入品味。而臺灣引以為傲的茶葉，如何受到風土影響，形成特殊的臺灣味，洪伯邑教授特有的詮釋令人驚豔。

此外，臺灣的紋理如何透過地景解讀，了解其受到歷史脈絡與自然環境的限制，可以在李素馨教授、陳宏宇教授與我的思考中看到。與災害共存的背景下，如何走向永續發展？期待讀者對臺灣有更全面的了解。

本書特別希望提供讀者，尤其是高中生，在進入大學前，就有機會全觀性地認識臺灣、培養出環境素養。透過本書，若能進一步參與讀景或田野考察相關活動，將更能豐富自己的視野，深刻認識環境與其內涵。書籍出版提供讀者完整的知識、概念與情懷，並讓以上所有得以實踐。

PART 1

人地・共感

——演進之島

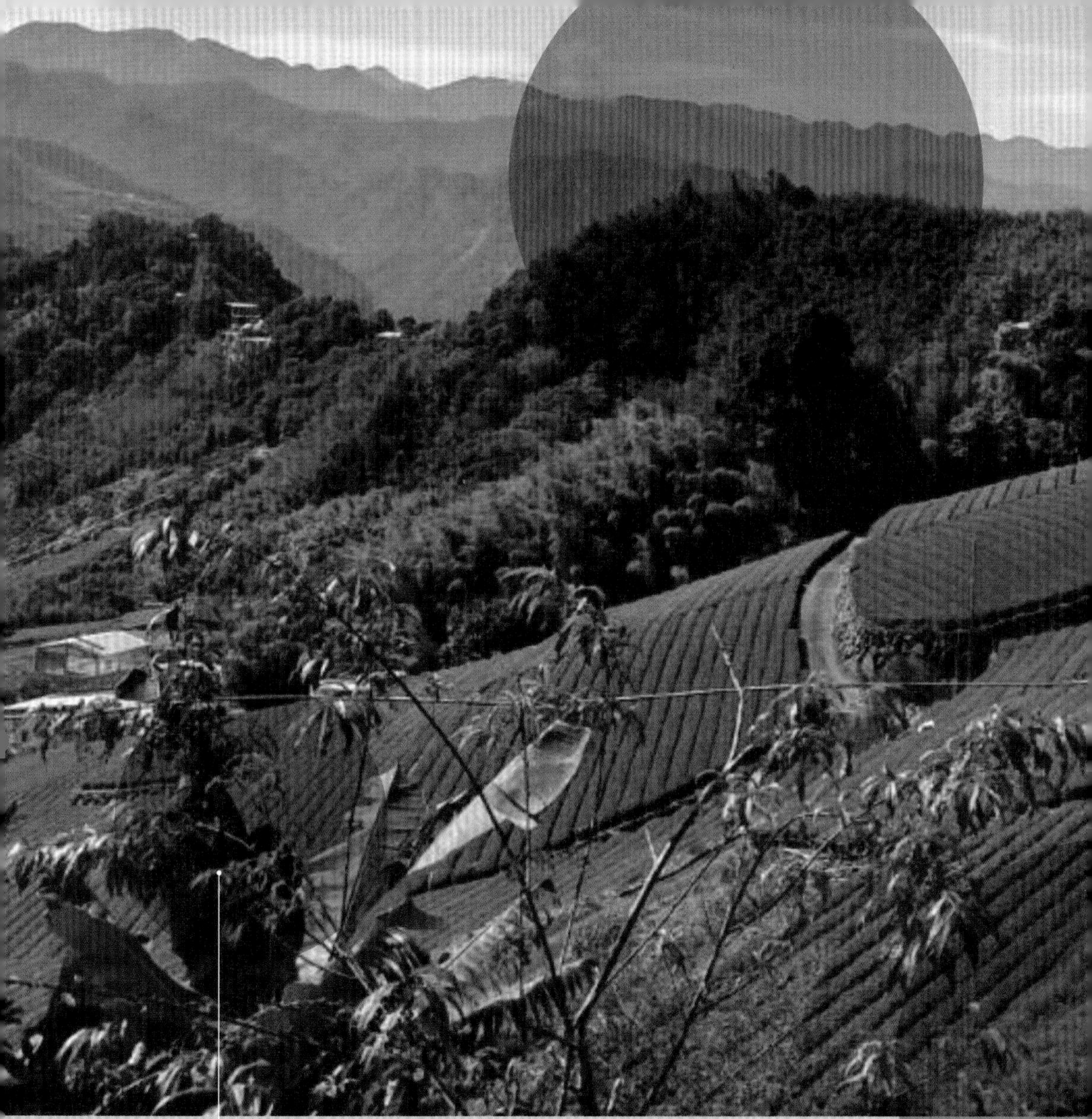

01 臺灣的人類世／是什麼

01

臺灣的人類世／是什麼

劉益昌

引言　人類和他所造成的人類世

究竟有沒有人類世（Anthropocene），或者人類世的定義是什麼，雖然是一個還在討論的課題，但是無可否認，人類已經對大自然造成了嚴重的影響，而且包括很多不可回復的影響。人類對自然的影響到達改變且無法回復的程度，或許就可以說是人類世已經來臨的定義。

全世界可以有一個大的人類世定義，但是每一個不同區域，也可以有自己的人類世定義。本文討論人類對臺灣這塊土地在不同階段的影響。人類世在於思考人類和自然環境之間的關聯，因此以臺灣而言，就必須思考人類存在於此地的發展過程，和對自然所帶來的影響。因為「人類世」這個觀念，從上個世紀末九〇年代出現，就在於全球工業化之後，石化工業產品使用造成氣候變遷以及整體自然與人文環境的改變，這使得比較敏感的學術界憂心忡忡，當然會思考究竟人類對自然帶來什麼樣的影響；由於這是一種不可逆的影響，因此才會提出人類在對自然已經造成不可逆的狀態、且在自然條件中可找到相對應存在的地層堆積之下，可以標誌人類影響自然已經形成，從嚴謹的定義亦可以指出已經走入「人類世」。

人類出現在地球上的時間已經相當久遠，長期以來和自然產生互動，互動方式所產生的結果就成為了解這塊土地時間和空間脈絡以及紋理的最重要理解途徑，所以我們從人和自然長期互動的過程寫起。環境是持續變遷的進行式，透過不同學科的研究，基本上都可藉以理解地球上整體自然環境從有人類以來，就一直和自然擁有複雜的互動關係。不論是大尺度的地質學、生物學，或者細緻的植物學、動物學，其研究成果皆足以證明和解釋長期演變。這種思考不僅在全球的尺度如此，就一個小區域的尺度而言也是如此。

臺灣擁有複雜而多變的自然環境和生物相，雖因為長期以來人類密集的土地利用而有所改變，但是面對充滿傷痕的母親，這塊大地仍然可以復原；不過長年以來臺灣的經濟發展態度，卻也難以完全樂觀，畢竟仍有一些超過自然底線的利用形態持續出現，這將導致一種自然無法回復的狀態，而這樣的狀態，一旦逐漸擴張就會造成長遠後果。這是臺灣需要面對的課題。本文所敘述的是長時間尺度以來，人類和環境之間的互動關係，並提醒我們該如何自處。

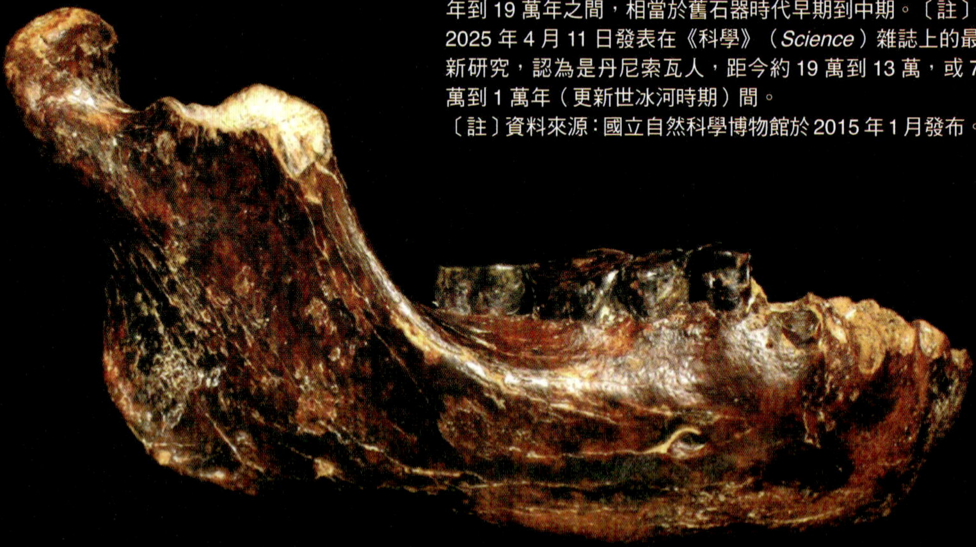

⇩
發現於澎湖鄰近海域的人類下顎骨，年代推測為距今 45 萬年到 19 萬年之間，相當於舊石器時代早期到中期。〔註〕2025 年 4 月 11 日發表在《科學》（*Science*）雜誌上的最新研究，認為是丹尼索瓦人，距今約 19 萬到 13 萬，或 7 萬到 1 萬年（更新世冰河時期）間。
〔註〕資料來源：國立自然科學博物館於 2015 年 1 月發布。

⇦
網形文化較早階段出土的石器，可能與直立人或丹尼索瓦人的年代相關。

一、人和自然共存的階段：從舊石器時代到十世紀

人和自然共存的**第一個段落**是舊石器時代。人們雖獵取動物、採集植物等自然資源，但是和自然是一個共生的狀態。舊石器時代的時間延續相當長，有一部分在冰河時期，當時的海水面下降，因此臺灣海峽長時間處於陸地狀態。由於臺灣海峽自然環境相當優良，包括擁有平坦的地形，因此直立人從舊石器時代早期到中期之間開始在此生活。

雖然已在澎湖海域發現舊石器時代的人類遺骸，不過到目前為止，仍然沒有發現可以對應的石器或其他的文化和生態遺物，因此無法理解當時人類的生活樣貌。不過和同一時代全球其他地區的發現比較，可以知道當時人類以狩獵、採集作為主要的生業型態，和自然環境可說是完全契合，並未改變自然。

新石器時代初期以後，人類發明農業，開始耕作，因此改變一部分自然，但是改變的範圍和程度並不大，仍然是自然的一部分；自然可以透過回復的過程，重新讓人類改變的環境回到自然狀態。這樣一個反覆的過程，是自然和人類互動的表徵。此互動長期存在於史前的社會當中，顯然史前時代人類雖然局部改變自然，自然仍有能力恢復。

這個階段臺灣的史前文化屬於大坌坑文化，時間在距今六千年前到五千年前之間，最初分布在臺灣本島西海岸的南北兩端，也就是今日的淡水河口南北兩岸和古高雄灣內側鳳山臺地的邊緣。當時的海水面已經和現在相當，但是臺灣的土地長期隆起，因此人類居住的場所大都位

大坌坑文化（6,000-5,000B.P.）

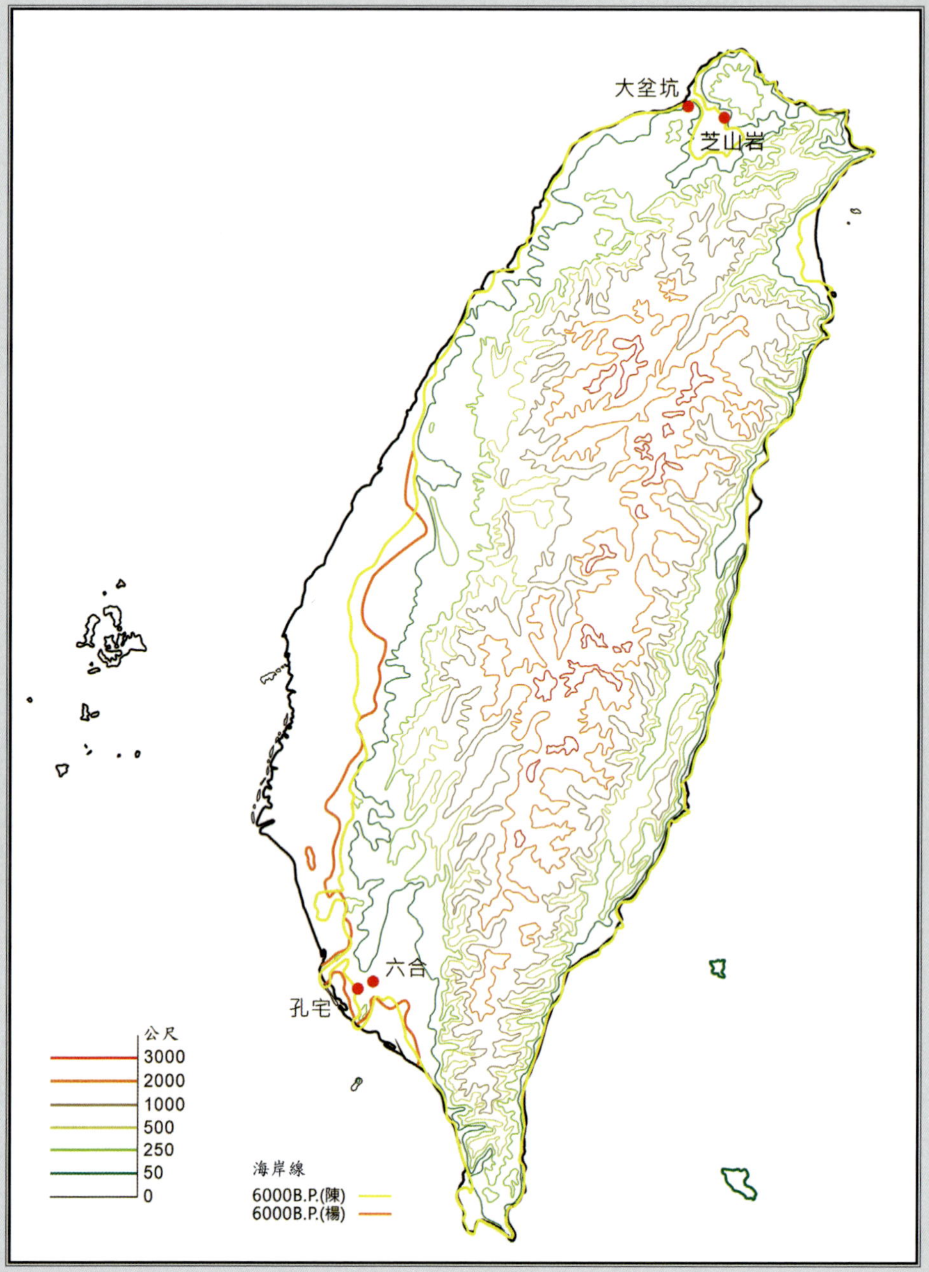

↑
大坌坑文化早期階段主要的聚落分布，說明當時人類和自然環境的關係，
尤其是和海岸線與河湖的關係。

大坌坑文化晚期和同時間其他文化（5,000-4,200B.P.）

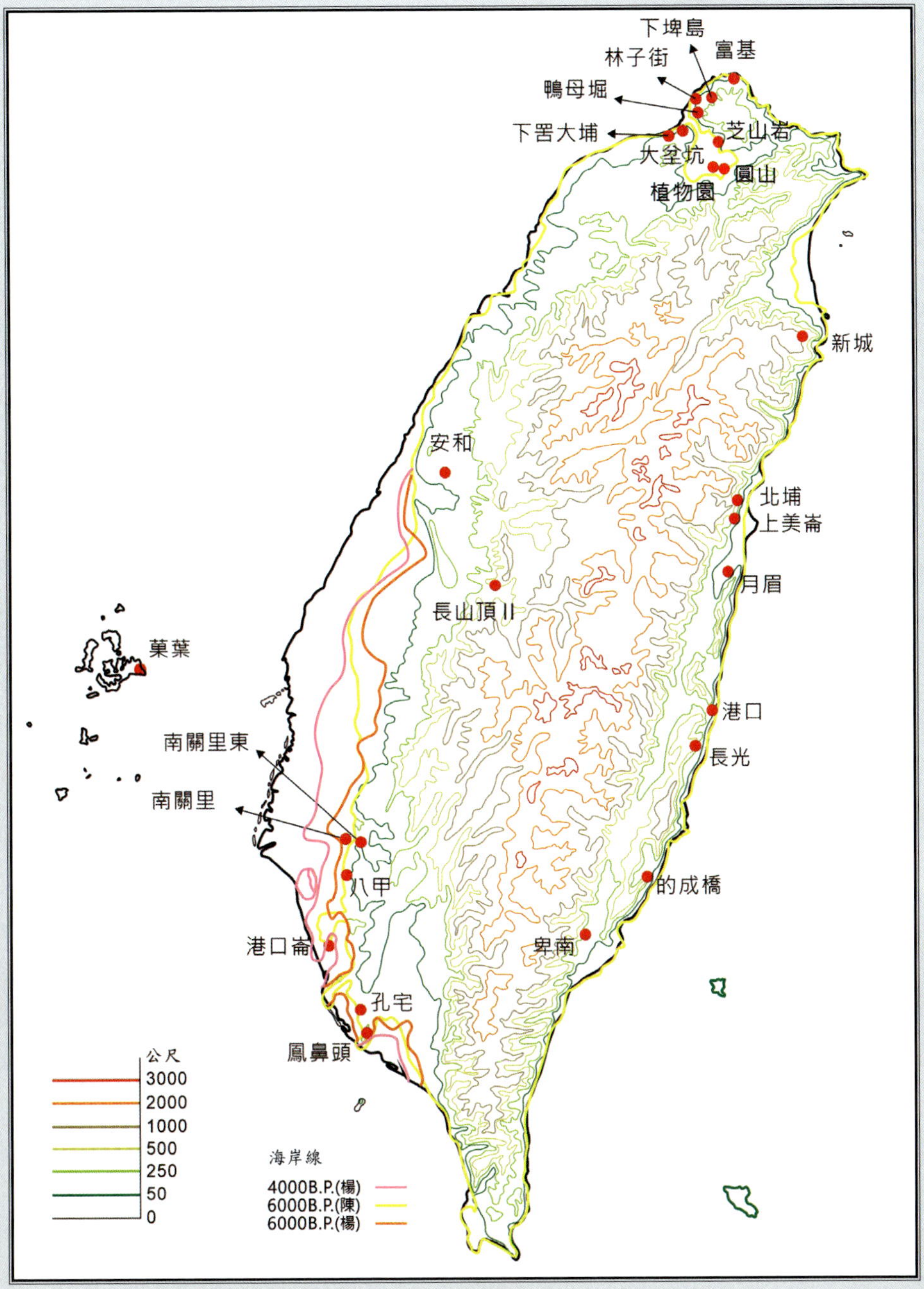

↑
大坌坑文化晚期階段和同時間其他文化主要的聚落分布，說明當時人類和自然環境的關係，尤其是和海岸線與河湖的關係。

↓
大坌坑文化的工具組合，說明人類的生業型態，以山田燒墾為農業。

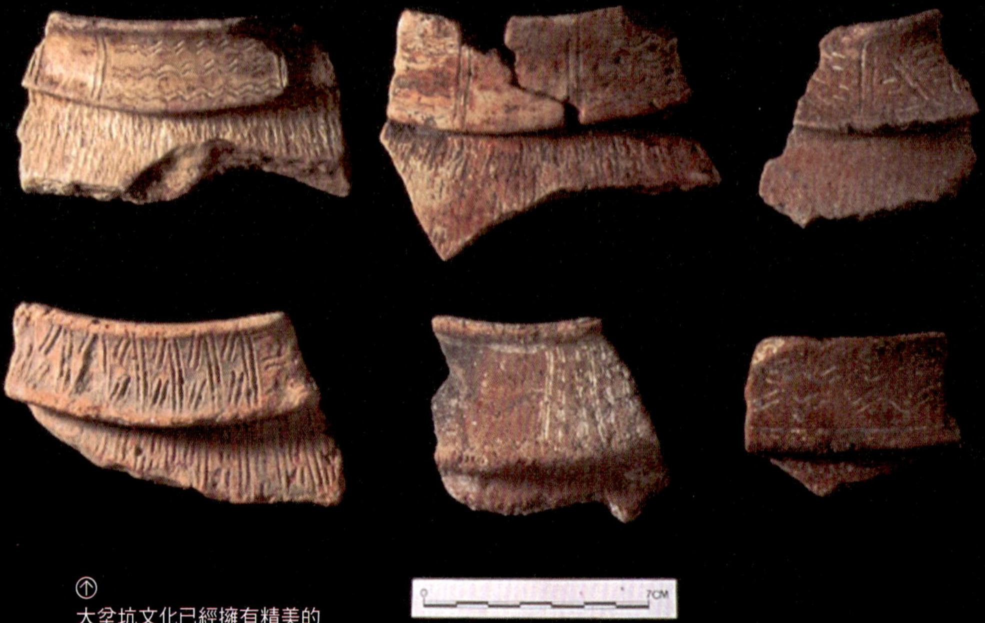

↑
大坌坑文化已經擁有精美的陶器，並具有多樣的裝飾。

在海拔二十五公尺以上。長期居住之後，人類順著海岸地帶向不同的區域遷移，包括中部海岸地帶以及東部海岸地帶。到了距今五千年前左右，臺灣沿海地帶或臺北盆地內側的臺北湖畔，都已經有這一類的人群居住。這些人群只有種植簡單的根莖類作物，農業方式應該是小規模的山田燒墾，主要的生活形態仍然是依賴海岸或水域的資源，以捕獵和採集維生，並未大規模改變自然，且自然也很快就能夠將人類小規模破壞的部分回復原來的狀態。

第二個段落是史前時代新石器時代早期後段，五千年前後以來長期的農業狀態。基本上是山田燒墾粗放的農業，已經在地層留下清楚的人類活動痕跡，此一時期為局部改變的狀態。

臺灣的人們在引入穀類作物種植之後，人口增加，土地利用的面積也擴張，反映在考古遺址數量和分布區域之上，同時開始向臺灣的中海拔山區遷移，到達大約二千公尺的高度，和當代民族誌記錄的原住民族祖先聚落分布的高度幾乎相同，活動高度或季節性居住的聚落或地點，甚至到達三千公尺，說明人類已經充分認識與利用臺灣這塊土地。

這個段落是臺灣主要的史前時代發展階段，也代表了南島民族文化在臺灣的形成和發展過程，可以再區分為以下不同段落，包括新石器時代中期、新石器時代晚期、新石器時代末期以及金屬器時代早期、金屬器時代中期、金屬器時代晚期、金屬器時代末期等幾個大階段。

從距今五千年前新石器時代早期的最後階段開始，海水面已經趨向穩定，臺灣土地隆起以及地震、下雨帶來大量的侵蝕作用，從溪流帶下大量土石、泥沙，使得海岸線逐漸向外堆積，形成沖積扇和平原，這種情形以西南平原最為明顯。其他地區的海岸地帶也發生同樣情形，例如蘭陽平原或屏東平原，說明人類可以居住和利用的土地逐漸增加。從同一時間開始，臺灣逐

新石器時代中期（4,300-3,400B.P.）

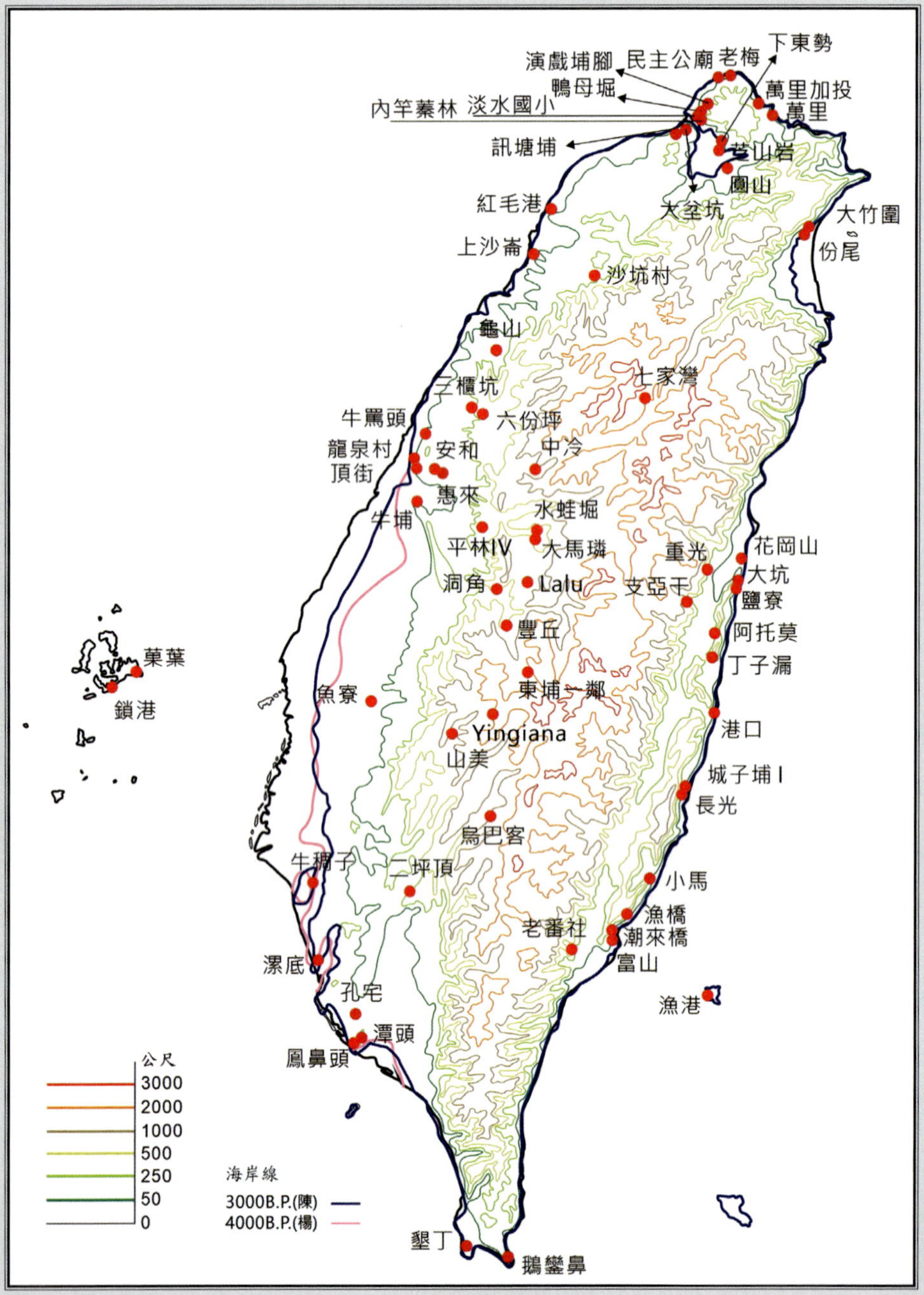

Ⓘ
新石器時代中期文化主要的聚落分布，以山田燒墾為農業的分布區域。
山區局部因調查工作不足，遺址較少。

新石器時代晚期／末期（3,400-2,400 ／ 2,400-1,600B.P.）

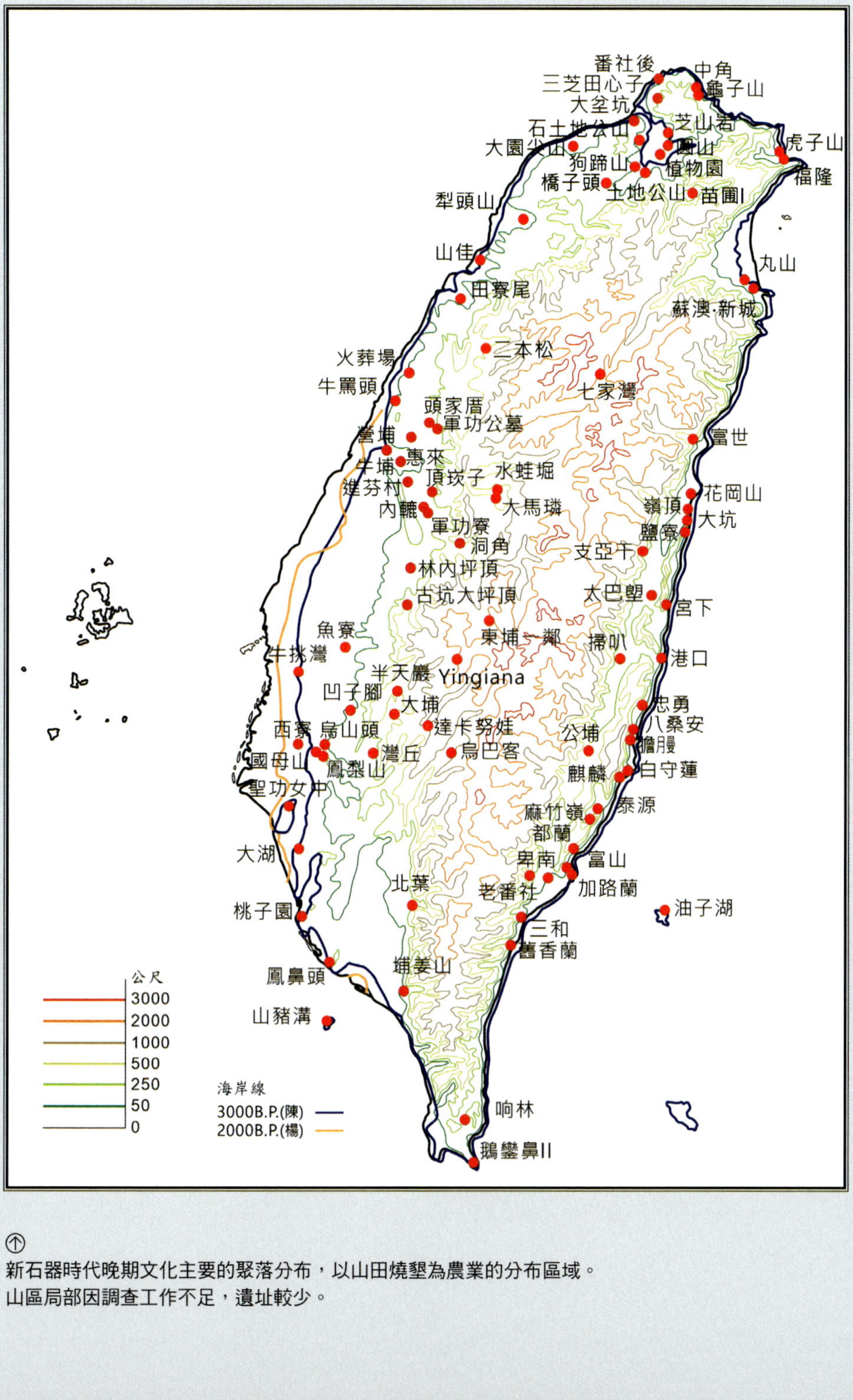

↑
新石器時代晚期文化主要的聚落分布，以山田燒墾為農業的分布區域。
山區局部因調查工作不足，遺址較少。

漸進入以穀類作物稻米、小米，搭配原來的芋頭、薯蕷等根莖類作物的種植型態，並以此作為主要的農業耕作型態。

這樣的農業型態，使得人口增加而逐漸擴張人類的生活領域，從海岸平原沿著溪流向上游擴張到中低海拔的山區，相當明顯，主要居住在河流中上游的河階臺地或是緩坡。人類的土地利用已經擴張到臺灣本島以及鄰近島嶼合適於生活的大部分土地。也就是說，人類已經相當程度的攪擾了臺灣大部分的區域。以日月潭而言，此山中湖泊湖底沉積物，說明了人類至少在四、五千年前就已經到達湖泊的沿岸，進行山田燒墾，因此在湖岸留下人類居住的考古遺址，也就是古代人的聚落，同時也在湖底留下了層層帶有人類活動的沉積物。

這些史前時代的聚落，目前所知在四千年前後已經有不少小型到中型的聚落，分布在低海拔到中海拔的山區，曾文溪上游今日鄒族所在的區域，大甲溪上游七家灣溪旁的河階，均發現這個時期豐富的史前遺留。日月潭同樣發現許多史前時代的聚落圍繞在潭邊。每個區域都是由早期一直向晚期延續發展，直到當代原住民族的祖先，都未曾間斷；甚至連海拔接近三千公尺的雪山周邊區域，也都在一千年前左右就有人群進入。雖然形成的聚落規模小，而且可能是季節性的聚落，但是充分顯示人群已經利用臺灣本島不同海拔高度的資源，也對自然造成一定的影響。

這樣的生活型態，長期存在於史前時代臺灣原住民族祖先留下來的不同階段。直到西元十世紀左右或稍晚，在西海岸平原以及北海岸的淡水河口到三貂角之間，開始發現亞洲大陸東南沿海的華商或者是漁民來到，帶來了瓷器、硬陶以及金屬器工具和各種不同的裝飾品，和今日

⇧⇩
新石器時代中期距今約 4,000 年，人類已經上到中海拔七家灣遺址，也就是今日武陵農場。
七家遺址的房屋結構（上）和駁坎（下），說明人群已經初步改變自然。

所稱的平埔族群產生了交換關係，稍微影響了臺灣西海岸區域原住民族祖先的生活型態和日用品，但是原有的生業型態仍然維持，並沒有多大的改變。

從人類世的定義，臺灣的史前時代可說是一個過程，也就是人類和自然之間長期互動，之後彼此達到共生狀態，且持續一段長遠時間。這種狀態在原住民族的社會受到外來強烈影響之前，基本上也都是如此。

古代人聚落，也就是考古遺址所留下來的文化層，代表的是人類攪擾自然的證據。從考古遺址的分布，可以清楚看到人類幾乎在臺灣本島及附屬島嶼無所不在，不但砍伐林木建造房屋，同時進行山田燒墾式的農業，已經對這塊土地造成影響。然而自然的恢復力強大，得以完整回復其原始狀態。

金屬器時代（2,400-1,600 ／ 1,600-350B.P.）

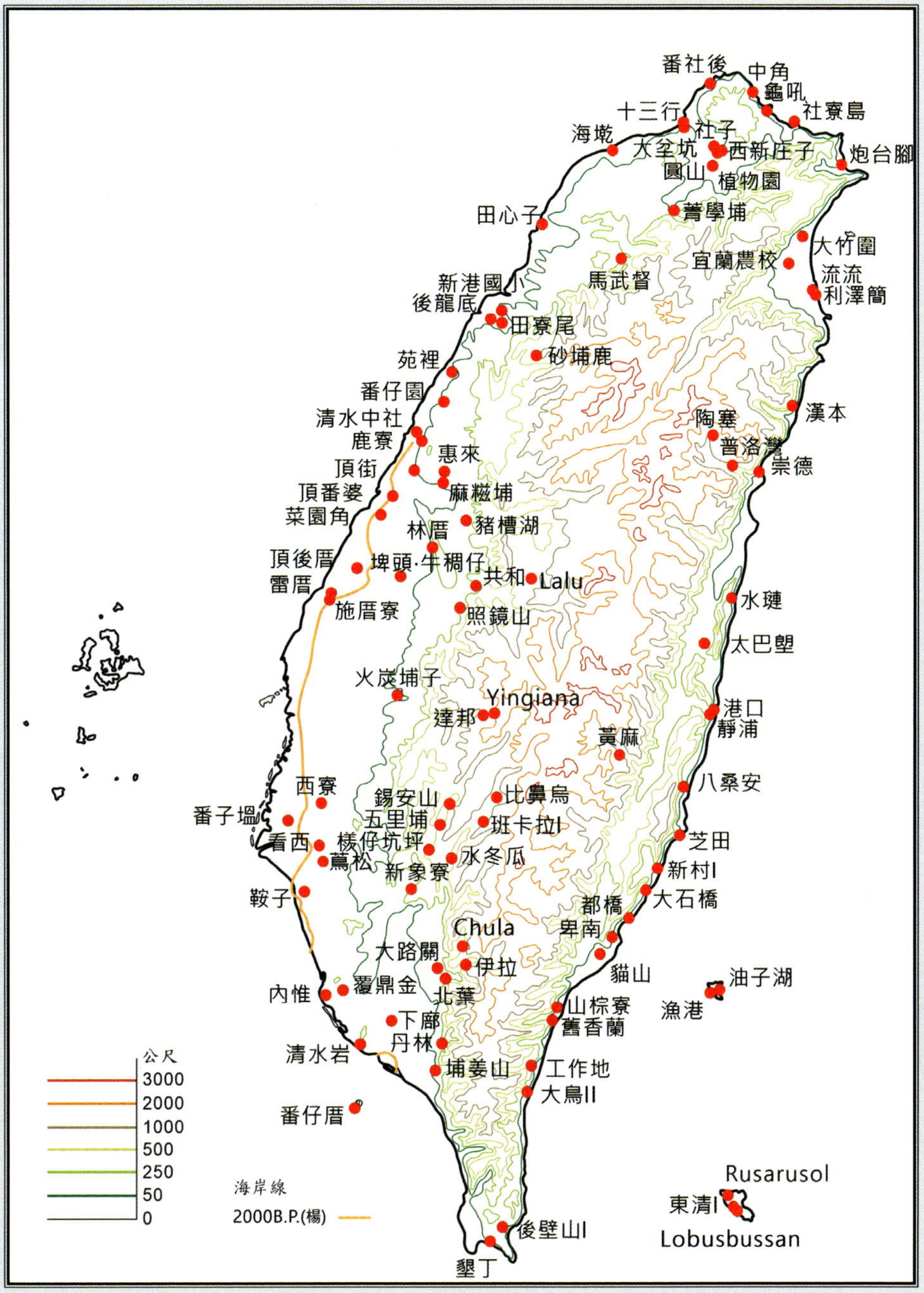

↑
金屬器時代文化主要的聚落分布，以山田燒墾為農業的分布區域。
山區局部因調查工作不足，遺址較少。

⑴
史前日月潭邊留下的聚落山田燒墾遺跡，如今
因為潭水上下漲落而顯露，且逐漸侵蝕破壞。

二、人類初步改變自然：十七到十八世紀

第三個段落是十七世紀世界體系逐漸形成之始。在這個浪潮之下，十七世紀三〇年代中期以後，荷蘭人開始介入臺灣的土地開發，從大明帝國閩南地區找來第一批漢人作為熱帶農業勞工，開始大規模開墾田地，種植甘蔗、水稻和部分其他作物，開啟了殖民臺灣的不同模式，脫離單純作為商業貿易據點的型態。

漢人這個古老農業民族的耕作形式，已經有清楚的水利設施建設能力，農業耕作型態持續擴張，延續到大清帝國以及日治時期，充分改變西部以及東部一些平原地帶，甚至延伸到中低海拔的丘陵臺地區域，成為以水田化為主的現象；只有在局部缺乏水源的地區，才出現旱作。這也是我們看到當代大規模工業化以前，臺灣人文地景的基本相貌。

以臺南附近平原，以及臺北盆地的開發過程為例說明。臺南是最早漢人大量進入的地區，一六三〇年代荷蘭人因為統治需求，大量從對岸大明帝國閩南地區移民擁有農業技術的漢文化人群進入臺南，從事農業耕作，種植水稻以及甘蔗，作為支撐殖民臺灣所需要的基本；同時農業生產品可以外銷，成為重要資本。這種水田和旱作同時並行的農業方式，顯然是因應南部雨季、旱季分明的氣候型態，加上當時的水利設施規模很小，因此採取這種方式。

到了一六五〇年代，荷蘭人更進一步把二層行溪以南的高雄平原北側，也就是地勢較高的大湖臺地和較低的堯港內海逐步陸化形成的沼澤地帶，一併開放給漢人墣墾。漢人除了將沼澤

地整理成為埤塘和水田，在地勢較高的大湖臺地，則採用旱作方式經營農業。以臺南為中心的平原區域，因應自然條件，形成水田加上旱作的耕作方式，持續長達三百年；直到日治時期，才因為烏山頭水庫和嘉南大圳等大規模水利設施的建設，使得臺南北側區域水田化稍加明顯，地景也因為輪灌而改變。

至於臺北盆地，因為全年雨量豐沛均勻，並無雨、旱季的區別，加上盆地因素，盆底平原區域很容易形成漢人所熟悉的灌溉系統，瑠公圳和七星圳就是很好的例子，從南北兩方面引水灌溉臺北盆地，使得十八世紀初漢人進入開墾後，迅速在盆底地區形成水田景觀，一直延續到清末興建臺北城以及日治初年。

臺北盆地除了臺北城及周邊地區都市化以外，其他都是農村聚落和水田景觀，前幾年還看得見關渡平原核心區域的水田狀態，幾乎是早前臺北盆地的縮影。

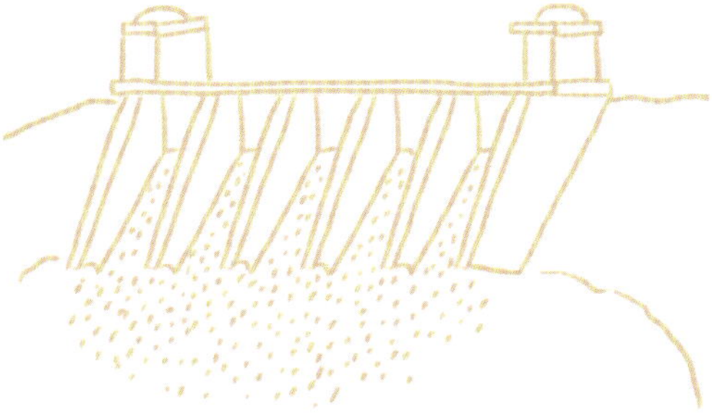

荷蘭農業活動區

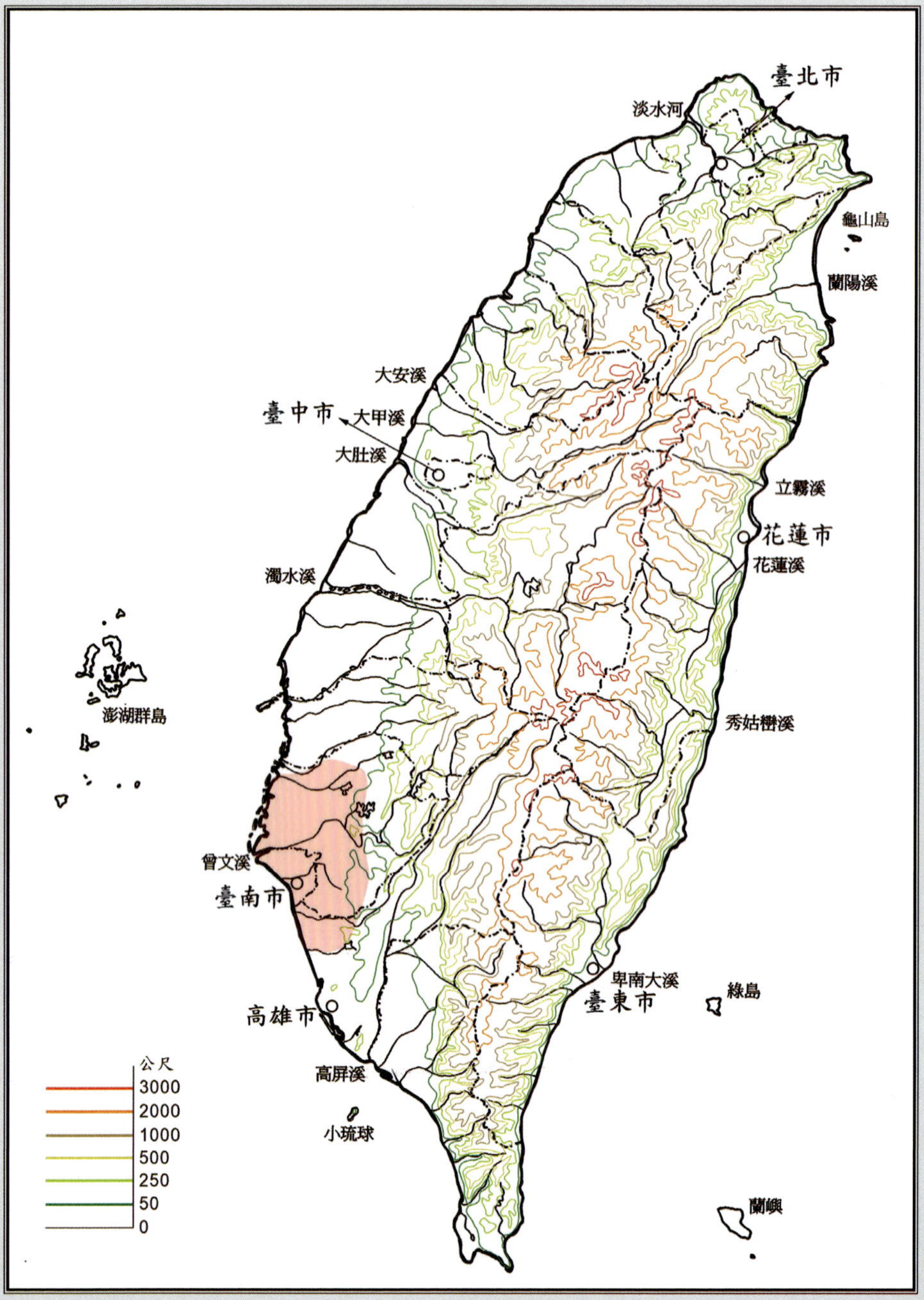

↑
荷蘭時期以水田和旱作農業並行的區域。

清代農業活動區

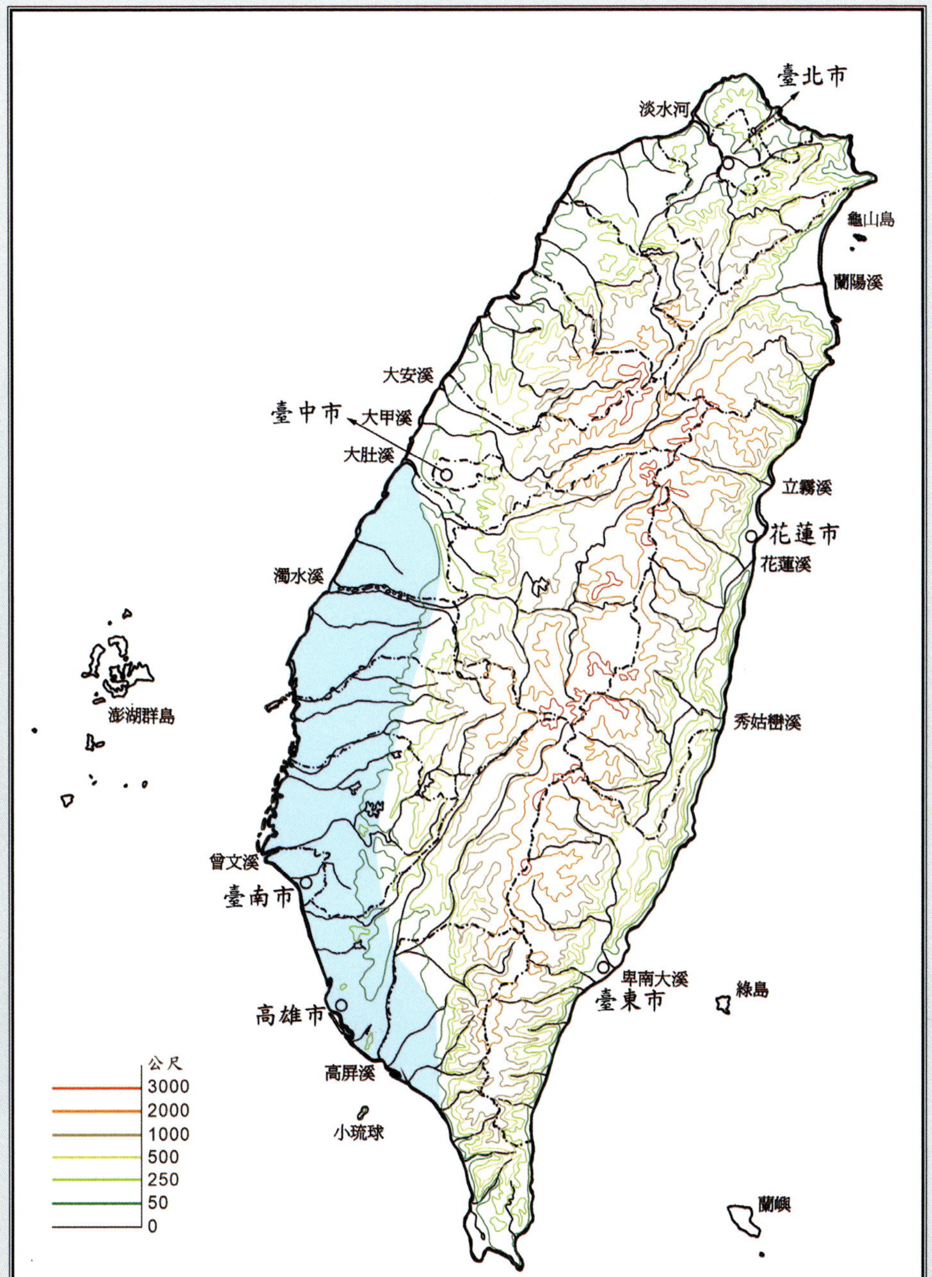

↑
清領初期以水田和旱作農業並行的區域。

←
關渡平原是臺北盆地殘存的水田化區域。

↑
清領時期臺北盆地重要聚落分布，顯示已布滿盆地，說明了當時人類和自然環境的關係。
（資料來源：國立臺灣博物館）

三、人類大規模改變自然：十九世紀

第四個段落始於十九世紀。一八六〇年代歐洲列強要求大清帝國開放淡水、臺灣二個海關以及基隆、淡水、安平、打狗四個港口直接貿易，其目的在於攫取臺灣丘陵以及淺山地帶存有的樟樹，因為這是當時世界重要的物資。對應腦寮和隘勇線分布，說明當時山林開發的腳步逼近原住民族「生番」的領域，因此造成大清帝國對於山地原住民族政策的改變，在一八七〇年代實施「開山撫番」政策，拿掉原來漢人、平埔族群和山區原住民之間緩衝的番界，當然也造成臺灣淺山、丘陵地帶開發，以及環境的改變。

在丘陵淺山地帶的腦寮，由北到南沿著今日臺三線分布，而擅長焗腦的客家人則隨著樟腦生產區域而遷移，這些都可說明當時整體環境的改變。這個時間段落除了平原地區已經完全農業化、大量水田化，造成平原和丘陵邊緣大規模土地利用改變；也形成不同人群居住分布的改變，最明顯就是平埔族群受到漢人壓迫，不但被大量同化，同時也被推擠遷移到邊緣區域，甚至到達當時少有漢人的東部地區。

人群移動的實質動作，擴大了土地利用的範圍。漢人化的土地利用型態，到了這個階段已經充分改變了原來原住民族和自然長期互動的型態；也就是從自然仍有能力恢復，轉變成自然無力恢復的狀態。以埔里盆地為例，平埔族群大舉在一八二〇年代遷入，帶來完全漢化的水田耕作形式，迅速造成盆地全面改變，以及盆地周邊區域環境改變。

再就臺灣西部的交通系統而言，從荷蘭殖民到大清帝國的末期，也就是十七世紀到十九世紀的八〇年代，所有的交通都是海運加上局部的陸路運輸。一八八四年發生清法戰爭之後，清廷體認到臺灣地位重要，派遣劉銘傳來臺實施建設，鞏固海防，作為建省的準備。一八八七年正式設立臺灣省，一八八九年劃分為三府、一直隸州、十一縣、三廳。臺灣建省之前，劉銘傳就已經開啟了交通模式的改變，設立臺北機器局，規劃基隆到打狗的鐵路，並且著手興建，初步已經完成基隆到新竹的路段。

這種對全臺灣交通的規劃和思考，充分改變了原有的交通型態，雖然因為隨後不久大清帝國就把臺灣割讓給日本，然而日本人沿襲劉銘傳對於臺灣西部交通的思考，迅速在一九〇八年完成基隆到打狗所有的鐵路交通動線，配合逐漸發展的糖業鐵路以及林業鐵路，將臺灣西部地區的交通路網全面建立，打下臺灣現代化的基礎。於此階段，臺灣的手工業甚至初級工業已經發展到一定的程度，對土地利用皆造成不同程度的改變。

←
臺北機器局，1885-1892。清末主管鐵路的單位，大約位於今立法院青島會館處。
（引自黃俊銘〔2005〕，《臺灣總督府交通局鐵道部調查研究與再利用之規劃結案報告書》。原始資料來源：日本東京大學藤森照信研究所收藏。）

⓵

砍伐中海拔山區的鐵索林道。（引自劉福成、劉聯和、張勝雄、張賜福〔2005〕，《大雪山林業史話》，行政院農業委員會林務局東勢林區管理處。此圖來源為張仲寶，攝於1926年。）

四、人類全面改變自然：二十世紀至今

第五個段落是日本人領有臺灣之後。延續大清帝國末期一八六〇年代開始的現代化以及工業化的腳步，一九〇八年西部鐵路幹線從基隆到打狗全面貫通，徹底改變了臺灣的交通運輸型態，許多小型港口逐漸廢棄，或者功能喪失，或轉為小型漁港。整個交通體系轉換成以鐵路和公路為主的軸線，陸路運輸的城市逐漸成為發展的核心地帶。

大型水利建設所形成的灌溉體系，也相當程度改變了臺灣平原地帶的農業。嘉南平原水稻和甘蔗輪作，逐漸取代原有看天田式的局部水田混合旱作的型態，出現更多水田化景觀。原本開闢不多的花東縱谷平原，日治時期開啟移民計畫，大力興築水利設施，改善河川水患，也形成水田、旱作並存的現代農業景觀。而在中部以南的西部平原地帶和花東縱谷，現代化的糖廠和其他工業設施，快速興起，幾乎完全改變了臺灣西部走廊的土地利用。河川堤防興建，固定變化無常的溪流，小農式與大農式耕作並存。臺灣今日的面貌在日治時代末期已完整的浮現。

在山區，日本殖民者也延續大清帝國政策，砍伐樟腦，更進一步因為喜好使用木材，對於中高海拔山區針葉森林的砍伐，突破霧林帶，進入二千公尺以上高山，造成臺灣中高海拔山區整體環境的改變。由於這些地方是山居原住民族原有的空間領域，為了取得自然資源，造成臺灣原住民族受到政策性遷徙，形成今日原住民族聚落分布的基本狀態，更進一步使得原住民族的空間狹隘化；而因為離開原有環境，也造成文化的流失。戰後來臺灣統治的中華民國政府延

→
戰後砍伐中高海拔山區的卡車林道。（引自劉福成、劉聯和、張勝雄、張賜福〔2005〕，《大雪山林業史話》，行政院農業委員會林務局東勢林區管理處。）
↓
日治中期以後的新式糖廠分布。（作者根據文獻研究重新繪製）

續日本人的政策，持續砍伐森林，遷移原住民；更因為使用汽車上山運送木材，將山林砍伐上至三千公尺左右的山地，可說將臺灣森林使用殆盡，只殘存極少數原始森林，臺灣的自然環境有了全面性的改變。

都市建設部分，城市格局因為日本人實施都市計劃而改變。新興的臺中和高雄，迅速取代原本鄰近的彰化、臺南等傳統都市；臺北則因都市計劃拆除了城牆，重新規劃，向東延伸，取代了傳統的老舊市街萬華、大稻埕，以及淡水河對岸原本熱鬧的港口新莊。臺北因地利之便和原有清末就已經界定的政治中心，加上都市發展快過其他區域，遂成為臺灣首善之區。

→↓
嘉南大圳以及烏山頭水庫和大壩。

↑
日治中期以後的鐵路已經布滿西部和東部平原區域，且有部分路線向山區延伸。
（圖像來源：典藏於國立臺灣圖書館。系統編號：jpli2009-bk-sxt_0757_40_1916。
集叢名稱：臺灣事情。作者：臺灣總督府編輯。出版單位：臺灣總督府〔出版地不詳〕。
出版年：1916-10-25〔大正 5 年 10 月 25 日〕。發行者：臺灣總督府。）

五、何時走入臺灣的人類世

上述不同階段的開發造成了平原、丘陵淺山、中海拔到高海拔山區的改變。平原地區因為開發與交通動線形成今日臺灣鄉鎮以及都市發展基本樣態，其中最具代表性的就是清朝以海港作為區域交通與交換體系入口，因此在臺灣及周遭島嶼，存在許多中小型港口。劉銘傳開啟了從基隆到打狗的西部鐵路設計，雖然只興建完成到新竹，但是這種觀念影響了日本人，一九〇八年完成西部幹線，形成大規模變遷，奠定今日農業以及工業發展的基本狀態。

究竟臺灣什麼時候才屬於人類世，個人的思考在於，人類對於大自然的土地利用，若改變原有型態，導致自然無法回復，即可稱為人類世。

以此觀念檢討最早的舊石器時代和初期新石器時代大坌坑文化時期，那時人類是大自然的一部分，且和大自然共生，沒有改變大自然。其次，五千年前左右稻米、小米等穀類作物進入臺灣，而且散布到沿海平原地帶，形成稍微複雜的農業行

為，這種局部山田燒墾，加上狩獵採集的生活型態，雖然一時間局部改變了某些自然環境，但是因為土地利用並非集約式長期利用，很快地自然在一定的時間內回復原始型態。

以墾丁國家公園的南仁山區為例，就植物學家而言，已經恢復原始森林；但是從考古學的觀點而言，此區域至少在四百到六百年前仍然有不少聚落分布，顯然人類放棄土地利用之後，不需要多久時間，自然就可恢復。臺灣原住民族祖先形成以後，一直到當代民族誌記錄的原住民族所在的環境，仍然是一個只要給予足夠時間即可回復的狀態，因此這個階段人類尚未徹底改變自然。

第三個段落開始，人類雖然初步改變自然，且農業耕作區域以及聚落分布數量逐漸增加，但是人類的利用屬於經過長時間自然可以回復的狀態。例如，前些年臺糖的土地開始恢復種植樹木，假若當時是採取讓地下種子庫的植物種子長出，並且長期不干擾，必然可以回復。不少丘陵邊緣的土地，因為農業耕作人力不足，放棄耕作，自然也逐漸恢復生態。至於聚落或者都市化地區，若是小型聚落廢棄，可以回復自然；相對而言，都市化的水泥叢林區域，比較困難。在美國，很多偏遠小

→
核能發電廠和核廢料儲存場是很難回復的人類高強度利用區域。圖為核三廠。（攝影：柯金源）

鎮人去樓空後，自然很快恢復；遺留大型的水泥建築或磚造建築，或許會像馬雅文明留下的大型建築，埋沒在回復自然狀態的森林中。

在十七到十九世紀後半被人類初步改變的臺灣環境，筆者認為應該也有機會復原，所以這個階段還不構成人類世的狀態。

第四階段人類大規模改變自然，改變後所導致的狀態似乎較難回復，例如核能發電廠以及蘭嶼的核廢料儲存場，就是最明顯的例子。或是臺灣到處可見的水庫、大型工業區等，這些區域廢棄之後，很難完整恢復原來狀態。

也許我們可以把人類大規模改變自然、到人類全面改變自然的階段，稱為臺灣的人類世吧。以長遠的時間尺度來看，自然如果可以恢復，就不是人類世；那麼，這個時間尺度該是多久呢？以目前而言，石化製品所造成的塑膠微粒，已經無所不在，從自然環境到生物，甚至人類體內都存在。也許從石化業開始生產塑膠，直至二十世紀中期替代了許多其他產品，就可說是人類世到來。

塑膠微粒幾乎存在於人類和所有動植物的循環當中，而且已經確認有很多疾病的原因和塑膠微粒以及所形成的空氣汙染具有密切的關聯。假若，這就是人類世的訊號，那麼應該好好思考，是否唯一的辦法是從每個區域和每個人開始，如何針對塑膠或是石化工業產品使用替代和減量，這樣才可能重新回復到人和自然的良好關係，也就是讓自然能夠具有自淨與復原的能力，維護正常運作的機能。

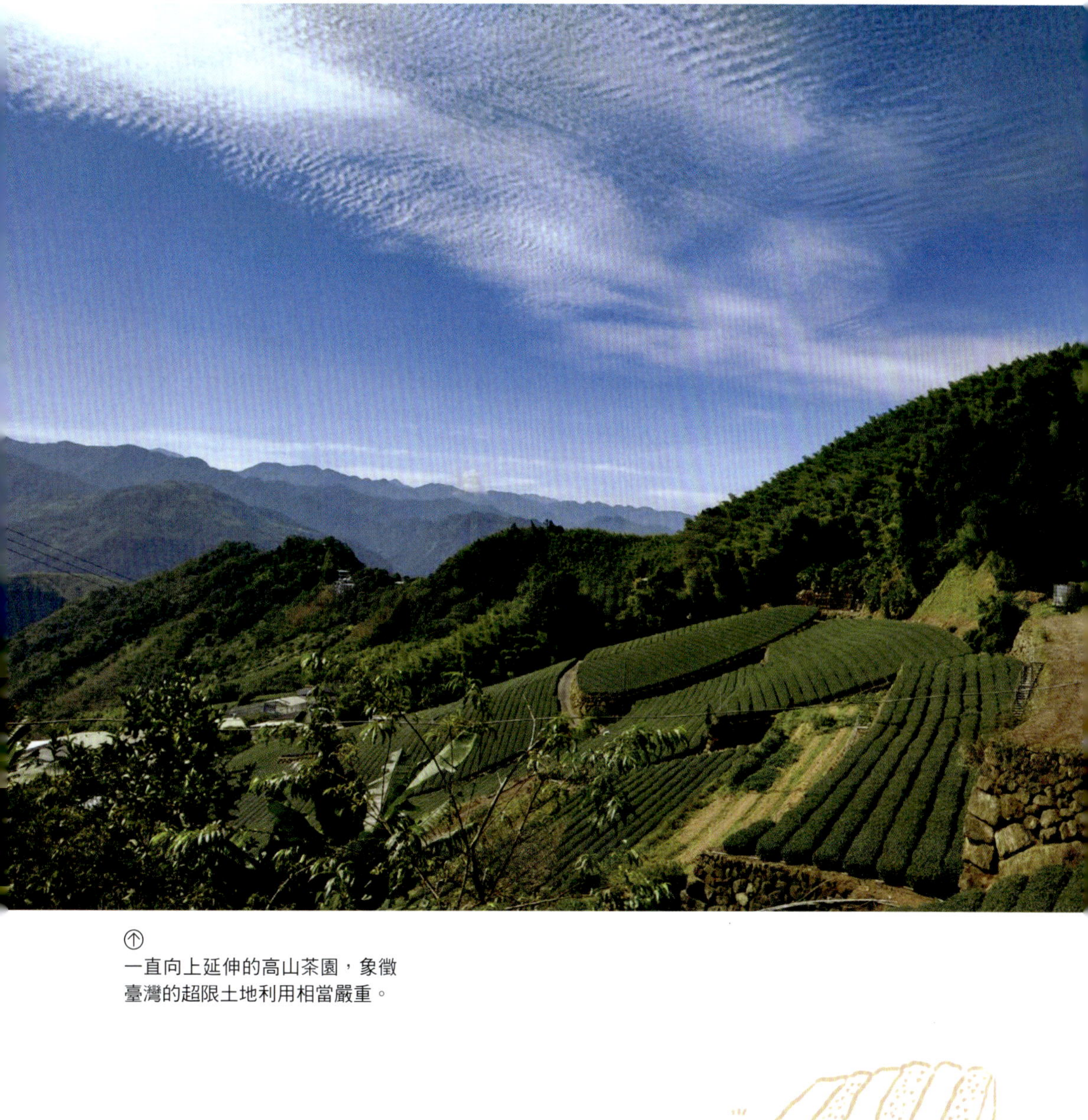

↑
一直向上延伸的高山茶園，象徵
臺灣的超限土地利用相當嚴重。

PART 2

自然・能量

——多變之島

02 臺灣地景的美麗與破碎：
變動下的地表作用與災害防治

03 臺灣的水文地形紋理：
從社會—生態系統觀點看水文地形作用的特性

02

臺灣地景的美麗與破碎：變動下的地表作用與災害防治

林俊全

引言　地景多樣性與災害俱存

天然災害是臺灣的宿命。臺灣位處構造運動的碰撞現場，也是東北季風、夏日颱風的主要影響區。從構造運動來看，擠壓、抬升與地震，造成岩體破碎；從地表作用力而言，氣候條件的季風、颱風、豪雨、梅雨、久雨等，則帶來一定的降雨量，讓臺灣容易成為天然災害的現場。

近年來，受到氣候變遷影響，強降雨、降雨延時、降雨強度明顯提升，強風加上強雨，以及長時間作用，造成山崩、地滑、土石流、洪水等災害。受到這些作用力影響的同時，也造就出地景的多樣性。

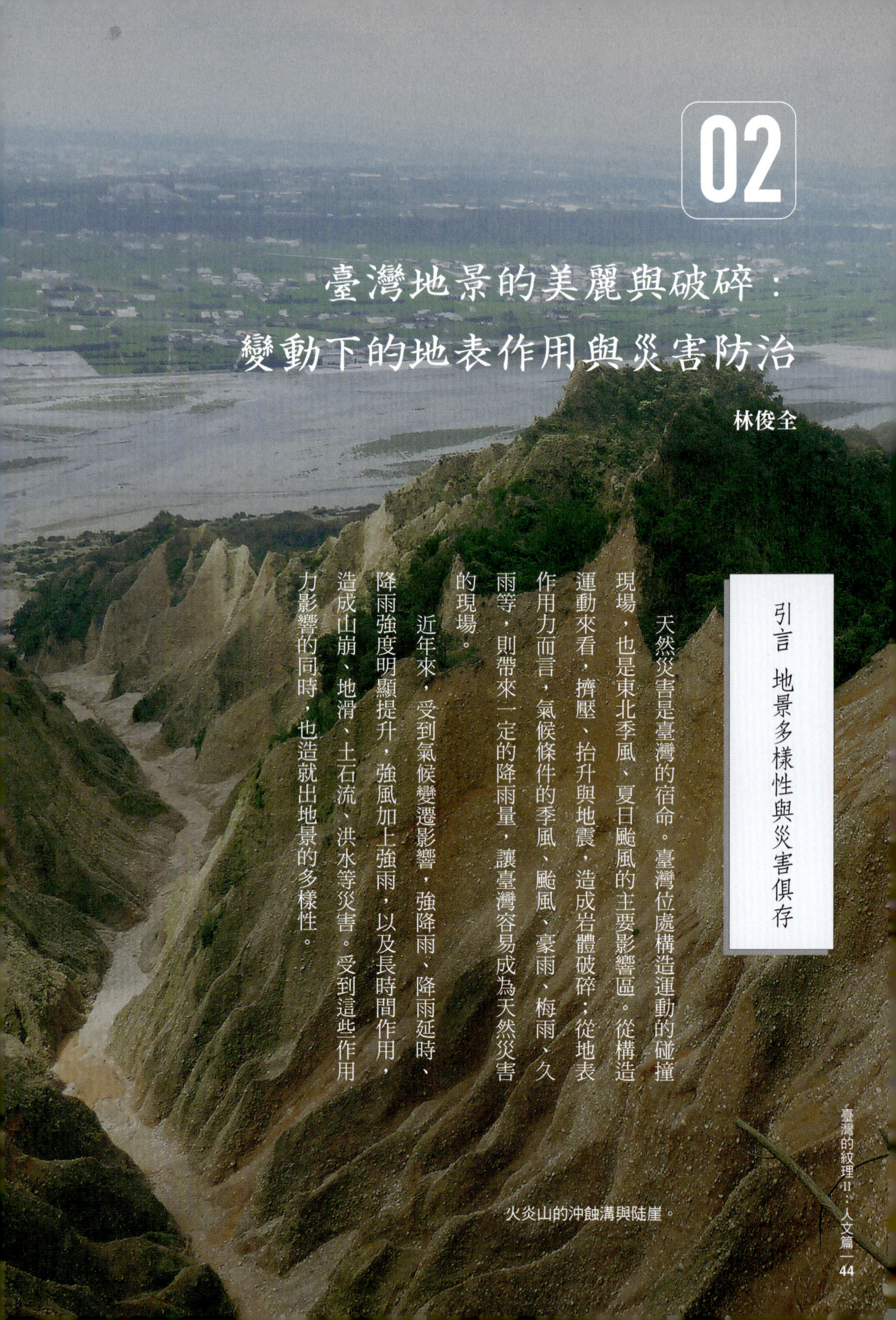

火炎山的沖蝕溝與陡崖。

一、動態臺灣：內外營力的作用與轉換

旺盛的侵蝕作用，是造成地表沖蝕的重要力量，稱為**外營力**，多來自颱風豪雨。這也代表著地表能量的轉換。

外營力包括雨水、海水、風、冰河等，會把地表物質往下移動、削平地表。地表被搬運後，慢慢變低、變矮，所以高山也會慢慢被侵蝕而變低；河谷兩岸、海岸，會被侵蝕而變寬或後退。這些是外營力的作用影響。

臺灣地表的**內營力**，主要是受到地殼擠壓、地震等影響，地體隆起上升，並造成不等量抬升、斷層、節理等現象。這些內營力同時形成地表的沖積平原，繼續切割成河階、海階、臺地等地形。

當地表無法承受這些內外營力的作用時，便會形塑各種地景。地質條件影響地形的發育、地形的特色以及土地利用的方式。也就是說，地質特性是地形特徵的背景條件；而土地利用的特性，又與地形特徵息息相關。動態變化的地景成了臺灣地質、地形紋理的特徵。

← 台江海岸後退，從粗大的木麻黃倒塌，可以看出海岸後退。

⊕
大溪遠遠望去有三層河階。
⊕
泥岩的陡坡。
⊕
礫岩的岩層。

⇧
平頂的方山。
（攝影：鄧文斌）
⇦
泥火山。

動態地形的特徵，主要是地殼隆起的速率，會跟侵蝕作用的速率大約一致。亦即，地表經過內外營力的作用，千百年來不斷變動，呈現出現今的樣貌，是長期演育的成果。雖然這些狀態可能會因大地震、大颱風而改變，但經過一段長時間，又會形成一種新的動態地形平衡。

就臺灣島的上升速率而言，東部上升速率約每年四到六公釐，南部約每年二到四公釐。各地不等量上升，主要是中間有斷層通過，斷層兩側呈現不同的上升速率。這些現象很容易造成房屋倒塌、道路中斷，甚至土壤液化等現象。

九二一地震重創臺灣，造成中部地區以及臺北盆地的土壤液化現象，是典型的例子。地震當然是主要的致災因子；但因為原來沉積的物質，膠結不佳，許多泥沙受到擠壓震動，便會形成沒有強度的液態現象。位於其上的建築，因此很容易呈現不等量下陷而破裂。許多房舍雖然沒有明顯的崩塌，但牆面、天花板破裂以及漏水等現象，都跟地震有關。

Ⓓ 基隆的崩塌。

1

看不見的構造線

・斷層危機

臺灣島因為地殼擠壓，造成許多構造線，包括斷層線或節理等不連續面。這些斷層常因樹林覆蓋，或其他原因，而被忽略。除了必須建置清楚的地質調查，當有比較大的開發計畫通過這些構造線時，尤應審慎，若冒險開發，往往會埋下日後的未爆彈。也就是說，在斷層附近岩層破碎的地區，需要有趨吉避凶的概念，避免大規模的開發。

地表上有許多地形是呈線狀排列，例如河谷，這些可能是由斷層形成，但也可能是不同岩性的分界。如果無法直接確認為斷層或岩性變化的地方，就無法定義其為斷層。這些地方雖未能指稱為斷層，但很有可能是受到地殼擠壓、容易破碎的地方；也因為其容易被風化、侵蝕，就可能成為好發崩坍等災害的地方。

・地震

地震是臺灣的宿命，是所有島嶼子民要共同面對的。地震頻仍，但卻不容易預測，且緩衝時間短，常造成無形的恐慌。面對此自然環境的威脅，需要提高防震的準備，例如提升防震的房舍標準；未來「地震保險」的概念，應該也是整個社會必須承擔的，這是用社會集體力量，減少地震所帶來的風險。地震災害的轉置空間與緩衝區的概念，也需要繼續評估、落實，以防不時之需。

地震的規模以及震度對臺灣的建築物安全影響，有非常高的相關性。臺灣建築的防震標準，相對全世界而言是比較高的，因為各種工程建設必須面對嚴峻的威脅。近二十年來的防震成果，已有相當成效。但是值得注意的是，如果有更高震度的地震襲擊，可能還是會造成慘烈的損失。增加房屋的地震險保險制度，應該是居安思危的重要策略之一。

蘭陽溪溪谷。

2

土地之殤

高頻率與大規模的颱風豪雨在許多山坡地、海埔地、河川地造成相對嚴重的災害，這是由於臺灣土地稀有，而這些地方都被高度利用。

・山區

山區的山崩、地滑、土石流、土壤潛移等，皆是自然現象；但人們在高山、陡坡開發，常常超限利用，使這些現象造成災害。

陡坡上常見種植溫帶水果、高麗菜、茶葉、水蜜桃、咖啡、檳榔等具有高經濟價值的作物，但也常常帶來土沙流失、崩塌、地滑、土石流、土壤潛移的現象。

↑
921 地震造成鐵軌彎曲災害。
←
基隆的崩塌地。
↙
梨山陡坡地。
↓
陡坡地的防落石網。

⇧
太魯閣國家公園入口因為 0403 地震造成的崩塌與處理工程。

⇦
蘇花公路匯德隧道口因為 0403 地震崩塌造成的損壞。

海埔河川地

海埔地的開發，常因地層下陷或颱風來時的海岸侵蝕，造成沿岸地區國土流失，必須用消波塊、海堤保護。這些海岸保護工程，又常因海岸作用，超出工程設計的標準而付諸流水。

河川地的開發，常發生於河谷的沖積平原。低位的沖積扇或沖積平原，若逢大雨侵襲，造成河川水位暴漲，常會淹沒低窪地區各項作物，甚至聚落。更嚴重的是，原本地層下陷的脆弱環境，因水位高漲帶來大量泥沙，會同時造成排水不易與淹沒災害。

海岸

海岸地帶的問題，主要來自海水作用。颱風時，強勁的風速推送海水往岸邊拍打，軟弱的岩層往往被侵蝕，形成海岸後退。

臺灣西部以沖積海岸為主，大量沖積物質來自雪山山脈、玉山山脈、中央山脈，造成島嶼形狀慢慢增胖，外形從香蕉（以山脈為主的外形）慢慢變成番薯（加上沖積平原的外形）。西部海岸受到強風暴潮侵襲時，需要以海堤或消波塊保護；但海堤或消波塊仍常因海水作用力過大而損壞。人為設施無法持久使用，且須耗費鉅資修復。

東部是斷層海岸，但因為地殼繼續隆升，東部又以岩石海岸為主，相對較不容易被侵蝕。但蘇花公路沿線，海岸後退與崩塌問題不斷，常造成

← 2009年莫拉克颱風來襲時，高屏溪把旁邊的道路沖毀。

許多行車安全的問題。

過去沿著海岸修築的蘇花公路，已經有許多路段無法使用。蘇花改快速道路的修建，便是為了讓花蓮人有條平安回家的路。

・沖積平原

以聚落分布的主要地區而言，平原、臺地、海岸、丘陵、山地、高山都有其發展的限制。平原相對較易受到洪水影響，即使靠近海岸地帶，也有風險，例如雲林的口湖、四湖等地，雖然靠近海邊，卻常常積水不退。

曾文溪帶來大量的泥沙，讓曾文三角洲不斷擴張。許多沖積地變成都市用地，尤其以臺南安平地區最有代表性。但因為曾文水庫的興建，把大量泥沙攔在水庫內，造成三角洲慢慢後退，連帶影響海岸地帶面臨各種威脅。

另外以臺北盆地而言，三條主要的河川中，雖然大漢溪上游有石門水庫，新店溪上游有翡翠水庫，可以配合調節河川水位，避免下游地區河水暴漲而淹水；然而近五、六十年來，仍有許多洪水災害，其中以基隆河的汐止、南港一帶在納莉颱風侵襲時受災最鉅。此後，水利單位在基隆河瑞芳上游興建了員山子分洪，避免洪水灌入臺北盆地。值得注意的是，若要避免類似忠孝東路一到七段的捷運被洪水灌入的慘狀再度發生，市區各大樓建築皆應有防範洪水的策略，須居安思危。

↑
西南沿海溼地。
←
曾文溪賞鳥亭。
↘
員山子分洪隧道工程。

3 土地利用問題

颱風豪雨時，常常造成河川水位暴漲，增加攻擊河岸的機會與規模。在攻擊坡的位置，邊坡坡腳被侵蝕，形成邊坡的自由端無法支撐而崩落，形成崖錐。如果河川水位下降，搬運能力減低，崖錐上崩落的物質，會堆積在河谷，形成河谷沖積平原的一部分。

這些沖積平原實際上非常不穩定，很容易被後來的洪水繼續沖刷。這是河川地面臨的問題。靠近河道的沖積平原只能做農業使用，不宜作為高密度的住宅或工廠使用。河川新生地非常脆弱，應該避免不當的開發。

山坡地、河川地、海埔地這些邊際土地，代表著脆弱、災害多的土地。就土地利用原則而言，都要避免不必要的超限利用。

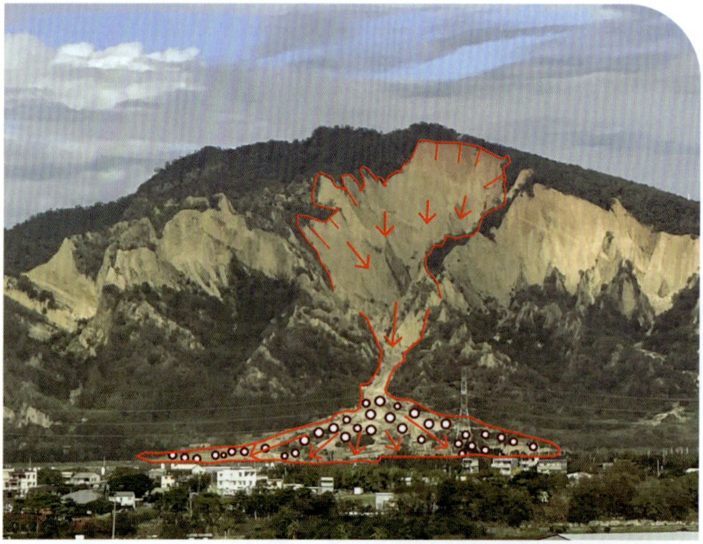

← 火炎山礫石崖錐。
↙ 高屏溪河川地。

二、切割大地的手

1 河川與山

地殼隆起，海平面相對下降，因此侵蝕基準面也相對下降；此時地表水要回到海裡，有更高的落差，形成更多的搬運能量與切割的空間，於是河川扮演了切割大地的手。

如果將太魯閣國家公園的峽谷寬度與高度相除，獲得的比值，可能比家裡的菜刀還要薄。因此說，河流等於切割大地的手。

與世界其他國家相較，臺灣的河流輸沙率是非常高的，主要原因是河川上游地形陡峻，同時風化作用強烈，造成泥沙沖刷更加嚴重。切割臺灣山脈的河流，造成的平均侵蝕速率約每年三到六公釐，比世界其他國家高出許多。

↑ 大甲溪谷關一帶的河谷。

2

水資源

水資源的問題與臺灣的地質、地形、氣候、水文特性等相關。山坡地陡峭，不易保留雨水，造成沖蝕現象。而沖積平原常可儲存地下水，遇到乾季缺水時，地下水可以變成救急之用。

臺灣南部地區每年十月到次年四月，屬於旱季，水資源的利用，常依賴水庫調節，因此需要類似曾文水庫的大型水庫儲水。颱風豪雨、洪水造成攜帶泥沙的能量增加，如果這些泥沙都進入水庫內，會大幅減少水庫的壽命。水庫於淡季時期，常需要清除淤沙，但清除的費用，加上運費，相當昂貴。然而，如果遇到颱風帶來的雨水較少時，水庫也常常發生缺水問題。水庫缺水造成民生、農業、工業用水緊縮，對臺灣而言是一個警訊。

氣候變遷造成降雨不均以及暴雨現象，讓各種用水標的產生影響。因此，海水淡化、雨水、汙水回收的技術研發，需要投入更多，明智利用，才能因應未來的需求。尤其在極端氣候下，必須未雨綢繆。

近年來，全球氣候變遷對臺灣造成影響，總降雨量大致差不多，但是降雨次數減少、降雨規模增加、降雨延時增長、降雨強度變大，沖蝕問題更嚴重。了解這些紋理後，做好水土保持，避免土沙問題日益嚴重，是必須重視的課題。

← 臺南龍崎的泥岩紋溝。

三、大地的疤痕

地表作用留下許多疤痕。這些都是侵蝕、堆積的地形特徵。

・泥岩惡地

軟弱的岩層，例如泥岩、礫岩，因為沖積物的膠結物以黏土、粉沙為主，膠結不良，遇到颱風豪雨，很容易被侵蝕而造成剝蝕問題，留下光禿的邊坡外貌，形成惡地地形。

臺灣泥岩面積高達一千二百平方公里，主要分布於臺南、高雄一帶，有許多因為泥岩沖蝕形成的紋溝、蝕溝以及剛開始形成的河道。

三義火炎山、六龜十八羅漢山是礫岩惡地，礫岩膠結亦差，很容易被侵蝕形成蝕溝；雙冬九九峰礫岩造成陡峻的惡地地形，在九二一地震後，邊坡土石崩落風化，連帶臺灣蘆竹也跟著掉落。遠遠望去，童山濯濯。

⑴
十八羅漢山的礫石。
⑵
火炎山全景。
⑶
草嶺地滑全景。

・草嶺地滑

崩塌地會造成整個邊坡一片光禿。例如草嶺，過去一百多年來，曾發生過五次滑動。由於草嶺所在的清水溪切割邊坡，造成沿著層面滑動的平面型地滑，其岩層仍有自由端尚未全部下滑，可以預見將來仍會繼續發生地滑；光禿的邊坡，亦會繼續存在。

陳有蘭溪的豐丘和神木村的土石流，其形成來自許多崩落於邊坡的崩積物，受到雨水滲入，飽和的水分順著重力往下邊坡移動，同時帶動了土沙的搬運。而有些巨大的岩塊，也被搬運，主要是土石流移動時的比重高，浮力把巨大岩塊抬升，再受重力影響而搬運。

・小林村崩塌

二〇〇九年的莫拉克颱風，造成小林村崩塌，超過五百人被活埋。

莫拉克颱風帶來近三千毫米的時雨量，造成小林村邊坡上方風化土石崩塌。估計該崩塌地有約二八〇〇萬立方公尺的土方，從八百多公尺的高度，轟隆崩落，幾秒鐘內便把高屏溪河道淤埋而形成堰塞湖。從衛星影像可看出崩塌的痕跡。原來較不明顯的河道，變成非常寬廣的埋積谷。河床疊高超過四十公尺。

↑
小林村崩塌。

・九九峰崩塌

發生於一九九九年的九二一地震，震度七・三，造成中部地區超過兩萬個崩塌地，包括雙冬九九峰。大甲溪流域許多崩塌造成中部橫貫公路柔腸寸斷，現場一個個崩塌疤痕，彷彿訴說著臺灣的宿命。

・植生下的隱憂

臺灣斷層節理發達、風化作用強度高，形成許多脆弱地形、陡坡、被切割（河川、海水、人為）的坡腳等。由於位處副熱帶，臺灣的植生可以很快長出，掩蓋過去崩塌的事實。然而，如果崩塌物質沒有被移除，等下次大颱風豪雨來臨，很容易被沖刷出來。

↑
雙冬九九峰。
←
石門水庫集水區的山區道路開發。

四、人類世的思索與作為

內外營力形成的紋理，代表著生存挑戰，人們該如何在夾縫中求生存？

1 邊際土地利用

隨著科技、工業發達，人們對土地利用的能力大增，特別是邊際土地（山坡地、河川地、海埔地）。然而當發生超乎地表內外作用力平衡的強度時，許多災害會更快，而且更大規模的回饋到人類社會。

2 水庫問題

開發水庫是改變地表土地利用非常大的決策與工程。為了獲得水資源，臺灣從北到南有幾個大型水庫，包括翡翠水庫、石門水庫、鯉魚潭水庫、大甲溪的德基水庫，以及曾文溪

的曾文水庫等，皆發揮了巨大的功能。尤其是曾文水庫，對於工業、農業有重要貢獻。

然而，水庫集水區內原有的森林，在淹沒區的生態完全改變，不但因此改變了微氣候，也改變微生物的生態環境。

以梨山地區為例，由於位於德基水庫上游，種植溫帶果樹造成地表沖刷現象嚴重。為了要施肥與殺蟲、除草，使用的化學藥品經過地表水沖刷，造成整個集水區優氧化現象日益嚴重。這些是高山地區開發造成的後果。

石門水庫也有相同的現象，集水區內有許多果園開發，加上河水沖刷攻擊坡，造成大量泥沙集中於水庫內，水庫壽命減少。

水資源的利用以及水資源的分配，是非常政治化的問題。政府需要滿足各種用水的需求，從而尋求對策去滿足。認識臺灣的地質、地形，對於水資源的利用限制，應該有更深入的思維。

→ 梨山的陡坡開發。

← 梨山地區的陡坡土地利用。

↓ 高屏溪的河川地。

3 工程與開發

開山鑿路、人工海埔地、水庫、陡坡地開發等，是人類挑戰大自然的改變，常遭大自然反撲。

環境影響評估是協助我們面對重大工程或開發案時，深度思考其背後包含的各種環境問題，包括開發前了解容易致災地區有哪些？開發中可能產生哪些問題？邊坡開挖是否造成不穩定？在挖填平衡原則下，堆積土方的處置與可能下陷的處理？開發後是否可以安全的使用？是否會造成其他地方崩塌或下陷的災害？人類的工程技術可能造成地表更多的改變，也會改變災害的形式與規模。

4 生存的思考策略

過去一百多年來，草嶺曾經發生過五次滑動。如何將災害轉成地方創生的機會？讓地滑、地震紀念地等，成為地方可茲利用的永續發展基礎？這是草嶺成為地質公園後必須面對的挑戰。人口老化與外移、邊坡崩塌、道路損壞、地滑災害頻仍，該地仍需要在逆境中求生存。

災區的觀光發展是一種期待。可利用當地特殊的地理位置，在適合的海拔高度、雲霧帶中生產優質咖啡、苦茶油、茶葉以及竹筍製品，勾勒出該土地的地景紋理。

雖然地震、地滑的威脅仍在，但人們從過去地震得到的經驗，將成為面對災害最重要的參考。住在島上的居民，必須有一種素養，即面對災害的防災、避災、減災、回復災害能力的認知與培養。

Ⓘ
曾文水庫。
Ⓘ
谷關明隧道，讓落石從隧道上方掉落，道路仍可以通行。

讀景素養是避災的積極作為

要認識臺灣的紋理，需要學習讀景，閱讀特殊地景、棲地特色。而要了解大地的紋理，可以從認識地質、地形、氣候水文的概念開始，學習如何保護環境。學習閱讀地景的特色，就是學習趨吉避凶、避免災害與保育地景的最佳途徑。也就是說，學習如何讀景，是面對各種變遷與災害時，須具備的基本環境素養。

讀景中的地質部分，主要是了解岩性的軟硬、擠壓破碎程度、風化程度、是否容易受到侵蝕，及其可能造成的影響等。地形部分，可從受到地質岩性、構造影響而形成坡度、坡向、地表起伏等現象著手。此外，氣候、水文、生態、文化等特色，也會對整體地景產生影響，乃至於之後長期可能的演變。

臺灣是一個世界級的自然實驗室，不同的地表作用造成各種地形，也因為人們的利用，反而造成了災害。生活其中的人，面對這些不間斷的內外營力作用所帶來的衝擊，包括對生命財產安全形成的威脅，都必須有承擔的準備。

因為要利用環境，就必須了解環境資源的特色，才能適當利用，避免災害，從而制定保護、保育的對策與方法。正確面對災害、避災、減災、韌性回復，將是臺灣永續發展的關鍵。

動態的臺灣，代表地表作用能量的轉換。能量轉換塑造出特殊、多樣的地景，但也帶來災害。了解其作用特性，就能安身其中，欣賞地景的特色。

延伸知識櫥窗

常見名詞解釋

- **氣候變遷：**指氣候異常的現象，導致環境的變遷，包括異常的降水。
- **閾值：**主要指地表作用力的大小，可忍受作用力的數值，稱為閾值。例如泥岩地區超過 50 公釐的降雨，便會造成地表泥岩的沖刷。如果地震震度超過 7 級時，常常會造成一些較脆弱的房舍崩塌。這些數據，都是面對不同地表作用時的閾值。
- **脆弱度與調適力、回復力：**地表受到作用力時可承受的相對能力，例如泥岩地區受到降雨影響，相對脆弱。對於環境的適應能力，以及面對災害時，回復原來環境品質的能力，便是調適力。一般而言，整個環境能忍受、調適地表作用的能力，便是調適力。而如何能很快回復原來的狀況，便是回復力。
- **人類世：**全新世後，幾百年來，人們改變地表現象的能力，大幅增加，造成許多改變地形的現象。這些統稱為人類世的現象。
- **災害：**地表內外營力的作用，超過人們所能忍受的限度，造成生命與財產的損失。例如地表沖蝕作用與地形災害。

03

臺灣的水文地形紋理：從社會—生態系統觀點看水文地形作用的特性

黃誌川

引言　會擴散的地景

臺灣的紋理顧名思義，是以梳理臺灣的地景為主要內涵。地景（Landscape）是地表與近地表所有作用在日積月累後所呈現的樣貌，其本身不但是結果，也是過程。地景受到地理區域條件限制下產生的各種作用所形塑，諸如緯度、氣候（日照、降雨、氣溫等）以及這些條件下所引發的侵蝕、搬運、沉積等物理、化學與生物等作用；又如化學風化、碳循環與氮循環等與生態相關的作用。

另一方面，地景也深受人為活動影響，例如水庫的興建改變了當地的水文條件，水泥化的野溝整治改變了溪流原本的棲地條件，而山區的農業對地景與生態更有著巨大的影響，包括檳榔、溫帶水果（蘋果、水梨、水蜜桃）以及高山茶葉等。農業不但改變了原本的地貌，過多的肥料、除草劑的使用也存在著土壤沖蝕與非點源汙染（Non-point source pollution）的隱憂。這種汙染過程中夾帶各種有機或重金屬汙染物，且難溯源，因而成為目前主要的汙染管理對象。從這個角度來看，可以清楚地發現：自然或人為的活動不但會改變地景（如崩塌、土石流、農業與水泥化的野溝整治），且其影響相當久遠，並會擴散到其他連結地區。

一、什麼是社會—生態系統？

地景同時受到自然與人為的影響，且不同的作用會跨尺度擴散，該如何看待這樣的地景變動過程？

1 打破學科壁壘

目前學術界比較有共識的看法是所謂「社會—生態系統」（Social-Ecological System，簡稱 SES）。社會—生態系統是指由人類社會（包括資源使用者及治理結構）與自然環境（資源系統及資源單元）相互作用所形成的複雜適應系統（Ostrom, E., 2009），當然就會受到特定生態系統及其所處的空間或邊界所影響。這讓我們了解人類

延伸知識櫥窗

非點源汙染（Non–point source pollution）

根據美國環保署（EPA U.S.）的定義，非點源汙染是指汙染物由人類活動造成，且分散在廣泛區域內的多個來源所導致，汙染物以分散的形態（如：地表逕流、地下水流）進入水體，因而造成水體水質惡化。簡言之，不屬於點源汙染者（point source pollution，來自單一、可識別的來源，如工廠廢水排放），均可視為非點源汙染。

本來就不是超脫自然而存在的一部分，所以這樣的系統也因為人的加入，變得非常複雜。

傳統上，各個學科分類之間壁壘分明，因此在單一研究或實際應用上，能有持續且快速的進展；然而，跨領域的交流卻付之闕如。也因此，在二十世紀的最後幾十年間，社會科學與自然科學在研究社會—生態系統方面的交集極為有限。

主流生態學試圖將人類排除在生態研究之外，以簡化研究議題的複雜程度，因而許多社會科學的因素被完全或部分忽略。另一方面，在社會科學領域，由於人類社會高度發展後，都市地區內的自然環境被強烈人工化，而都市外部的生態系可能對都市或人類社會造成影響，這些都常常被社會科學家忽略，僅將研究視角限於研究人類自身。雖然部分學者（如 Bateson, 1979）試圖彌合自然與文化的鴻溝，但多數研究仍僅關注社會領域內的過程，將生態系統視為「黑箱」，並假設只要社會系統適應良好或具有健全的制度，就可持續地管理環境資源。這樣的思維與作法，一方面可看出學科的專業性，另一方面卻暴露了學科的局限性。

雖說社會系統與生態系統之間的劃分是人為且武斷的，然而在概念釐清上，這樣的劃分有助於理解社會與生態系統透過回饋機制的相互連結，且能反映出兩個系統的複雜性。因此，這樣的概念劃分有助於彼此理解。須強調的是，這兩個系統都存在相同的空間與地景，彼此是不可切割的整體（Preiser et al., 2018）。

社會—生態系統的哲學概念是：人類本身就是自然系統的一部分，而非獨立於自然之外。在這樣的哲學觀下，社會—生態關鍵因素（social-ecological keystones）對於系統的結構與功能至關重要。歐斯卓姆（Ostrom, 2009）及其研究團隊進一步發展了全面的「社會—生態系統（SES）框架」，其中包含公地資源管理（common-pool resource management）與集體自我治理理論（collective self-governance）。其中的特色在於：SES 研究更關心核心的社會問題（如公平性與人類福祉），這些問題傳統上在單一學科或單一管理目標下較少受到關注。

簡單來說，SES 理論融合了韌性、穩健性、可持續性和脆弱性等概念，但其範疇比任何單一概念更廣。儘管 SES 理論借鑑了島嶼生物地理學、最適覓食理論和微觀經濟學等領域的理論，但它的範疇遠超過這些個別理論。由於是

社會—生態系統（SES）概念圖

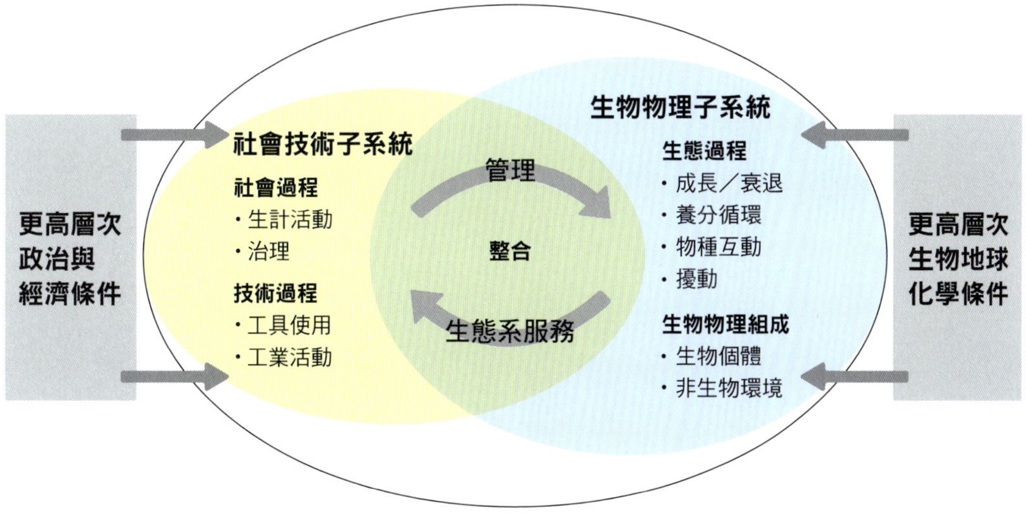

社會系統透過生態系統所提供的生態系服務與資源來維持運作，另一方面也透過土地經營管理來改變生態系統或地景，以期滿足所需的服務。（Turner and Whipple, 2021）（原始資料來源：伊利諾．歐斯卓姆〔Elinor Ostrom, 1933-2012〕。本圖經過重新繪製。歐斯卓姆於 2009 年榮獲諾貝爾經濟學獎，是第一位獲此殊榮的女性。）

從多個學科匯聚而來，其複雜性概念當然就會受到許多學者的影響，也因此 SES 在研究方法上比單一學科理論更具多元視角，且由於此研究具有社會背景，對於現實社會政策的影響，也會有比較多的討論。

總述來說，SES 概念與永續發展密切相關，強調跨學科與跨部門合作，以確保研究結果能有效應對環境與社會挑戰。SES 研究採用跨學科方法，以提供綜合性的解決方案，確保生態系統與社會系統的長期穩定與發展（Preiser et al., 2018）。

2 串聯系統的兩大關鍵作用：土地管理、生態系服務

從社會—生態系統概念圖中，可以理解到串聯這兩個系統最重要的作用是：一、從社會系統透過土地經營管理來改變生態系統與地景；二、生態系統透過生態系服務提供維持社會系統所需要的資源。

土地經營管理是一門跨尺度、跨區域的大學問，但因為這是權力者的專屬工具，稍一不慎就會淪為政治的工具，或成為錯綜複雜的政商關係交換利益的標的，特別需要謹慎以對。目前臺灣對土地的使用管理，基本上以傳統的「分區使用管制」制度為基礎，配合使用分區對土地使用類型與強度的訂定，以達到控制環境品質與土地資源的使用效率（呂宗盈和林建元，二〇〇二）。然而由於時空的變遷與土地使用的複雜性，分區使用管制的僵固性並無法解決某些特殊性的土地使用需求，因此，彈性的管制方式也應運而生。可以想見：新制度的形成與運行需要具備一定的基本背景與條件，其施行又將對未來的土地使用管理制度產生不同程度的生態

系統影響。目前農業部大聲疾呼的生態給付以及許多非政府組織（如環境資訊中心）所倡議的環境信託，都是某種程度上突破既有區分使用管制的一種新制度的嘗試。

另一個從生態系統到社會系統的串聯，也是目前學界討論的熱點：生態系統服務。生態系統服務（ipbes, 2025）是指人類從生態系統中獲得的各種服務或資源。自然環境中相互關聯的生物與非生物組成，提供了諸如農作物授粉、清潔空氣與水、廢棄物分解以及洪水控制等好處。生態系統服務一般可分為四大類或三大類（此處採三大類說法）：一、供給服務（Provisioning services）：如食物與水的生產；二、調節服務（Regulating services）：如氣候與疾病控制；三、文化服務（Cultural services）：如娛樂、觀光與精神滿足。這些服務以往都被視為外部成本而被漠視。

・地景的解讀與評估

從二〇〇六年《千年生態系統評估報告》（*Millennium Ecosystem Assessment*, MA, https: www. millenniumassessment.org）開始，出現了各種不同的生態系統服務的審計，例如：「生態系統與生物多樣性的經濟學」（The Economics of Ecosystems and Biodiversity, TEEB）用「棲息地服務」（Habitat Services）與「生態系統功能」（Ecosystem Functions）來計算生態系服務。從這個角度來看，在可見的未來，地景改變與生態系服務的這些外部成本都會慢慢納入資本市場當中，這點可以從日漸熱門的補償計價或企業認養窺見一二。

以集水區管理為例，企業可透過認養農地與契作支持永續農業，達成環境與社會共益。例

如，二〇二三年冠德集團、葡萄王、太古可口可樂等企業認養石門水庫區內兩公頃農地，推廣合理化施肥，成功減少二五％肥料使用，並降低總磷汙染八七．二％、碳排放相當於一一二棵樹年吸碳量，兼顧作物產量與水質保護。另一方面，全球人壽認購環境友善茶，支持坪林流域保育與茶農生計，並結合志工行動與公益捐贈，擴大永續影響力。

然而，棲息地服務與生態系功能的評估極為專業且項目繁多，而其中最首要的便是地景的解讀與評估。一個區域的地景深受當地各種營力的交互作用所產生，除了牽一髮而動全身外，往往也具備了獨一無二的特性。以下，筆者將以臺灣在水文地形作用的獨特性來說明臺灣生態系統的特性，也為未來的社會—生態系統研究提供一個較為全面的基礎。

⇧
生態系統服務可提供食物與水的生產，並且調節氣候。圖為坪林金瓜寮四季香茶園。

二、水文地形作用如何與地景、生態、人類生活交互影響？

1 暴雨、山崩、地震——關於物理侵蝕的影響

臺灣位於歐亞板塊與菲律賓海板塊交界處，是全球地震活動頻繁的地區之一，全世界超過八成以上的大地震都發生在環太平洋火山帶，這樣頻繁的板塊活動也是臺灣不斷抬升的主要營力（鄧屬予，二〇〇七）。另一方面，臺灣也位於西太平洋的颱風廊道上。平均而言，一年約有三．三個登陸颱風，帶來的短時間強風與暴雨對生態系統與社會系統都是莫大的衝擊（李宗祐、黃誌川，二〇二一）。因此，由地震與颱風所造成的山崩與劇烈侵蝕更是造成臺灣高剝蝕率的主因。

從抬升與剝蝕的比較來看，一般認為臺灣處於似動態平衡。換言之，每年抬升所生產的物質，因地震與暴雨而觸發山崩，進而向下游移動。這些特殊的地理條件，造就了陡峭的高山峻嶺地形。全臺灣約三分之二的土地位於海拔一百公尺以上，坡度超過三十度的地區占全島面積的五八％。由於構造活動與強降雨的影響，臺灣的侵蝕速率與沉積物輸出量極高，全球沉積量最高的十三條河川中，有八條位於臺灣。可見地震與颱風頻繁發生，導致大量山崩與沉積物流失的威力。我們過往曾比較過全島由一九九九年集集地震（規模七．六）與二〇〇九年莫拉克颱風（單日降雨量超過二五〇〇毫米）所引發的山崩在分布上與地形屬性上的異同（Huang et al., 2017），分析如下。

←
崩塌地形。

崩塌地形狀分析顯示：地震誘發的山崩通常較小且形狀較圓，多發生在坡面中部或坡腳；而暴雨誘發的山崩相對較大，呈長條形或馬蹄形，主要分布偏向坡腳或凹地。此外，地震引發的大型山崩通常發生於陡峭坡面，而暴雨引發的山崩則集中在坡度介於二十五至四十度之間。另外，山崩發生在坡面上的位置也與不同誘發因子有關：地震誘發的山崩主要受到地震波與地形相互作用的影響，因此容易發生於較高山脊附近；而暴雨誘發的山崩則與土壤飽和度增加相關，多集中於中低海拔地區。這些發現支持了過去有關山崩觸發機制的假設。

從岩性影響來看，雖然不同岩層對山崩的敏感度有所不同，但在整體尺度上，地震強度與降雨量會大於岩性對山崩發生的影響程度，例如在九二一地震後，絕大多數的崩塌地發生在車籠埔斷層的沿線山地區域；又如在二〇〇九年的莫拉克風災，崩塌地發生的熱點集中在西南部雨量最高的曾文溪、高屏溪流域。

進一步分析顯示，地震誘發的山崩密度與地震烈度（intensity）呈現正相關，尤其在震度達六級以上的區域，山崩明顯集中。相對地，暴雨誘發的山崩則主要發生在單日降雨量超過六百毫米的區域，顯示震度超過六級與單日降雨量超過六百毫米，可能是一個重要的門檻值，超過這個閾值（參考頁七一）時，整個臺灣山區可能會發生全面性的大面積崩塌，劇烈改變地景。

總結來說，以上研究揭示了地震與暴雨引發的山崩在地形屬性上的顯著差異，並提供一些量化指標可作為未來山崩風險評估的依據。探討這些機制如何影響沉積物流動與河川系統，並應用於災害預警與土地管理，將可減少極端事件對環境與社會的影響。

⇧
2015 年蘇迪勒颱風時於曾文水庫採樣。
⇦
2014 年麥德姆颱風時於曾文水庫採樣。

山崩與沉積物的動態變化，如何應用於災害預警？

ⓚ⓪山區的農業生態與地景。圖為曾文水庫集水區。

山崩為沉積物的主要來源，若能模擬山崩面積並了解集水區中沉積物動態變化，則可更精準估算河流沉積物輸出量。由於集水區內暫存沉積物的量對於連結坡地山崩與河流沉積物輸出有著關鍵作用；因此，筆者於此提出一個耦合模式，以每日降雨量和逕流量作為輸入數據，來模擬總山崩面積的時間序列變化，及後續的沉積物輸出（Teng et al., 2020）。這個山崩模式考量了既有山崩的重複發生率（reactivated landslide）與新生山崩（new landslide），並透過沉積物輸移模式引入沉積物存量變數來描述沉積物的暫存與釋放。

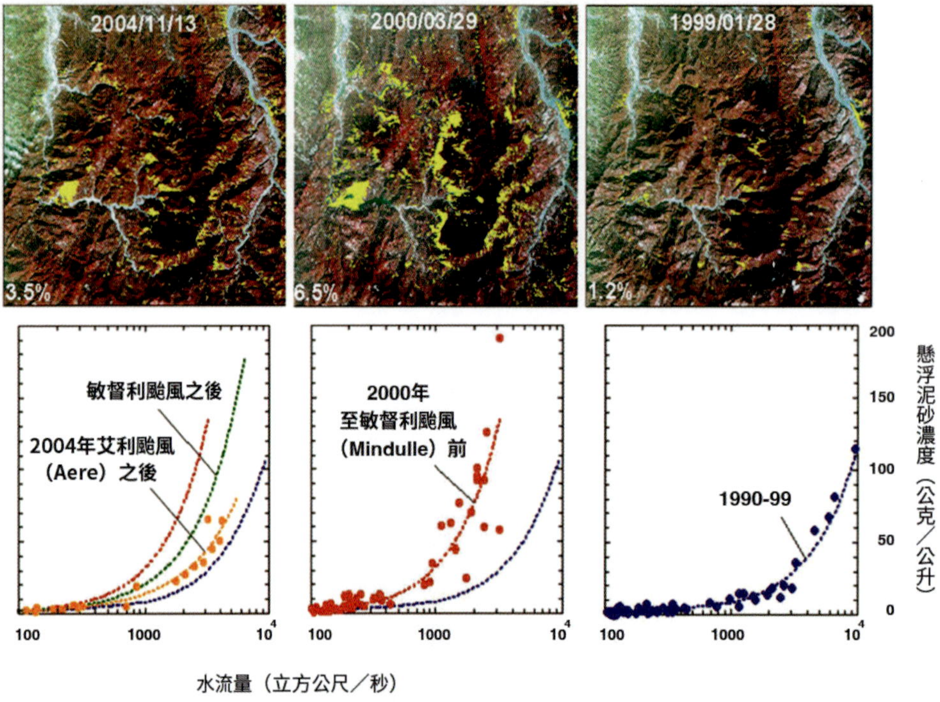

濁水溪歷年崩塌地與沉積物濃度關係圖

⊙

隨著崩塌地的增加，相同流量所能攜帶的沉積物也會隨之非線性增加。此模式使用 2005 年至 2015 年的長期觀測數據，在曾文水庫集水區進行驗證。曾文水庫集水區的流域面積為 314 平方公里，地勢起伏劇烈，坡度平均為 26.1°，地質主要由砂岩與頁岩交互組成，導致區內的侵蝕率極高。尤其是莫拉克颱風期間，短短 5 天內降下超過 3,500 毫米的降雨，造成超過 700 起的山崩，並使水庫容量減少了 14%。這次事件所造成的淤積量，相當於過去 35 年的累積總量。

研究中使用歷年山崩分布圖、降雨資料與大埔測站的沉積物與流量資料來建立模式。結果顯示，在降雨量較小時，總山崩面積主要受先前期山崩影響，隨著降雨量的增加，降雨量會逐漸成為主導因素。而沉積物的輸出量則同時受當時的山崩面積與當場雨量影響。因此，在莫拉克颱風過後的數年間，即使降雨量較小，仍會有很高的沉積物輸出，暗示莫拉克颱風觸發的大量山崩沉積物仍然存留於集水區內一段時間。總體而言，若理解山崩主導集水區的沉積物動態變化，可進一步應用於其他類似的高侵蝕率流域，以評估氣候變遷下極端降雨事件對於集水區沉積物運移的長期影響。

註：透過 Nash-Sutcliffe 效率係數（EC）評估模式表現。結果顯示：山崩模式的EC值為0.89，而沉積物運移模式的對數效率係數（EClog）則為 0.90，顯示模式良好的模擬能力。

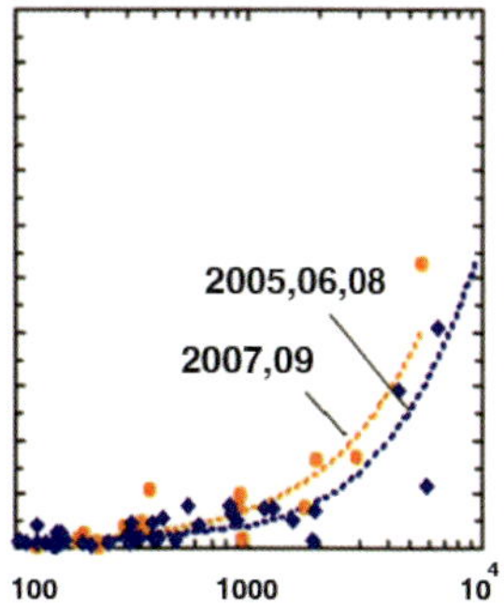

2 岩石風化是吸碳還是排碳？

——溫暖氣候與破碎地層作用下的化學風化

臺灣除了有極高的物理侵蝕外，潮溼、溫暖的氣候以及破碎的地層，也加快了化學風化的進行，讓臺灣成為研究化學風化與物理侵蝕交互作用的理想地點。先前的研究成果顯示，臺灣的化學風化速率，大致以匹亞南構造線為界（參考《臺灣的紋理一：自然篇》頁六九）：以雪山山脈及其麓山平原區為主要集水區的北部地區風化速率較慢；以中央山脈及其麓山平原區為主要集水區的東、南部區域風化速率較快。這可能與抬升速率和侵蝕速率造成的地表出露的年紀差異有關：若抬升、侵蝕速率越快，被剝蝕出露的岩石年紀也就越年輕且新鮮，因而容易與大氣、水產生化學反應；反之，當抬升、侵蝕速率減緩，土壤保護層也就越厚，風化速率也隨之降低（陳沛壕，二〇一七；張宸菲，二〇二二）。

一般而言，岩石的化學風化可以簡單依岩性區分為矽酸岩風化與碳酸岩風化。矽酸岩風化往往以火成岩為代表，所需的風化時間長，但能長期固定大氣中的二氧化碳，因此為目前科學研究的熱點。甚至有不少科學家已經開始實驗將矽酸岩研磨

增強岩石風化作用的運作方式

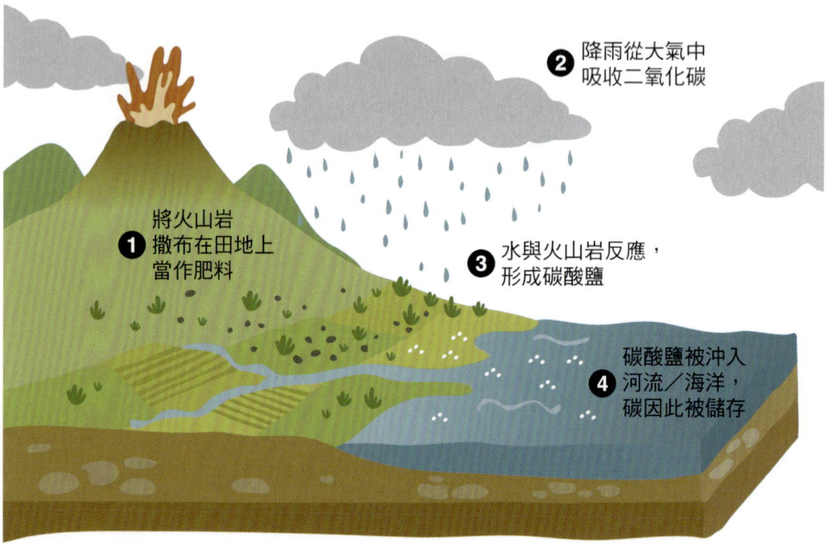

❶ 將火山岩撒布在田地上當作肥料
❷ 降雨從大氣中吸收二氧化碳
❸ 水與火山岩反應，形成碳酸鹽
❹ 碳酸鹽被沖入河流／海洋，碳因此被儲存

（原始資料來源：增強化學風化吸收二氧化碳的過程
https://www.bbc.com/news/science-environment-65648361；本圖經過重新繪製）

延伸知識櫥窗

風化速率高，卻反而釋放二氧化碳？以萬里溪和馬鞍溪研究為例

筆者團隊曾以東部的萬里溪與馬鞍溪進行山崩對化學風化影響的研究（Wang et al., 2021）。這兩個研究區的岩層組成相似，均由石英雲母片岩、黑色片岩、綠色片岩、大理岩、板岩與千枚岩組成，但兩者的山崩比例不同。2013 年至 2015 年間，萬里溪的山崩面積為 2.40 平方公里，山崩比例為 0.81%；而馬鞍溪的山崩面積為 2.35 平方公里，但其集水區面積僅為萬里溪的一半，因此其山崩比例高達 1.76%，所以造成環境上兩者物理侵蝕速率的差異。以實測的輸砂量來估算，馬鞍溪的物理侵蝕率約為萬里溪的三倍，其年平均每平方公里輸砂量接近 10,000 公噸。

透過分析河水中的離子含量與泥沙濃度來看侵蝕－風化的交互作用，分析結果顯示：颱風期間物理侵蝕劇增；然而，總溶解性顆粒則在颱風期間顯著降低，反映出侵蝕與風化過程對颱風的不同反應。進一步的離子分析表明，馬鞍溪的碳酸鹽與黃鐵礦風化速率均高於萬里溪，推測山崩比例較高的流域因為岩層出露面積大，因此具有更強的化學風化。

同時發現：颱風會改變化學風化與物理侵蝕之間的耦合關係。非颱風期間，山崩比例較高的地區更容易有較高的化學風化物質輸出。然而，在颱風期間，矽酸岩風化則相當穩定，但碳酸岩與黃鐵礦風化對颱風的反應則更為顯著。

本研究的結果顯示，在活躍造山帶中，化學風化作用並不必然導致大氣二氧化碳消耗。雖然矽酸岩風化能夠消耗二氧化碳，但黃鐵礦風化產生的硫酸則會與碳酸岩反應，導致二氧化碳的釋放。因此，儘管臺灣的風化速率遠高於全球平均值，卻因黃鐵礦風化的影響，可能反而成為釋放二氧化碳來源，而非碳匯。

本研究解釋了山崩比例與降雨如何共同調控化學風化。進一步也支持了：即在高物理侵蝕率地區，黃鐵礦風化可能會對長期的碳循環產生重要影響。

↑ 萬里溪。（圖片來源：©Wikimedia commons, by Mnb）

至細小粉末來當成肥料使用，一方面可以抑制土壤酸化，另一方面矽酸岩中的鎂也有助於植物葉面的生長，同時還能吸收二氧化碳。這方面研究的重點在於：如何有效地加速矽酸岩風化過程。目前看來有兩個方向：一是增加接觸面積，二是催化劑的使用。

另一種風化是碳酸岩風化，大部分的沉積岩都屬於這類，最明顯的例子就是大理岩跟石灰岩，所謂的溶洞、地下河、滲穴、鐘乳石、石筍等都是碳酸岩溶解或再沉澱所呈現的地景。碳酸岩所需的風化時間較短，且因為本身含有碳酸根，所以對二氧化碳的封存幫助比較有限。

3 一切都是氮的問題？——營養鹽傳輸與生態失衡

談完臺灣自然生態系統的侵蝕與風化後，仍要強調：亞熱帶的臺灣，地形陡峭與降水豐沛，再加上高度都市化與農業活動，所以營養鹽的輸出方式也與世界上其他河流大不相同。尤其是近三十年來，人類活動的影響擴大，使得各種營養元素，尤其是氮的可得性與流動性顯著增加，進而改變了氮循環的過程與生態系統的養分平衡。

氮雖然以大量的氮氣（N_2）形式存在於大氣中，卻因為氮原子間的強鏈結導致生物無法直接利用。在自然界中僅有閃電或根瘤菌可以將氮氣轉換為可反應氮（reactive nitrogen）。這樣的情況在二十世紀初的哈伯法製氨提出後，發生了翻天覆地的變化，人類大量生產銨鹽並應用於肥料、食品、工業與軍事之用。到目前為止，人類每年生產的可反應氮總量已經遠遠超過自然界所生產的總量，致使過量的銨鹽隨著地球系統的作用散到全球各地。❶從世界各地河川都受到優氧化的危害以及近岸漁場的死區擴張（expansion of death zone）來看，這些都是氮過剩的徵兆。

❶ 哈伯法是一種工業化的合成氨技術，利用氮氣及氫氣在高壓（約200個大氣壓）與高溫（約攝氏400度）的條件下，以鐵作為催化劑進行化學反應，產生氨氣，進而將大氣中的氮轉換為可利用的反應性氮。

臺灣 49 條河川流域氮研究：人類擾動對生態影響最鉅

筆者團隊針對全臺灣 49 條流域的河川進行溶解性無機氮（DIN）輸出與滯留情形調查，探討不同氮來源對河川系統的影響（Huang et al.,2016）。

我們依據流域的人口密度，將臺灣 49 個集水區分為低擾動、中擾動與高度擾動三種類型，並計算來自大氣沉降、化學肥料與人為排放的氮輸入量，以評估不同擾動程度的流域對氮的保留與輸出能力。

結果顯示，臺灣河川每平方公里每年平均輸出約 3,800 公斤的溶解性無機氮，遠高於全球平均值的每平方公里每年平均輸出約 208 公斤，甚至達全球大型河川的 18 倍。此外，DIN 的輸出比例（輸出 / 輸入）亦高達 0.30–0.51，顯著高於全球主要河川的 0.20–0.25，顯示臺灣河川對於氮滯留的能力比較低，亦即較高的氮輸出率。

同時，氮輸出的高低與氮的輸入來源密切相關。在低擾動流域，氮主要來自大氣沉降，而次生林的復育則有助於氮的滯留與吸收，使得溶解性無機氮的輸出比例維持在較低水準。然而，在中擾動與高度擾動流域中，農業活動與都市化帶來的氮輸入顯著增加，其中化學肥料與生活汙水排放為兩大主因。農業活動方面，中擾動流域的農地比例高，可能是大量化學肥料施放的關係，導致可反應氮多以硝酸鹽類（NO_3）的形式輸出。高度擾動流域（都市化程度高、人口密度大）的氮輸出主要以銨鹽（NH_4）為主，顯示生活汙水對氮輸出的貢獻遠高於其他來源，這也反映出臺灣汙水處理系統的普及率仍有提升空間。

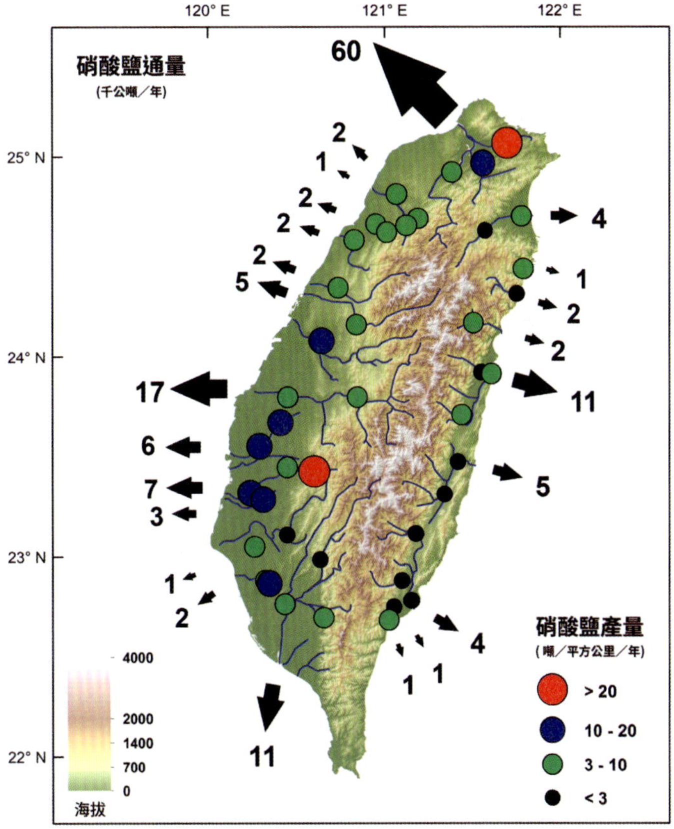

ⓘ 臺灣 49 條河川流域的硝酸鹽輸出量，從空間分布可以看出：農業與人口密度是影響硝酸鹽輸出的主要因素。

如何增加氮滯留、減少氮輸出?

從以上臺灣河川流域的氮研究可看出，人類農業活動與都市化對生態影響甚鉅；此外進一步分析發現，森林覆蓋率與氮滯留能力呈正相關。低擾動流域的森林覆蓋率高，能夠有效減少可反應氮的輸出；而農業用地的增加則削弱了流域的氮滯留能力，導致氮輸出比例上升。換言之，森林復育對於降低河川氮輸出具有關鍵作用。

此外，由於農業活動造成的氮輸出較高，未來可透過精準施肥技術或有機農業的推廣來減少化肥使用，以提高集水區的氮滯留能力。同時，應加強汙水處理設施的建置與升級，特別是在都市人口密集的地區，提高家庭汙水的處理率，以減少銨鹽的直接輸出。

整體來說，都市汙水處理的不足與高氮排放問題，透過強化汙水處理技術、改善農業施肥方式、推動森林復育等措施，應可有效降低河川的氮過剩風險，也減少對沿海水域的優養化影響，進而維護優質的河川地景與水資源，對於邁向永續發展有直接的助益。

⇧
坪林農友周宗坤的有機茶園。（攝影：傅心姵）

地景解析可以了解生態系統的全貌

地景的紋理變遷是所有營力共同作用的結果，也會透過物質移動（水、沉積物、營養鹽、農作物等）來影響（或說是串聯）其他地區。除了美學的欣賞之外，我們了解到，地景的解析若以社會—生態系統的觀點來看，是社會系統與生態系統透過土地經營管理與生態系服務所產生的交互作用。其中，由於生態系統具有高複雜性，往往需要繁多的調查與分析，而此全面調查實存在高度困難；然而，地景卻是最直觀、也是分析調查中最重要的第一步，因為地景變遷是結果，也是影響作用的因素，整體處於動態運作的過程。

如果希望邁向永續發展，對於兩個系統（生態系統與社會系統）以及兩個系統間的連結，必須有較全面的認識。而地景解析就是了解生態系統全貌最有效的方法，亦即本文整理分析的物理侵蝕、化學風化以及營養鹽傳輸的特性。

物理侵蝕方面，山崩是臺灣主要的侵蝕作用與沉積物來源，而颱風與地震更是造成山崩最重要的誘發因素，頻繁地震與颱風造成的山崩出現在臺灣山區的地貌，不但影響著山地聚落的生活，同時也是臺灣水庫淤砂的主要來源。

從整體特性來看，臺灣山區的森林覆蓋完整，其中崩塌的面積平均維持約五％到七％左右；颱風侵襲後，植生會在崩塌地上慢慢演育並恢復，如中橫公路在九二一地震後，歷經二十年的休養生息，已經逐漸恢復。根據筆者在曾文水庫的研究發現：崩塌發生後，經過三十年左右演育出來的森林，其落葉量才會恢復到接近原本的水準。

若以土壤中的有機碳含量來看，由於山崩會將所有淺層的物質（含植物）搬運到下坡或下游處，因此崩塌地往往呈現裸露地貌。而隨著時間的演替，陽性物種的芒草慢慢演替成竹林而後轉為森林，土壤中的有機碳也會逐漸增加。從調查資料來看，土壤有機碳要恢復到原本森林狀態，至少需要五十年的時間。因此，任何地景的改變與擾動，都需要付出很長的時間與很大的恢復成本，對於地景的改變不可謂不慎。

從化學風化的角度來看，強烈的侵蝕作用會讓岩層更容易出露進而接觸空氣、水而風化。臺灣的環境造就了很高的化學風化速率；但是，剛風化好的新鮮土壤，往往很快就被侵蝕作用帶走，因此臺灣山區土壤淺薄也是特色之一。

關於營養鹽的輸出，由於臺灣特殊的地理條件與山地陡峭的特性，讓河川在營養鹽輸送上往往具備低濃度、高輸出量的特性。低濃度是因為臺灣的河川大多狹小，所以河川的平均停留時間短，自然無法生成大量的營養鹽，僅能靠外源支持。而我們的外源，通常都在暴雨期間大量輸進河川，也大量輸出至下游甚至出海。這樣的特性無疑平添了許多經營管理上的難度。

最後仍須強調：地景作為所有作用共同運作的結果，除了看見臺灣的紋理外，其深刻內涵值得我們更深入去了解！

參考文獻

1.U.S. Environmental Protection Agency（EPA）.（2025）. Basic information about nonpoint source （NPS）pollution. Retrieved from https://www.epa.gov/nps/basic-information-about-nonpoint-source-nps-pollution

2.Bateson, G. （1979）. Mind and nature: A necessary unity. R.P. Dutton, New York, USA.
Preiser, R., Biggs, R., De Vos, A., & Folke, C. （2018）. Social-ecological systems as complex adaptive systems: Organizing principles for advancing research methods and approaches. *Ecology and Society*, 23（4）, 46. https://doi.org/10.5751/ES-10558-230446

3.Turner, D. P., & Whipple, M. （2021）. A systems theory view of the emerging planetary socio-ecological system. Retrieved from https://blogs.oregonstate.edu/technosphere/2021/05/06/a-systems-theory-view-of-the-emerging-planetary-socio-ecological-system/

4.Ostrom, E. （2009）. A general framework for analyzing sustainability of social-ecological systems. *Science*, 325（5939）, 419–422. https://doi.org/10.1126/science.1172133

5.Intergovernmental Science-Policy Platform on Biodiversity and Ecosystem Services（IPBES）.（2025）. Glossary: Ecosystem service. Retrieved from https://www.ipbes.net/glossary-tag/ecosystem-service

6.Huang, J. C., Milliman, J. D., Lee, T. Y., Chen, Y. C., Lee, J. F., Liu, C. C., Lin, J. C., & Kao, S. J. （2017）. Terrain attributes of earthquake- and rainstorm-induced landslides in orogenic mountain belt, Taiwan. Earth Surface Processes and Landforms. https://doi.org/10.1002/esp.4112

7.Teng, T. Y., Huang, J. C., Lee, T. Y., Chen, Y. C., Jan, M. Y., & Liu, C. C. （2020）. Investigating sediment dynamics in a landslide-dominated catchment by modeling landslide area and fluvial sediment export. *Water*, 12, 2907. https://doi.org/10.3390/w12102907

8.Wang, C. H., Liou, Y. S., Chen, P. H., & Huang, J. C. （2021）. Tropical cyclones likely enhance chemical weathering but suppress atmospheric CO consumption in landslide-dominated catchments. *Biogeochemistry*, 154, 537–554.

9.Huang, J. C., Lee, T. Y., Lin, T. C., Hein, T., Lee, L. C., Shih, Y. T., Kao, S. J., Shiah, F. K., & Lin, N. H.（2016）. Effects of different N sources on riverine DIN export and retention in a subtropical high-standing island, Taiwan. *Biogeosciences*, 13, 1–14.

10. 呂宗盈、林建元（2002）。〈由制度面探討臺灣土地使用管理制度變遷之研究〉。《建築與規劃學報》，3（2），136–159。

11. 鄧屬予（2007）。〈臺灣第四紀大地構造〉。《經濟部中央地質調查所特刊》，18，1–24。
李宗祐、黃誌川（2021）。〈亞熱帶小型高山河川的物質輸出之研究發展與意涵—回顧與展望〉。《地理學報》，100，137–153。

12. 張斐章、廖秀娟、黃誌川、江莉琦、許少瑜、鄭舒婷、石曜合、孫維（2024）。〈共創科學—社會經濟路徑以邁向永續流域綜合管理造福社稷〉。《土木水利》，51（1），72–86。
張宸菲（2022）。〈量化不同化學風化速率及其對二氧化碳淨收支之影響—以造山帶島嶼臺灣為例〉（碩士論文）。國立臺灣大學地理環境資源學系，1–127。

13. 陳沛壕（2017）。〈亞熱帶造山帶之化學風化及其控制因子〉（碩士論文）。國立臺灣大學地理環境資源學系，1–81。

14. 天下雜誌（2023a）。〈碳費來了！企業排碳將付費，企業如何面對碳成本？〉。Retrieved from https://www.cw.com.tw/article/5128191

15. 天下雜誌（2023b）。〈公私協力 X 水源保育 X 淨零永續〉。Retrieved from https://www.cw.com.tw/article/5128191

PART 3

林礦・晶片

——經濟之島

04 當綠之列島遇上福爾摩沙：
日本帝國統治下的臺灣林業（1895-1945）

05 織在地質與地景之間
——金水礦山的礦業紋理

06 全球紋理下的臺灣經濟地理
——嵌入、地景與經濟活動的空間動態

04

當綠之列島遇上福爾摩沙：日本帝國統治下的臺灣林業（1895-1945）

洪廣冀

一、東亞最美麗的森林

一九一八年一月二十二日，一名蓄著大鬍子的英國人，踏上基隆的土地。他的名字是威爾森（Ernest Henry Wilson, 1876-1930），是一位園藝學者與植物獵人。兩天後，威爾森在臺灣鐵道旅館內，寫了封信給他的老闆：哈佛大學園藝及林學教授薩金特（Charles Sprague Sargent, 1841-1927）。

薩金特有個夢想。以哈佛大學的阿諾德樹木園（Arnold Arboretum）為根據地，他希望能引入東亞的木本與園藝植物，讓美國的園林景觀可以更加豐富。為了讓這個夢想成真，薩金特了解他需要一個目光銳利、具植物學素養，以及能在各種艱困環境中甘之如飴的人。他認為威爾森便是這樣的人。

在致薩金特的信中，威爾森告訴薩金特，臺灣當局已知道他的行程；總督安東貞美（一八五三－一九三二）甚至還接見他，表示會盡力支援威爾森在臺灣的採集工作。

←
威爾森與臺灣原住民、日本警察於阿里山山區的合影。（資料來源：©Wikimedia commons. also courtesy to The Arnold Arboretum of Harvard University ）

總督的保證讓他充滿信心。他表示，「這裡的一切都在政府的控制下；那些得到政府恩惠者，可完成很多事。」

身在舒適的臺灣鐵道旅館，威爾森不禁想起過去十餘年來縱橫雲南、四川、日本、韓國與琉球等地森林的經驗。原本只是為英國一家園藝公司採集植物的他，經此磨練，已經成為舉世聞名的植物獵人。那麼，在這個有著「福爾摩沙」之美譽的島嶼上，他會發現什麼植物寶藏？

威爾森明白，過去二十餘年間，這個島嶼是由日本帝國統治；在前往總督府拜會總督的途中，他也結識兩位學有專精的日本林學者，名字分別為金平亮三與佐佐木舜一。他們表示，將會全力支援威爾森的採集活動。有了兩位專家帶領，又有總督府的全力支援，威爾森認為，這趟採集必然豐收。

即便威爾森有此預期，但他在臺灣所見所得還是遠超過他的期望。在總督府的全力支援下，威爾森的採集行程有著數十名的警察、原住民嚮導與挑夫陪伴。正因為如此，威爾森得以深入蕃地、攀登高山，遊覽當時規模初具的阿里山林場，見證總督府如何以通電鐵絲網包圍「生蕃」。他採集了數千份的標本與種子，也以相機留下臺灣山林的一手紀錄。在阿諾德樹木園的標本館中，有張照片顯示了威爾森是如何在臺灣的山林中採集。威爾森位於前排偏右，表情嚴肅，身旁與身後則是日本警察、林學者與鄒族原住民（如下圖）。

一九二〇年，威爾森完成〈福爾摩沙木本植物誌的植物地理學概述〉（A Phytogeographical Sketch of the Lingneous Flora of Formosa），發表在阿諾德樹木園的機關報上。他盛讚「福爾摩沙是名副其實的東方之珠」；在這顆珍珠上閃爍的光澤，是「東亞最美麗的森林」（the finest forests of eastern Asia）。界定臺灣森林在東亞的地位後，威爾森逐步盤點臺灣多元、饒富層次的林相。從低海拔至高海拔，他依序介紹盤根錯節的榕楠林、生機蓬勃的樟櫧林、碩大無匹的檜木、與天爭高的臺灣杉，劍拔弩張的鐵杉、風姿綽約的雲杉，最後則是讓人宛如置身寒帶的高山草原與玉山圓柏灌叢。吟味著在此熱帶島嶼的所見所聞，威爾森寫下了他對臺灣林業的期許：「我誠摯地希望，由原住民之獵頭習俗而保存、免於被功利的中國人（utilitarian Chinese）破壞的森林，不會被進步的日本人（progressive Japanese）破壞。」

在哈佛大學阿諾德樹木園做博士後研究時，我接觸到威爾森的著作與信件。我大為感動，隨即寫了一篇短文，發表在當時還叫做「大人的世界史」的「故事」網站上。那篇文章廣受迴響；同時，也因為阿諾德樹木園開始把威爾森的信件與照片放上網，臺灣的讀者不用出國，也可重訪這位植物獵人眼中與筆下的臺灣。威爾森的觀察也開始出現在臺灣的自然史寫作上。例如，在《通往世界的植物》與《橫斷臺灣》中，生物地理學者游旨价便不時引用威爾森的觀察，論證臺灣森林的特殊性，以及此「特殊性」該如何放在百萬年地質史與全球的時空尺度下方能理解。

然而，就我而言，關於威爾森的希望，即臺灣如此美麗的森林，在「進步的日本人」的管理下，究竟發生什麼事？至今仍未有讓人滿意的答案。在我看來，關鍵有三：其一，森林是個複雜的生態系，且與國家、地方社會有著千絲萬縷的牽連。為了避免治絲益棼，研究者得聚焦在特定面向，這也導致既有的臺灣林業史顯得破碎，宛如散落一地的拼圖。再者，臺灣林業的相關史料眾多，至今仍有新史料出土；每份新出土的史料，均蘊含著挑戰既有歷史敘事的潛力。第三，林業不僅是個產業，同時也是個發展數百年的科學；林業中常有許多專業術語，再翻為日文後，成為讓人畏懼的術語叢林，如法正林、保續、保育、事業區、要存置林野、準要存置林野等，未受過林業訓練者，不免望文生義，從而錯誤地解讀林業史料。

目前在臺灣大學地理環境資源學系任教的我，於一九九四年進入臺灣大學森林系就讀，且在該系度過大學、碩士與部分的博士時光。接著我就出國，在哈佛大學科學史系攻讀博士學位，於十年前開始在地理系服務。我從事臺灣林業史的研究已超過二十年，至今仍不敢說我已經掌握了臺灣林業史的全貌。即便如此，我依然認為，考慮到森林是形塑臺灣與臺灣史的重要生態系，若無一個相對完整的臺灣林業史敘事，後續的比較研究無從展開；論及臺灣林業時，大眾想到的還是「日本人跟國民黨誰砍得多」、「臺灣檜木都被運到日本當鳥居」，接著就有各種「課本沒教的林業史」出籠，大家按讚轉貼後，就地解散。

在以下篇幅中，我會總結我自己與其他研究者的研究，也會整合因為新史料而得出的新發現。我們將看到，清代對臺灣「番地」的治理如何形塑了日本帝國的在臺林業，而在十八至十九世紀有著「綠之列島」之稱的日本，是如何吸收與轉化近代林業的概念，而這些被「日本化」的林業，又如何形塑臺灣的森林地景。本文的下限畫在一九四五年。是年，中華民國接收臺灣，也一併接收與轉化日本帝國在臺建立的林業體制；臺灣林業史的重要篇章，就此翻過。

讓我先從一個貌似簡單的問題開始：位於北回歸線上的臺灣，為何擁有如此豐富多元的林相？

二、臺灣森林的起源

聽到這問題，各位的第一個反應可能是：不然呢？臺灣坐落在北回歸線上，而這條緯線連同赤道界定了所謂的「熱帶」。熱帶不就應該是森林密布之地嗎？臺灣有森林，是個天經地義之事，不需要任何解釋。

這其實是個錯誤的認知。在《橫斷臺灣》中，生物地理學者游旨价指出，由於哈德里環流（Hadley Circulation）的影響，北回歸線至北緯三十度通常是全球著名的乾燥區（游旨价，二〇二三）。

哈德里環流是地球大氣環流的重要部分，指涉赤道至南、北緯三十度之間的氣流運動。太陽輻射使赤道地區的空氣受熱上升，攜帶大量水氣進入對流層，形成強降水帶（赤道低壓區，即「間熱帶輻合帶」）。當上升氣流到達高空後，向兩側（北緯與南緯）移動，並在約南北緯三十度一帶下沉，形成副熱帶高壓帶（Subtropical High）。由於上升過程中水氣已凝結並降水，這些下沉的氣流變得極為乾燥，導致副熱帶地區降水稀少，形成世界上許多主要沙漠，如北非的撒哈拉沙漠、中東的阿拉伯沙漠（Arabian Desert）與中亞的塔克拉瑪干沙漠（Taklamakan Desert），均為哈德里環流的「傑作」。

為何東亞可避開哈德里環流的影響，不僅未成為沙漠，反倒成為人口密集之區？游旨价認為，關鍵在於八百萬年前成形的東亞季風系統。他指出，東亞季風系統克服了哈德里環流，帶來豐沛水氣，孕育出種類複雜的「亞熱帶常綠闊葉林」。有了森林，就有了各種生物；有了生物，就有了人群。

東亞季風系統成形的兩百萬年後，即距今六百萬年前，臺灣島浮現在菲律賓海板塊與歐亞板塊的交界處。這個島嶼恰巧位於日本列島、歐亞大陸、太平洋、菲律賓群島的交接處，接收了四面八方的物種。臺灣島高山林立，提供了各式生態區位，既是亞熱帶常綠闊葉林擴張的前沿，也是躲避冰河期之生物的避難所。

十七世紀，在「大航海時代」中，這片森林為臺灣在西方世界博得「福爾摩沙」——美麗之島——的名聲。一六二四年，荷蘭東印度公司在臺灣南部建立據點，森林與這個島嶼的命運，開始緊密地交織在一起。

三、以啓山林

荷蘭東印度公司殖民臺灣的目的自然是汲取自然資源，特別是可在日本賣到好價錢的鹿皮。為什麼臺灣有如此豐富的鹿群？理由可能與原住民的土地利用方式有關。

臺灣原住民族並非採定耕農業，而是「山田燒墾」，即燒毀森林，清出土地耕種；當地力不足，族人再遷至另一處燒墾。這樣的土地利用會創造出大量的草原與「次生林」（因人為或天然因素干擾而形成的森林），讓原本已相當複雜的臺灣闊葉林，更顯複雜，成為某種「馬賽克」或「補丁式」（patchy）的林相。依照地景生態學，這樣反覆遭到干擾的植物生態系，提供了野生動物多樣的棲地。當然，豐富的野生動物又反過來滋養了臺灣原住民。成書於十八世紀中葉的《番社采風圖》的「捕鹿圖」，多少可讓我們一窺原住民、野生動物與森林共存共榮的景象。

為有效利用臺灣的鹿群，荷蘭東印度公司施行包稅制（又稱贌社制）。關於該制，臺灣史研究者已有精采的研究。該制將原住民的聚落理解為「社」，把數社合成一區，再指定特定漢人擔任「社商」，向該區的原住民各社收購鹿皮。藉此制度，公司可以不用與個別原住民聚落打交道，只要盯著社商即可。

包稅制急遽地影響臺灣的鹿群生態。即便荷蘭東印度公司於一六六二年離開臺灣，在明鄭的統治下，此制依然被延續下來。不僅如此，當漢人湧入臺灣開墾，「化鹿場為良田」後，至

Ⓔ
《番社采風圖》中的「捕鹿」。
（資料來源：©Wikimedia commons.）

大清帝國於一六八三年拿下臺灣的時點，鹿群可說已在西部平原消失。

原先由原住民、動物與植物共構的生態系，至少在西部平原地帶，即將發生巨變。

四、從封禁至開放

一六八三年，清帝國開始對臺灣的統治。對於這個自然與人群同樣複雜多元的島嶼，清廷一時也打不定該採取何種政策，時而在「禁墾」與「獎勵開發」的兩極間擺盪。一七二一年（康熙六十年），臺灣爆發朱一貴事件。該事件起因是漢人入山伐木與採取林產物，卻被地方官取締並嚴刑伺候，引發民怨。不僅如此，長期被包稅制剝削的臺灣原住民族，也有聚落趁機起事，殺害負責交易的中間人（即所謂通事）。平定此起彼落的亂事後，清廷開始在臺灣沿山地帶立碑，禁止漢人私入森林。

十八世紀中葉，即乾隆朝期間，清廷決議劃設「番界」（如左圖）。清廷也注意到，原本生活在西部平原的「熟番」，因漢人入墾，逐步遷移至沿山地帶。清廷決定利用此趨勢，將熟番部署在番界附近，推行「生番在內、漢民在外，熟番間隔其中」的「三層制」政策。在清廷眼中，來臺開墾的漢人如同「奸民」，若任其入山開墾，極易與「生番」勾結，讓山林成為叛亂的淵藪。

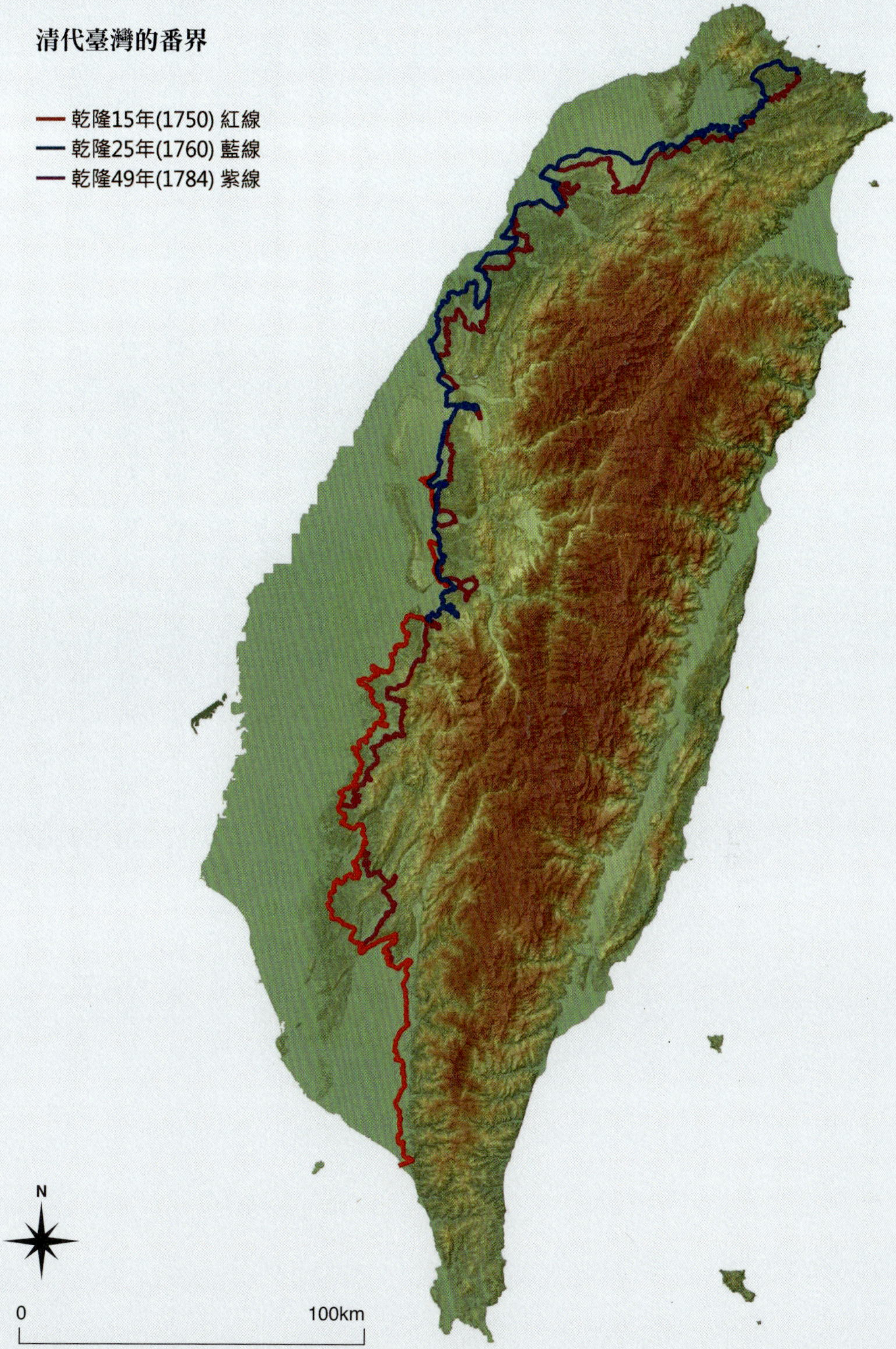

（資料來源：中研院臺灣百年歷史地圖乾隆臺灣番界圖，柯志明、陳兆勇考證，呂鴻瑋繪製。）

然而，日趨細緻的隔離政策引發反效果。漢人進墾山林已是勢不可擋。清廷昧於現實，一味封堵，最終在一七八七年至一七八八年（乾隆五十一年至五十三年）爆發林爽文之亂。事件平定後，清廷放棄昔日的封禁，轉而仰賴入墾山林的漢人豪強，以維持沿山地區的社會秩序。十九世紀下半葉，復因外國勢力對臺灣山林資源的覬覦，清廷決議「弛山林之禁，開山撫番」。

透過開山撫番，清廷意圖掌握當時臺灣最重要的全球商品：樟腦。樟腦為製作無煙火藥、電影膠卷的主要材料，各國需求殷切。樟腦從樟樹而來，但在十九世紀中末期，哪裡還有樟樹？樟樹為東亞亞熱帶常綠闊葉的主要成分，廣泛地分布在日本列島南端、中國東南沿海與臺灣。然而，除了臺灣外，過去曾為樟樹林之處人口密集，樟樹林多已被砍伐殆盡。臺灣則不然。至十九世紀中葉，即便沿山地區的樟樹林早因漢人進墾而消失，但還有大面積的樟樹林分布在臺灣原住民的傳統領域內。對於入墾的漢人，臺灣原住民以「出草」相抗，減緩了樟樹林消失的速度。

即便如此，至十九世紀末期，連這些「因原住民之獵首習俗而保留下來的樟樹林」（威爾森之語），也都面臨威脅。原來，來自英國與德國的洋行，設法與漢人豪強結盟，提供資金，由豪強雇用腦丁，搭配大規模的防番措施，準備併吞番地。臺灣樟腦產量節節升高，高峰時產量可占全球樟腦產量的一半。面對寸寸進逼的漢人，原住民也以更激烈的手段制衡。一八九五年前後，因政權交替帶來的權力真空，原住民大舉出草，以暴力手段「還我土地」。

五、求知識於世界

一八九五年，日本帝國擊敗清國，取得臺灣為殖民地。領臺之際，即有一批學有專精的林學者，向政府請纓來臺。這些林學者可說是日本第一批自己訓練出來的林業人。倒推至一八六八年，一群有志之士推翻幕府，以天皇為新日本的統治者，建立明治政府，開啟了「富國強兵」的篇章。明治天皇也發表「五條御誓文」，當中一條為「求知識於世界，大振皇國之基業」。不同於江戶時代的「鎖國」，明治政府將會積極引入歐美思潮，奠定建設新日本的基石。

林業為日本帝國欲求的「知識」之一。要說明此點，我們得先說明明治時期的日本林業發生什麼事。

在引入西方林業體制前，日本本身即有相當發達的林業傳統。江戶時期（一六〇三—一八六八年）中，幕府有自己經營的森林（官林），但絕大多數的森林是由各藩以及「靠山吃山」的村落所管理。日本史家康拉德．托特曼（Conrad Totman）指出，這套既分權又中央集權的林業體制，運作得相當良好；一度因人口增加、都市化而被破壞的森林，迅速地回復，為日本在西方世界博得「綠之列島」（green archipelago）美名的主因。

明治維新後，幕藩體制瓦解，這套林業體制也跟著消失。明治政府將多數森林收歸官有，並以低廉的價格售予有意伐木或開墾的業者。藉此森林的「私有化」，明治政府期能帶動市場經濟，從而讓日本能加入「現代國家」之林。

然而，在此舊林業體制瓦解、新體制未立的時點，政府由上而下地推動私有化，讓大量的森林遭到業者搶占，如同無政府狀態。目睹大片的森林就此消失，明治政府也開始發現事態不對，遂把目光放到林業先進國，特別是可謂近代林業之誕生地的德國。

六、追求永續

十八世紀，在現今德國一帶，一個中文或可翻譯為「國家財政」（*Kameralismus*）的學術傳統正在成形。

考慮到森林與國防、國家財政息息相關，國家財政學者把森林視為國家財產，主張林業為攸關國利民生的事業。他們認為，此林業的核心是以「科學的原則」經營森林，確保後代子孫均有木材可用。他們稱此原則為 *Nachhaltigkeit*；「*Nach*」為「之後」、「延續」、「隨後」之意，*Haltigkeit* 來自「*halten*」，意指保持、維持與支撐。在英文中，此詞彙被翻譯為 sustainability；十九世紀末期，當日本林學者試著引入德國林業時，他們將之翻譯為「保續」。

至十九世紀，德國林學者發展出更細緻的統計工具，一者讓他們得以估算天然林的材積與生長量等資訊，再者讓他們得以據此建構森林的理想型。德語稱此理想型為「*Normalbaum*」；*Normal* 為「正常」，*baum* 為森林；日文與中文均譯為「法正林」。在林學者眼中，一片天然林其實是「不正常」的：「正常的」森林應該單純；樹種要最少；樹齡從小排到大，且級距不能太小或太大；各樹種也應井然有序。在這樣「正常」的森林中，林學者認為，森林相當於銀行，伐木為提款，造林為存款，森林的生長量為利息——據此，只要經營者能確認其取出的林木材積在森林生長量的範圍內，林產物的「永續生產」當是意料之事。

當然，森林終究不會是銀行——要把森林當成銀行般的經營前，林業家得設法把種類歧異、林相複雜、形質參差不齊的天然林改造成面積、材積與齡級均井然有序的人工林。要落實這樣的理想，政府得控制大面積的森林、設立林業部門、成立林業學校等。林學者也得調查森林的林相、計算森林的材積、估計生長量，衡量此森林究竟離「法正林」有多遠，再決定該以何種施業方式來泯除此偏差。

起源於今日德國一帶的林業，逐漸影響歐陸各國看待與經營森林的方式，且隨著帝國主義而擴散至全世界。在化石燃料還未成為主要能源之前，木材就是主要的能源。大從帝國的經綸，小至日常生活，沒有人可以離開木材。從統治者的角度，德國林業是絕佳的工具，讓他們可以盤點、確認與掌握手中究竟有多少資源，又該如何「永續」經營之。

以學術的語言，林業成為「國家形成」（statemaking）不可或缺的一環。著名的政治社會學者詹姆斯・斯科特（James Scott）則認為，要討論何謂國家的視角，林業是絕佳的切入點。至十九世紀中葉，林業已成為跨越各民族國家與帝國的龐大網絡，儼然自成一個帝國，政治生態學者南希・佩盧索（Nancy Peluso）與彼得・范德蓋斯特（Peter Vandergeest）以林業帝國（empires of forestry）稱之。

不難理解，在此帝國林業中，那些不時進入森林採取薪炭材、林產物的農民，將會發現森林再也不是他們村落的了。他們會發現森林周圍出現了告示，說明某片森林現在屬於政府所有，民眾不得妄自利用。若他們迫於生計，還是進入森林中採取林產物，就會有政府派來的人驅趕他們。若他們抵抗，他們會被包圍、取締、逮捕，甚至殺害。他們會被貼上一個標籤：「土匪」；在文學與藝術中，如此嘯聚山林、抵抗國家的人，有時會被稱為「綠林好漢」。

七、失落的福爾摩沙

明治政府也很快地加入德國林業的「粉絲團」。它派遣留學生前往德國留學，並建立專業學校。與之同時，政府也設立林業專門機構，展開森林調查，將森林區分為國有林與私有林。完成財產權區分後，政府令林業部門為國有林編製「施業案」，即「經營計畫」。政府也明文規定，國有林經營得以「保續」為目的，追求森林的「法正狀態」。

即是在此時點，日本帝國拿下臺灣。對於日本初具規模的林業社群而言，這是個天外飛來的機會，讓他們可以證明日本林業的實力。臺灣的樟腦產量冠絕全球，若能以「保續」的原則經營，不僅能向帝國證明林業這個專業是「有用的」，同時也能向世界證明日本已非吳下阿蒙，而是一個能以科學經營自然資源的帝國。

一八九五年，也就是日本帝國殖民臺灣的第一年，總督府即公布〈官有林野及樟腦製造業取締規則〉。該令規定，若無證據證明某片「林野」的所有者是誰，該片林野就會被收歸官有。透過該令，總督府引入了「林野」此土地類別。所謂的「林野」為「森林」與「原野」兩「地目」的合稱（除了森林與原野外，還有水田、旱田、魚池等地目）。「森林」意為地表上有著森林的土地，「原野」則是布滿茅草或小型灌木者。

就臺灣民眾而言，這是他們首度意識到，原來村落周遭那些尚未開墾的土地，是屬於「國有」的。雖然，在清朝統治下，「普天之下莫非王土」的概念已深入民心，但清廷基本上關注的只是那些開墾完成的土地（即「田」或「園」），如日本帝國這樣，把森林與原野納入土地行政，是前所未見。在總督府發布〈官有林野及樟腦製造業取締規則〉後，確實有些臺灣民眾，試著出示手邊的各類文書，證明自己擁有某片森林或原野，但絕大多數還是置若罔聞。他們還是照常前往村落附近的森林採取林產物、埋葬先人、放牧等。畢竟，「開門七件事」的首件事便是柴，且其順位還在米之前。雖說「巧婦難為無米之炊」，但無柴的話，不用說填飽肚子，光生活都會出現困難。

漢人的移墾社會已是如此，更不用說以山林為家的原住民族。對多數原住民而言，文字本來就不是他們界定所有權的媒介與證據。〈官有林野及樟腦製造業取締規則〉對他們沒有任何意義——事實上，原住民連「臺灣易主、現歸日本帝國管轄」恐怕都無法理解。

即便如此，〈官有林野及樟腦製造業取締規則〉賦予總督府必要的法源，讓它得以將臺灣的森林與原野收歸國有，再據此規範「占墾」與「私自利用」國有林的漢人與原住民。與之同時，林業官員也開始調查臺灣的國有林資源。就他們而言，這是他們首度親炙臺灣森林之美，以及在此絕美中蘊含的危險。原住民正觀察著，這群宣稱已統治臺灣的外來人，是否打算入侵其領域；森林也已成為那些不服帝國統治、趁著政權交替而興風作浪之「土匪」的窩藏處。

經過二十餘回的調查後，林業官員有了結論。他們感嘆，臺灣再也不是什麼福爾摩沙、美麗之島。他們痛陳，臺灣名聞遐邇的樟樹林已遭到漢人移墾者破壞，處處呈現童山濯濯之景；與之對照，海拔較高處的森林，雖說原住民抵禦了漢人的入侵，多少還被保存下來，但其「燒墾」慣習，還是讓這片森林岌岌可危。此外，他們也觀察到，由於臺灣中高海拔的森林多屬「千百年來斧斤未入」的原始林，不少林木已開始腐朽，林地上倒木橫陳。他們感嘆，這可是「天賜的遺利」，豈容如此浪費！

要讓臺灣再度奪得「福爾摩沙」的美名，林業官員認為，當務之急為循然有致的伐木與造林。在系統地改造臺灣之天然林的同時，確保那些為漢人移墾者與原住民破壞的森林，可被井然有序的經濟樹種取代。問題是：誰來執行這個「法正化」的動作？

←
理蕃時期的隘勇線。
（資料來源：國立臺灣大學圖書館藏）

八、文明開化

二十世紀初，總督府發現，臺灣原住民對領域的執念是如此根深柢固，且其神出鬼沒的「出草」已嚴重阻礙樟腦業的發展，決定不再姑息。一九〇六年，當佐久間左馬太總督上任後，總督府的對蕃政策從過去的「撫蕃」轉為「理蕃」。動員上萬名的軍警，輔以現代化的軍事設施，總督府將清代的防蕃設施——隘勇線，改造為占領原住民土地的利器。具體作法為將過去成點狀分布的隘勇線連成一氣，包圍原住民，縮小包圍圈，斷絕其與外界的聯絡，讓族人彈盡援絕，只得「歸順」（如下圖）。

一九一五年，「理蕃事業」畫下句點，總督府於是確定一條將民與蕃隔開的界線，並沿用清代的稱呼，視之為「蕃界」。蕃界以西為「一般行政區」，為「本島人」生活聚居之處，基本的行政單位為「街」與「庄」。蕃界以東則為「特別行政區」，為「蕃人」生活之處，

基本的行政單位為「社」。

因為隘勇線推進而占領的蕃地，總督府則計畫交給有資產、具信用的日本與臺灣業者經營。一九〇七年，總督府發布〈臺灣樟樹造林獎勵規則〉，規定業者可無償租用蕃地從事樟樹造林，成林後可獲得土地所有權。一九一一年的〈臺灣官有森林原野豫約賣渡規則〉則規定，官地得租予業者從事造林、開墾與畜牧等事業；申請造林者若在一定期限內造林成功，亦可獲得土地所有權。

很明顯地，總督府的如意算盤是，「法正化」臺灣森林茲事體大，光靠政府預算挹注，無異杯水車薪。若能以土地所有權為誘因，政府可結合資本家之力，加速且貫徹此法正化的工程。

與之同時，總督府也開始積極處理靠山吃山的漢人墾民。其作法分成兩階段：第一階段為「私有化」。總督府清查淺山地區已被開墾成田園的土地，確定開墾者是誰，隨即賦予所有權。

第二階段為「保管」。對於那些地表仍處在「林野」狀態，被墾民用來放牧、採取林產物、埋葬先人的區域，又或者一時之間無法確定開墾者是誰的土地，乃至於開墾地位於地質脆弱、易導致水患的敏感區域，總督府便不賦予土地所有權，而是查定區域後，將該片林野給占有者「保管」。總督府會與保管者簽訂契約，允許保管者在無礙林木之「保護繁殖」的前提下，持續利用其占有的國有林地，且每年得向政府繳納租金。如此將墾民利用之林野改為放租地的作法，政府稱之為「保管林」。

一九一〇年，總督府開始清查還有多少林野留在政府手中。此清查由總督府林務課主導，重點落在沿山地帶，為期約五年，至一九一四年暫告段落，稱為林野調查事業。林野調查共調查九七萬三七三六甲（約九四萬四七九九公頃）的土地，查定為官有者為七五萬二〇九一甲（約七二萬九四九九公頃），民有者為三萬一一七九甲（約三萬〇二四一公頃）。

林野調查的範圍如下頁圖所示。綠色區域意指在一九一〇年總督府已確認所有權歸屬的土地，粉色區域為林野調查的範圍。

在官有林野中，尚有一七萬二九一二．七四二三甲（約一六萬七七〇八公頃）的保管林，以及交付給業者開墾或造林的「開墾拂下地」（業者已完成開發，準備放領給業者）六二一二．七三六一甲（約六〇二四公頃），以及「預約賣渡地」（業者尚未完成開發，但一旦完成開發，即可放領給業者）八六二一．八六五八甲（約八三七公頃）。

在一九一五至一九二五年間，總督府針對林野調查查定的官有林野，展開區分調查與處分調查，稱之為官有林野整理事業。在區分調查中，總督府將不宜移交給民間的林野定義為「要存置林野」。存置為「保存」之意；即政府從林業的觀點，認為某片林野在國土保安、水源涵養、木材之永續生產等的理由，得由政府直接控制。與之對照，不要存置林野主要針對前述保管林。就負責官有林野整理事業的總督府內務局而言，在林野調查中，政府以無礙森林之保護與繁殖，將林野放租給占有者「保管」，終究不是長遠之道。內務局認為，這些土地應該逕自放領給民間，讓占有者可獲得完整的私有權，如此才能促進臺灣淺山地區的開發。

「處分調查」的目的便是在查定哪些不要存置林野（特別是當中的保管林）是可以放領民間，民間又該付給政府多少錢。一九二五年，為期超過十年的官有林野整理事業畫下句點。區分調查共計分出要存置林野三一萬九二九四．三七二九甲（約三〇萬九五一九公頃）與不要

	田	畑	養魚池	[illegible]	山林	原野	其他	計	田	畑	養魚池	[illegible]	山林	原野	其他	計
[illegible]	6,311	8,887	1,620	1,214	560	18,453	12,369	49,414	914	8,133	980	186	786,485	112,541	7,536	916,775
[illegible]	326,516	311,057	22,529	34,413	10,874	25,695	17,667	[illegible]	4,385	20,118	2	403	6,800	24,589	664	56,961

大正六年三月調製

臺灣總督府民政部殖產局

存置林野三九萬八五四〇・七九五五甲（約三八萬六六六〇公頃），處分調查則完成二六萬六三九八・六三六六甲（約二五萬八三七一公頃）土地的處分；收入總計五八九萬二三八七・二三圓，足支付事業開銷且挹注總督府財政。

從後見之明來看，一九〇五年至一九二五年是總督府致力重建臺灣淺山之土地秩序的關鍵時期。在總督府的構想中，當前述構想一一落實後，臺灣的林野可被區分為「國有」與「私有」兩種類別。那些攸關國利民生的林野會維持在國有，其他的林野就放領給民間所有。在鄰近「蕃地」之處，會有若干資本雄厚、政商關係良好的業者，以科學且永續的作法，經營數十乃至於數千公頃的人工林。與這些人工林鄰近者為過去為墾民占有或「保管」的民有地。這些土地相對零碎，但過去靠山吃山、不停蠶食鯨吞國有林的墾民，就此可獲得一片自己的土地，可以安居樂業，農閒時期還可前往業者經營的私有林中打工。

當一片又一片的人工林取代過去雜亂無章、殘破不堪、「生蕃」與「土匪」橫行的蕃地森林，就總督府而言，這是個文明開化的過程，同時也是臺灣終究成為帝國之領土的明證。

林野調查區分圖

（資料來源：中央研究院人文社會科學研究中心地理資訊科學研究專題中心）

九、進步的日本人，保育的模範生

在重建淺山之土地秩序的同時，總督府也開始構思該如何經營臺灣的檜木林。

在前述隘勇線推進的過程中，總督府發現，在臺灣東西向的山脈上，分布著舉世罕見的檜木林。日本本地也有生產檜木，但經過數百年的伐木與造林，材積無法與臺灣「原始」的檜木林相比。展望世界，另一處檜木生產地為美國西北太平洋沿岸，即奧瑞岡州與華盛頓州一帶。分布於此處的檜木林也是同樣「原始」，而美國政府已開始將這些森林以廉價賣給鐵路與林業大亨經營。

就總督府林業官員而言，這是另一個讓臺灣林業走向世界的絕佳契機。官員認為，臺灣檜木的長處在於擁有豐富的精油，可以抵抗蟲蛀；當美國檜木正在進軍世界木材市場的時點，若總督府可以妥當經營臺灣的檜木林，正好可與美國檜木一爭長短。

總督府決定讓業者打頭陣。日本土木業者藤田組是第一位獲得政府允許、得進入蕃地砍伐檜木的業者，地點位於南投的巒大山。然而，藤田組僱傭的工人「與蕃人狎近，以少量物品換取多量之蕃產物；若蕃人不肯則暴力相向；甚至私通有夫之蕃婦，引起蕃社怨恨」，釀成工人遭到蕃人出草的「蕃害」事件。有此前車之鑑，當總督府決議開發阿里山，而藤田組還不知反省，甚至以興建鐵道等基礎設施耗資過鉅，希望總督府能將蘭陽溪（舊稱宜蘭濁水溪）的檜木林（即日後的太平山）也由其經營，總督府否決其提議。這讓藤田組決定放棄在臺灣蕃地的伐木事業；總督府也順勢而行，買收藤田組的固定投資，向帝國議會申請預算，決定將阿里山檜木收歸官營。

一九一〇年，阿里山作業所成立；一九一二年，嘉義至沼平段的阿里山鐵路完工；一九一四年，阿里山正式開始出材（下圖）。約當此時（一九一四—一九一六年間），位於大甲溪流域的八仙山，以及蘭陽溪流域的太平山，也正式由政府直營。至一九四二年總督府將三大林場交給臺灣拓殖株式會社經營的數十年間，「檜木林因涉及國土保安、水源涵養與林產物之永續生產，且與『理蕃』的成效息息相關，不得交給追逐私利的企業經營」，為總督府經營臺灣中高海拔之檜木林與其他針葉林時的基本方針。

↑
由政府直營的阿里山林場，以美式的集材與運輸設施見長。
（資料來源：國立臺灣歷史博物館）

有必要指出的，對照內地的林業發展，總督府的官營林場毋寧是種創新。明治初年，政府確實因為軍事需要，將部分林相優美的森林收歸官營，確保軍方可以獲得充裕的木材供給，此舉隨即因有「與民爭利」之嫌，很快就喊了暫停。如此不適於內地的經營體制卻被移植至殖民地臺灣，且在總督府手中發揚光大。這就反映了臺灣林業的特殊性：一、臺灣的檜木林與針葉林分布在中高海拔，地勢崎嶇，經營得花費相對高的成本。二、甚具價值的臺灣森林也是原住民的傳統領域，林業經營得與理蕃事業併行。三、臺灣的檜木林是因地勢與季風而生的森林，屬於霧林帶，位於臺灣河川的中上游；若不審慎經營，極易釀成風災水患。

除了臺灣的特殊性外，官營林場的設計也反映歐美林業的發展趨勢。在此不妨以美國林業為對照組。如前所述，十九世紀末期，美國政府的政策是將珍貴的針葉林（特別是美國西北太平洋沿岸一帶的森林）全交給民間業者經營。然而，從二十世紀上半葉起，以美國林務署署長吉福德·平肖（Gifford Pinchot, 1865-1946）為首，政府開始將尚未被資本家圈占的森林收歸國有。受到德國林業的啟發，這些美國新一代的林學者認為，森林經營絕不能放手讓資本家經營。儘管私有財產權可說是美國社會的基礎，他們依舊主張，考慮到森林的公益功能，政府絕對不能允許讓森林盡成資本的禁臠。

於是，約當是營林部門積極規劃阿里山林場的時點，美國政府的林業部門也在當時羅斯福（Theodore Roosevelt, 1858-1919）總統的支持下，將大面積的森林收歸國有，並在調查其面積、材積、林木生長量等資訊後，規劃能達到森林之永續收穫的經營計畫。如此由專業的林業官僚為社會大眾規劃森林該如何利用，依其專業判斷來追求森林之多重功能間的平衡，其影響不僅是在林業界，而是貫穿羅斯福總統主政之「進步時代」（progressive era）的精神。以當時的詞彙，這個精神喚做「conservation」，中文常翻譯做「保育」。

回到一九一八年威爾森對臺灣林業的觀察。難怪這位植物獵人會稱日本人是「進步的」（progressive）。事實上，若我們考慮到，當時的美國林業部門還在與資本家周旋，試著將所餘不多的森林收歸聯邦政府所有時，威爾森已目睹臺灣總督府不僅將大面積的檜木美林收歸國有、還成立一條龍式之管理模式，日本林業不僅是進步，甚至比進步時代之美國林業還要「進步」。

十、臺灣之恥？

但這樣將國家擺前面、專業官僚擺中間的「保育」卻帶來始料未及的結果。一九二〇年代，日本已臻工業化的時刻，對木材的需求節節升高。一九二三年東京震災後，民間需要大量木材從事復舊。被視為「森林王國」的臺灣每每無法滿足此需求，讓臺灣林業屢被日本林學者斥為「臺灣之恥辱」。

讀者當會懷疑，此論斷似乎太過，甚至與常識不符。難道日本人不是砍下了臺灣珍稀的檜木，拿來做神社梁柱？我並不否認為數不少的檜木的確落腳在神社——但仔細想想，不難發現這常識有多荒謬。花費了總督府大量預算、期待能藉此與美國等林業大國在世界木材市場上一較長短的檜木只能當成神社梁柱？那就像在饑荒之際，國家進口大量糧食，卻只把它當成神桌供品一樣荒謬。

關鍵在於，為了開發臺灣檜木林，總督府投入莫大資金，導致定價無法降低。相較之下，美國生產的針葉材就顯得物美價廉。不難想見，與其採購臺灣物美但也相當昂貴的檜木，日本的建築與木材加工業者寧可購買美國木材。一九二〇年代，木材躍升為日本第三大的進口商品，僅次棉花與鐵。日本本地的林業企業受到進口木材壓迫，又將日本木材傾銷至臺灣。

對臺灣林業的未來而言，這是莫大警訊。當臺灣的木材市場充斥著便宜且品質也不差的進口材與移入材（從日本「進口」的木材稱為移入材），不僅官營林場遲遲無法回本，民間業者對於造林、或跟政府申請林班地來砍伐（林業術語稱為「林產處分」），不免興致缺缺。一九二〇年代的臺灣林業相當類似於今日的臺灣林業。雖說有著大面積的森林，但木材自給率極低，都是仰賴進口與移入材因應。

雪上加霜的是，原先總督府悉心打造的土地秩序也面臨破局。一方面，取得大面積林地的造林業者，眼見林業不是個好生意，遂改種香蕉、茶葉等經濟作物（如右圖）。另方面，向政府租用林地的保管林業者，也開始不顧政府的三令五申，即保管林的經營不得妨礙森林的「保護與繁殖」，開始種植經濟作物。甚至，在預期政府遲早會將其占有的林地放領，業者也一步步將手伸入周遭的國有林。

面對淺山的林地濫墾、私墾與盜伐問題，總督府於一九一九年公布〈臺灣森林令〉，規定破壞森林的罰則，並部署「森林主事」（相當於今日的森林護管員），以保護臺灣森林。問題是，臺灣森林遼闊，與地方社會的關係極其複雜；政府編列的人力與經費又相當有限，每名森林主事動輒要負責上百甚至上千公頃的林地，根本就是雙拳難敵四手。

濫墾與盜伐的問題懸而未決，生活在中高海拔山區的臺灣原住民，持續在放火燒山。就總督府而言，林業面臨的困境遲早會動搖統治臺灣的基礎。臺灣山高水急，治水得先治山。問題是，經過數十年的勵精圖治，臺灣林業卻面臨前所未見（同時也是政府始料未及）的困境。

中高海拔山區的森林因經營成本過高，官營林場只能苦苦支撐，導致木材需求得仰賴外材挹注。在中低海拔的山區，原本允諾總督府要好好造林的業者，卻陽奉陰違，以合法掩飾非法。原先構想的「整合民間之力以落實木材的永續生產」，從後見之明來看，無異引狼入室。以當時林業官員的比喻，山林之美享譽國際的福爾摩沙，如今如同癌末患者，一團又一團的癌細胞正齧咬著她美麗的身軀。

一九二〇年代中期，林業官員認為，該是讓林業置之於死地而後生的時刻了。

→
此相片題為「林瑞騰的樟樹造林地」，但種植的樹種卻非樟樹，反倒是香蕉。（資料來源：題名：林瑞騰樟造林地　殆ド芭蕉及キャツサバ植栽サル；識別號：LW1_04_003_0152；形成日期：昭和12年6月11日（1937-06-11）；中央研究院臺灣史研究所臺灣史檔案資源系統臺灣總督府時期林野檔案）

十一、山林課的誕生

一九二四年，總督府將林務課改組為山林課，令其規劃與執行從翌年開始的「森林計畫事業」。從後見之明，森林計畫事業是臺灣林業史上的里程碑；事實上，一百年後（二〇二五），臺灣林業基本上還是在該事業打下的基礎上運作。

要了解森林計畫事業，我們得先了解該事業的規劃者與執行者：山林課及其前身林務課。林務課為總督府中的三級單位，由殖產局管轄。早在一八九五年，架構初成的總督府內，即有林務課的設置。出掌或任職林務課者，均為受過近代林業訓練、擁有林業相關學位的技術官僚。林務課主要的任務是森林調查、擬定林業政策、規劃造林與伐木計畫、林產處分（查定林木的市場價值，將之售賣給業者砍伐），屬於林業體系中的「林政」部門。

與之對照，如阿里山、八仙山與太平山等由政府直接經營的林場，則歸總督府中的「營林所」管轄。營林所得確認三大林場的經營能上軌道，為政府創造一定的盈餘，同時兼顧木材的永續生產。以林業術語，營林所管轄的屬於「林產」部門。

在一九二四年前，林政與林產的關係為何，總督府常常拿不定主意。分的話怕各行其是，合的話又怕相互掣肘。此外，營林所宛若一家企業，有其固定設施，陣容龐大，人數眾多，且能創造收益，在總督府內，動見觀瞻。與之對照，林務課可說「錢少事多」；不僅總督府編列的預算有限，人手也常常不足。

森林計畫事業改變這一切。總督府之所以把林務課改組為山林課，原因在於「山林」為日本稱呼森林的傳統名稱。「山」是森林的單位，相當於一種「量詞」，「林」為一種地表狀態。在江戶時期，若甲方要把一片森林交給乙方砍伐或造林，會以某某「山」稱之。同樣的，若某個家族要分遺產時，田園會以甲或其他面積單位計算，森林就會以「山」來區分。明治時期，當政府成立林業的專職機構時，「山林局」成為此機構的專屬名稱。由此看來，當總督府決定在一九二四年將林務課改組為山林課時，其實也表達了政府對此三級機構的期待：山林課應該如同內地山林局一般，以長期且整體的視野，擘劃臺灣林業的未來，而非過去龐雜且瑣碎的林政業務而已。

以林業術語，這是臺灣林業史中「林政統馭林產」的時期。

就任職於山林課的林業人而言，這是個千載難逢的機會，讓他們以其專業回饋帝國。安詮院貞熊在臺灣林業的重要刊物《臺灣山林會報》上呼籲：森林計畫事業的理想必須遠大（森林計畫事業の著想は須く遠大なれ）。他表示，林業人受託「料理組上鮮魚兩百萬町步」；林業人能做的是「公平適切地滿足四百萬島民之嗜好、本島經濟之根本設施以及治山治水等大業」。無論如何，他強調，「吾等森林家均須以一貫之至誠，投入熱烈如火之意氣與愛國至情，負起此般林野事業的重責大任。」

十二、臺灣林業的藍圖

在總督府原初的規劃中，森林計畫事業將以超過三百萬圓的經費，以十五年的期程，針對全臺六八萬二七三二甲的林野展開調查。事業的目的包含三點：一、區分出可用來經營森林的「要存置林野」；二、將要存置林野分為一系列的「事業區」；三、為每個事業區編定未來十年的經營計畫，日語為「施業案」。

當各事業區的施業案到位後，總督府認為，不僅木材的永續生產與森林的「法正化」，連同水源涵養、治山防洪、調節氣候等森林的「公益功能」，均可畢其功於一役。森林計畫事業堪稱臺灣林業的百年大計。

一九二五年，山林課正式啟動森林計畫事業。過程中，總督府又決定將時程縮短為十年，調查面積則擴充為一〇一萬六〇〇〇甲，相當於九八萬五四三八．七二公頃。一九三五年，森林計畫事業完成，比總督府要求的遲了一年，總計十一年。

在這十一年間，山林課的成果包括兩點。首先，透過區分調查，山林課區分出以下三類林野的範圍與面積：要存置林野一〇九萬四六一九．一七三二公頃，準要存置林野二〇萬〇〇七二．三五〇〇公頃與不要存置林野七萬七二一二．八〇二〇公頃（如左圖）。

要存置林野與不要存置林野為延續官有林野整理事業而來。要存置林野的定義為，從林業的角度，某塊林野得「保留」在政府手中；不要存置林野則指那些沒有必要保留的林野。「準

（資料來源：羅文君、呂鴻瑋繪製）

要存置林野」則是山林課在森林計畫事業中創造的新類別。其意義為：從林業的觀點，該林野沒有必要保留，但基於其他考量，還是得以「要存置林野為準」來辦理，故稱為「準要存置林野」。

所謂的「其他考量」為何？從後見之明來看，絕大多數為保留給原住民使用的土地。森林計畫事業的調查範圍已逐漸深入蕃地。山林課估計，在蕃地中，居住著約八萬四千名蕃人。

從一九一〇年代的理蕃事業以降，這些蕃人絕大多數已被納入總督府的蕃地治理架構，不少已形成聚落。該如何處理這些生活空間與森林高度重疊的蕃人？山林課的作法是，鎖定蕃人聚落的位置，計算其人數，再依照每人三公頃的標準（包括住地〇．二公頃、耕作地一．八公頃、用材燃料採取共用地〇．五公頃，以及牧畜與其他產業增進用地〇．五公頃），計算應從鄰近的國有林野中撥出多少土地供其使用。

舉例來說，若山林課確定某聚落計有三十名蕃人，這就意味著得畫出九十公頃的土地供其使用。若周遭可供蕃人使用的土地只有六十公頃，即只能讓二十名蕃人使用，這就意味著該聚落有十名蕃人必須重新安置至其他聚落。

那麼，這些供蕃人使用的土地為何要以「要存置林野為準」來辦理呢？原來，就山林課而言，臺灣蕃人的心智如同幼兒般，「進化程度」不夠，不能行使其所有權（就像未成年者無法投票一般）。山林課進一步主張，若貿然讓蕃人擁有土地，難保這些土地會被漢人買走，蕃人終究沒有土地，得侵入周遭的要存置林野中生活與開墾。為了「保護」蕃人，山林課認為，這些供蕃人使用的土地得牢牢握在政府手中，即以「要存置林野為準」來辦理。

完成區分調查後，山林課再針對要存置林野展開「施業案調查」。當時，山林課可掌握的要存置林野有兩大來源：其一是森林計畫事業區分調查查定且無疑義的要存置林野一〇二萬五三四三·七七三二公頃（總查定面積為一〇九萬四六一九·一七三二公頃），其二是林野整理查定的三〇萬九六八九·一五八四公頃，兩者總計一三三萬五〇三三·九三一六公頃。在確認手中有超過一百三十萬公頃的要存置林野後，山林課先依「經濟」與「急迫性」的判準，從中選擇八七萬七六二九·四六公頃的要存置林野，先劃設事業區，再為每個事業區編列經營計畫。

一九三五年，山林課完成二十九個事業區的規劃，分別是文山、宜蘭、羅東、太平山、南澳、大溪、竹東、南庄、大湖、東勢、八仙山、北港溪、埔里、南投、集集、巒大、竹山、阿里山、大埔、玉井、旗山、恆春、里壠、臺東、木瓜山、林田山、太巴塱、玉里與新港。

值得一提的，在森林計畫事業結束後，山林課並未就此停止施業案調查。至一九四五年，山林課又完成另外十一個事業區的規劃，分別是關山、濁水溪、潮州、楠梓仙溪、研海、屏東、秀姑巒、丹大溪、大濁水右岸、大武與大甲溪。

就臺灣林業史研究者而言，最大的困擾是，這四十個事業區究竟位於何處。可以預期的，針對每個事業區，山林課必然製作了大比例尺的地圖，呈現其邊界、內部區分與林相等資訊。然而，過去數十年來，研究者遍尋不著這些地圖。確實，在林業及自然保育署、臺灣大學圖書館中，研究者可以找到完整的施業案。然而，這些施業案附的地圖，如不是示意圖，就是比例尺過小，只能供作參考。

此臺灣林業史上的謎團，終於在森林計畫事業啟動的一百年後，出現了曙光。二〇二五年，林業及自然保育署企劃組開始盤點其倉庫中的資料。在臺北的一處倉庫中，大比例尺的施業案地圖終於出土。我的研究團隊很幸運地能目睹這些地圖，展開進一步研究。團隊成員呂鴻瑋數化了各事業區的邊界，如下圖所示。

日治末期
臺灣林業的事業區

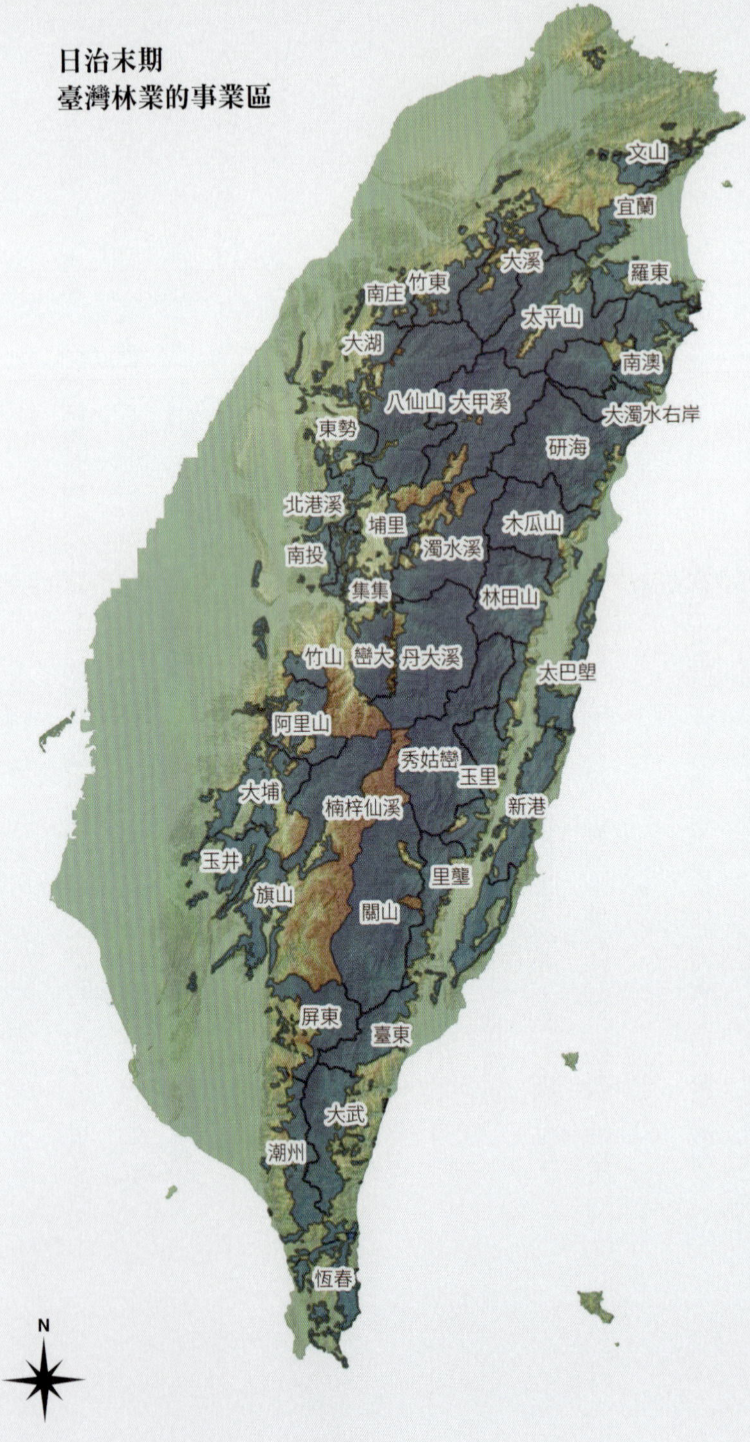

（資料來源：呂鴻瑋繪製）

一九四五年後，行政長官公署林務局接收此四十個事業區的體制，以為臺灣林業的基礎架構。時至今日，即森林計畫事業啟動後的一世紀間，臺灣林業基本上還是在此四十個事業區體制中運作（一九六〇年代至一九七〇年代有兩波事業區範圍的調整，現今臺灣國有林經營分為三十七個事業區）。認為森林計畫事業奠定了今日臺灣林業的基礎，並不為過。

十三、蕃地開發調查

一九三〇年十月，正值山林課完成區分調查的時點，南投霧社爆發了慘絕人寰的霧社事件。馬赫坡社頭目莫那魯道，率領族人大舉出草，表達對總督府之理蕃政策的不滿。總督府隨即以優勢武力鎮壓起事的族人，莫那魯道飲彈自盡，參與起事的蕃社則遭到滅社。事件落幕後，總督府認為，「理蕃之終局」便是將生蕃盡可能地移住至淺山地帶，教化他們，讓他們耕作水田，徹底改變其生計方式。

當然，霧社事件是山林課始料未及的。為因應理蕃政策的調整，以及更妥切地運用山林課劃設的準要存置林野，總督府遂責成理蕃部門展開「蕃地開發調查」。

蕃地開發調查分為兩部分，一者為高砂族調查，二者為高砂族所要地調查。前者主要在清查各聚落的沿革、人口、生計、土地利用狀況、「進化程度」等細節；後者則複查山林課規劃的準要存置林野，從位置、地勢與土質等面向著手，探討這些土地能否讓於原住民從事定耕農業。前述調查結束後，理蕃部門消去山林課規劃的二萬三六〇〇・〇五公頃準要存置林野，再尋覓適當的土地，增加六萬二四七三・九九公頃的準要存置林野，得出總面積為二十四萬公頃專供原住民使用的準要存置林野，正名為「高砂族保留地」。

由理蕃部門規劃的高砂族保留地原圖，目前收藏在原民會，且原民會已委託專業團隊將其數化。依據此數化資料，本研究團隊重新出圖，顯示日治末期高砂族保留地的分布（如左圖）。

以這二十四萬公頃的保留地為基地，再加上對臺灣高砂族各社的理解，理蕃部門一步一步地將「理蕃之終局」化為現實。原本還有機會在臺灣山林中生活與繁衍的高砂族，至此被連根拔起，重新安置在淺山地帶，學習如何種水田，並以養蠶、種植經濟作物為副業。族人得忍耐炙熱的天氣、於水田中滋生的瘧蚊，並與瘧疾、赤痢等平地好發的疾病纏鬥。即便是想要回舊家看看，順便巡巡獵場，族人也得事先向警察提出申請，獲得許可後才能回家。曾經的家園，變得遙不可及。

日治末期臺灣高砂族保留地

（資料來源：呂鴻瑋繪製）

十四、森林遊憩的發展

當越來越多的山林被「淨空」，森林遊憩也開始蓬勃發展。原來，在推進森林計畫事業時，山林課並非只把焦點放在森林的永續生產、國土保安、水源涵養等面向上。山林課也察覺到，不僅歐美，包括日本在內，有越來越多的呼聲，主張森林遊憩的重要性。

隨著近代林業成為各國管理境內森林的參考架構，而大面積的森林開始被改造為井然有序、生長快速的人工林，新興的都市中產階級開始質疑，為何不把森林放著不管就好。一片生機勃勃的森林，連同生活當中的花鳥蟲獸，就都市人而言，無疑能帶來更多身心靈的撫慰。

十九世紀上半葉，歐陸開始出現各種「自然公園」；此趨勢再傳至美國後，又轉型為「國家公園」（national park）。在這些「公園」中，經營者的重點不是改造森林，而是盡可能地維持某種「荒野」（wilderness）的樣態，只興建必要的道路與遊憩設施。一八七二年三月，美國總統葛蘭特簽署黃石法案，將超過八千平方公里的土地劃為國家公園，全世界首座國立公園就此誕生。

致力於引入歐陸思潮的明治政府，也試著趕上這風潮。然而，國家公園的劃設不免與水力開發、林業有所扞格。再加上，對二十世紀初期的日本社會而言，該如何理解與實踐保育、保存等外來概念，也是眾說紛紜。

終於，在一九三一年十月，由於產官學界的努力，日本政府終於公告施行《國立公園法》。該法規定，若某地可滿足下列判準，可考慮規劃為國立公園：一、代表日本的大風景；二、屬於日常生活中難以觸及的風景，置身其中時，會油然而生敬畏的感受；三、日本帝國的臣民自不待言，即便是國際觀光客也會為此日本的大風景所吸引，來到日本消費，同時也親炙這個土地上的自然與人民。

基於《國立公園法》，日本政府公告十二處國立公園，分別是阿寒、大雪山、十和田、日光、富士、日本阿爾卑斯、吉野熊野、大山、瀨戶內海、阿蘇、雲仙與霧島。

面對這股設置國立公園的風潮，臺灣的產官學界也未置身事外。一九二〇年代至三〇年代，越來越多的人口湧入都市，都市生活日益擁擠，甚至也開始出現空氣汙染等問題。都市人日益渴望登山、露營等遊憩活動。再加上，受到全球經濟大恐慌的影響，臺灣經濟陷入停滯，特別就地方政府而言，觀光似乎成為最佳的地方發展策略。

一九三一年，呼應日本的《國立公園法》，擔憂阿里山森林終將耗竭的嘉義市市民，率先組成阿里山國立公園協會。翌年，擁有太魯閣與臨海道路（今蘇花公路）等名勝，但苦於基礎設施不足的花蓮港廳市民，也組成東臺灣勝地宣傳協會。一九三三年，總督府組織國立公園調查會，研議國立公園在臺灣的設置條件。一九三四年，臺北州組織大屯國立公園協會。一九三五年，總督府通過《國立公園法》，於一九三七年十二月公告新高阿里山、次高太魯閣與大屯三處為國立公園（如次頁圖）。

值得一提的，在當時日本帝國支配的區域中，如朝鮮、庫頁島與滿洲，只有臺灣擁有自己

日治時期臺灣的三大國立公園

（資料來源：依據林業及自然保育署典藏的地圖史料，呂鴻瑋繪製）

的國立公園。再者，就面積而論，次高太魯閣國立公園，以二十七萬餘公頃的面積，榮登日本帝國最大的國立公園。

除了設置國立公園以發展觀光、保護足以代表日本的臺灣風景外，為了普及愛林與保林的思想，總督府也開始推動「愛林日」。愛林日相當於今日的「植樹節」，或稱 arbor day，為日本自美國引入的概念。一九三四年，日本政府公告，參考神武天皇誕辰，以四月二日至四日為愛林日。總督府也隨即跟上。此後，每逢愛林日，總督府與地方政府便會舉辦演講與園遊會，各級首長也會行禮如儀地種樹，宣示保護臺灣山林、打擊盜伐濫墾，治山防洪的信念與決心。

↑
愛林日海報。
（資料來源：國立臺灣歷史博物館）

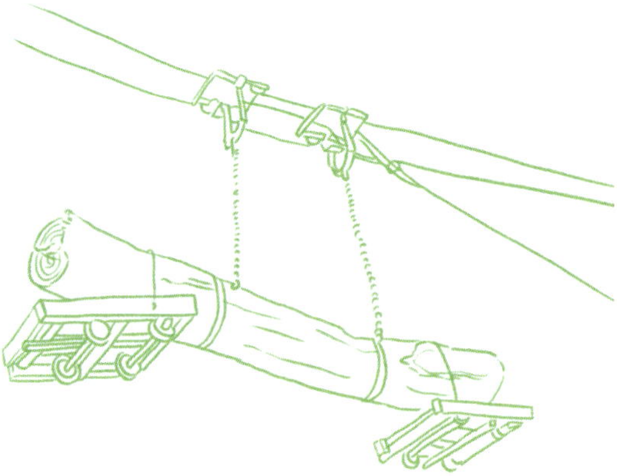

一九三五年十月，當森林計畫事業大功告成，且產官學界啟動的國立公園設置運動正如火如荼地展開，「始政四十週年博覽會」也盛大開幕。此總督府精心擘劃的活動，共分三大會場：第一會場位於臺北公會堂一帶；第二會場在臺北新公園；第三會場則在草山溫泉。

總督府林業部門也以「林業館」共襄盛舉。該館位於第一會場，就在面對臺北公會堂（今中山堂）的右手邊。在設計上，林業館模擬木材斷面，還有一圈圈的年輪（下圖）。走入林業館，觀眾會看到一個個櫥窗，展示林場模型、木材標本、造林的成就等，心滿意足地走出展示館。

昔日盜伐濫墾之歪風已被遏止，獰猛之「生蕃」正被轉化為安居樂業的高砂族農民。臺灣處處綠意盎然，過去劍拔弩張的天然林已為人工林所取代，次序井然，一望無際。曾經殘破不堪的福爾摩沙，如今在政府英明的領導下，贏回「美麗之島」之美名。

↑
林業館入口。
（資料來源：國家圖書館臺灣記憶系統提供）

十五、戰爭與臺灣林業的起飛

一九三七年七月，盧溝橋事件爆發，日本正式發動侵華戰爭。在地球的另一端，納粹德國於一九三八年至一九三九年併吞奧地利與捷克，九月入侵波蘭，第二次世界大戰的戰火正式點燃。一九四〇年，日本、德國與義大利締結同盟。一九四一年，日本偷襲珍珠港，美國對日宣戰，二次世界大戰的戰火蔓延至太平洋。

戰爭為臺灣林業帶來前所未有的榮景。前面已經提到，因為廉價的進口木材充斥著市場，臺灣本土產的木材無法與之競爭，導致木材自給率很低，更無暇供給母國需要。戰爭一舉解決了這些問題。日本進口的木材以美國木材為大宗；當美日兩國關係緊張，美國的進口材也逐步撤出日本木材市場。對臺灣林業而言，這可謂久旱逢甘霖；不僅可擺脫美國材的壓迫，還可伺機而起，後來居上。

當戰火日炙，對於臺灣林業，日本帝國有著越來越多的期待。在那個沒有合成材料的年代，從戰艦的甲板，至飛機的機翼，至槍枝的槍托，再到子彈箱，莫不需要木材。此外，可以理解的，如此的「軍需用材」質地得堅硬，且供給必須充足且穩定，否則將難以滿足戰爭需要。

那麼，在日本帝國控制的區域內，何處可以滿足日本皇軍的需要？答案只有一個：臺灣。曾經讓威爾森讚嘆的東亞常綠闊葉林內，除了樟樹外，還有櫸木、殼斗科（日文稱為櫧與樫）、楠類等樹種。該如何妥切經營這些闊葉樹資源，林業部門一度傷透腦筋。原來，這些較有價值的闊葉樹種不會形成純林，常呈散生，混在其他「低劣」的闊葉樹中，還偏好生長在地勢崎嶇之處。從經營者的角度，闊葉林經營的成本效益很低；投入大筆資金築路、招募工人入山伐木，就為了搬出幾根櫸木，怎麼看都不太划算。

因為戰爭拉高的闊葉材需求，讓總督府決心整頓過去低度發展的闊葉林經營。總督府再度援引日治初期的「特賣」制，即將大面積的闊葉林處分給業者，予其各類優惠，條件是得服從國策。

一九四一年起，在殖產局長石井龍豬的運籌帷幄下，植松材木店平戶吉藏、櫻井組櫻井貞次郎、天龍木材飯田清、施合發商行邱秀成、老義發商行李好生、萬大商行陳金萬等深耕臺灣的林業會社，共同出資，成立「南邦林業株式會社」。此會社的資金達三百萬圓，宗旨為供給闊葉材給軍方，而總督府承諾將大湖、東勢等地以闊葉樹為主的國有林交給南邦經營。如南邦這樣以執行國策為宗旨的會社，稱為「國策會社」。

有趣的是，從南邦的後續經營策略來看，與其說南邦是個「經營者」，倒不如說是個「包商」；即援引特賣，向總督府取得大面積、內含重要軍需用材的闊葉林後，便發包給各股東代表之會社。在承攬南邦的業務後，各股東會社考慮到從林木轉為軍需用材的過程十分繁複，至少涉及伐木、造材、運材、製材等步驟，也會將當中部分任務轉包給熟稔當地環境、但經營規模較小的業者。藉此層層轉包之法取得的木材，經南邦驗收後，再交至日本軍部手上。

如此以國策會社為單一窗口、但係透過發包與承攬而構築的木材供出體系亦見於一九四〇年代的針葉林經營。如前所述，當總督府發現阿里山、八仙山與太平山等地分布著珍貴的檜木林時，其政策是由政府直接經營，成立所謂「官營林場」。然而，至一九四二年，總督府的態度有了轉變，將阿里山等三處林場，轉交給另一個國策會社：臺灣拓殖株式會社（以下簡稱臺拓）。

以此為開端，總督府大幅修正既往針葉林應由政府直營、不容業者染指、以免釀成濫伐的態度，著手將臺灣各地著名的針葉林特賣給與政府及國策會社關係密切的業者。至一九四五年時，總督府至少做出下列四筆特賣：一、鹿場大山給臺拓；二、大元山與太魯閣大山給南邦；三、巒大山與望鄉山給櫻井組；四、香杉山給植松材木行。

總督府為何甘心讓這些寶貴的針葉林交給業者經營？這就牽涉到執行國策與企業經營間的矛盾。從業者的角度，正所謂賠錢的生意沒人做；經營臺灣的闊葉林，且當中高價的闊葉材還得交給軍方，讓原本成本效益就很低的闊葉林經營，雪上加霜。事實上，那些被徵召而加入南邦的業者，發現執行國策會帶來鉅額虧損後，便陳情紛紛，甚至威脅要退出南邦。總督府也意識到此點；為求軍需用材的「永續生產」，總督府得給這些業者更多「甜頭」。臺灣的針葉林資源便是這樣的「甜頭」。

在經營策略方面，就與南邦一般，取得針葉林資源的業者，先將木材生產流程切成一段段，再發包給各地業者承攬。換言之，至一九四五年，即便臺灣森林仍有絕大比例是維持在國有，因為業者取得的是林木，所有權並未移轉，但此國有林實為數量龐大的民間業者所「割據」。

此「割據」程度又有多少？一九四五年後，臺灣行政長官公署林務局負責清點與接收日本時代的臺灣林業體制。該局估計，在臺灣的國有林中，以日資為主的企業就有七十六家，由臺灣人自己經營的企業則有五百餘家。

該如何評價戰爭對臺灣森林的影響？首先，如下圖所示，森林伐採量於一九三〇年代中末期起開始升高，於戰爭時期達到高峰。那麼，是什麼類型的森林遭到高度伐採呢？答案是闊葉樹與薪炭材。

其次，如歷史學家所觀察到的，在日治時期，日本帝國對臺灣的規劃原本是以農業為主，這也是為什麼臺灣的米業與糖業會大幅擴張。但至一九三〇年代中末期，因應戰爭與帝國的南進，總督府也開始推動工業化。什麼產業是此工業化的領頭羊？答案就是林業。經濟史家張漢裕就觀察到：綜觀日治中後期臺灣的工業化，「林業發展最速」。

最後，在此段林業快速工業化的時期，臺灣本土的林業從業者也開始「出頭天」。在日治初期，因為資本有限，沒有林業經驗，還未打點與政府的關係等因素，只有非常少數的臺灣業者能

針葉樹及闊葉樹的歷年伐採量

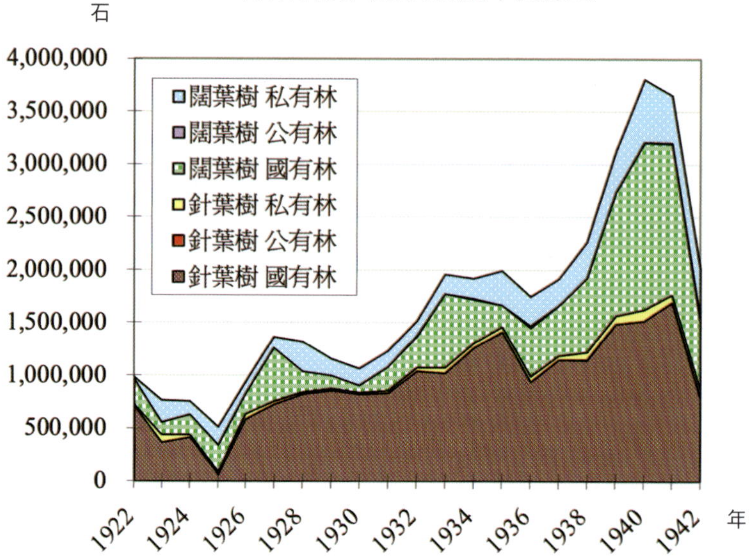

（資料來源：臺灣總督府殖產局〔1922-1942〕，《林業統計》，臺北：臺灣總督府殖產局。）

進入林業。至日治中末期，如前所述，即便有少數國策會社或日本業者取得大面積森林的經營權，但這些會社與業者會把工作發包給在地業者。這些業者多為臺灣人，他們沒有什麼了不起的技術，但他們知道怎麼「對付」臺灣的闊葉林，能夠也願意在艱困的環境下工作，且透過「自我剝削」來榨取闊葉林經營少之又少的利潤。

若戰爭持續下去，這些在地業者就只能一直擔任日本企業的小包。但日本帝國的殞落改變了一切。戰後接收日本殖民林業的行政長官公署林務局，雖說一舉將總督府管轄的國有林收歸中華民國所有，由該局管轄，對這些在地業者，亦絲毫不敢大意。

一開始，林務局認為，這些業者採伐森林的權利，已隨著日本殖民統治的結束而結束，應立即停止伐木。業者當然不從；他們群起抗議，認為他們已投入莫大資金，僱傭工人，打造木馬道、臺車等基礎設施，若政府要他們停工，那得賠償他們的損失。面對騷動的在地業者，林務局也得「投鼠忌器」。再加上，戰後臺灣的建設勢必需要大量木材；對於臺灣的森林與生產網絡，林務局可說「人生地不熟」。基於前述考量，林務局決定「扶正」這些業者，甚至延攬當中最具勢力者，如施合發的邱秀城與老義發的李好生，加入林務局。林務局認為，與其與這些業者為敵，倒不如懷柔以待。

於是，經過半世紀的殖民統治，臺灣本土的林業從業者終於現身。一開始，在總督府的差別對待下，他們被排除在林業體制外，只能擔負若干勞力工作。在戰爭時期，他們為木材生產網絡的末端，為承攬國策會社或日本業者的「小包」。一九四五年後，因緣際會之下，他們竟然成為堪與林務局平起平坐的業者，是該局在經營中華民國國有林時不可或缺的夥伴。

十六、林業體制的再調整

隨著臺灣林業的「工業化」，總督府的林業體制也有所調整。昔日的林產部門可說已經消失；如前所述，林產部門指的是阿里山、八仙山與太平山等官營林場；既然這些林場都已交給臺拓，此部門當然就沒有存在必要。

與之對照，林政部門的職權則大為擴張。林政部門管轄的是編定經營計畫、展開森林資源調查、打點與業者的關係、監督業者、張羅造林經費、取締盜伐與濫墾等。一九四二年，總督府將山林課的八處出張所、四處森林治水事務所與熱帶特用樹種栽培事務所，合併且改組為九處山林事務所，含臺北、羅東、新竹、臺中、嘉義、臺南、高雄、臺東、花蓮，由山林課直轄。翌年，隨著殖產局改組為農商局與工礦局，山林課則改隸農商局，原由山林課管轄的山林事務所則改隸各州廳。

就林業官員的角度，此舉目的在於「精簡」；與其疊床架屋、建立由上（農商局山林課）而下（山林事務所）大一統的林政體系，倒不如化整為零；農商局山林課專心在政策擬定、資源的調查與統計，至於造林、保林、林產處分等業務，則由熟稔地方脈絡的州廳政府執行。

此外，面對臺灣林業的「起飛」，林業官員一則以喜，一則以憂。喜的是，臺灣林業終於能為帝國做出貢獻，再也不是「帝國之恥」。不僅如此，官員也認為，他們能善用此趨勢，一舉「改造」臺灣的森林。當越來越多的木材轉化為推動著日本帝國的能源，政府要做的便是加緊造林，不要讓林地裸露。官員期待，待東亞共榮圈成形之際，這個曾為日本帝國付出良多的島嶼，將會覆蓋著一層美麗的人工林，且其心臟部位仍保有原始天然的景象。臺灣依然是福爾摩沙，但是個去蕪存菁、兼顧森林保育與開發的「新福爾摩沙」。

十七、帝國暮色

當然，林學者構思的福爾摩沙從未落實。日本帝國擴張太快了，所需的木材早已超過林學者估計的容許伐採量。直接的後果就是森林過伐與濫伐。更糟的是，隨著戰事日趨告急，物資短缺，政府無心也無力推動造林。

戰爭末期臺灣林業的困境還不僅於此。木材生產是個銜接山區與平地的生產鏈，當中環環相扣，只要有個螺絲鬆了，整條生產鏈就會停擺。這就是當時林業面臨的狀況。把木材運下山需要索道、臺車、火車、鐵道等運輸工具。這些工具會壞，壞了就需要維修，而維修需要物資。然而，在戰爭末期，最匱乏的就是物資。

正因為如此，當一九四五年的林務局至林場視察，眼前所見是成千上萬伐倒而無法搬出的木材。目睹此景，林務局認為，政府應該禁止伐木五年，妥善運用這些木材，同時讓森林休養生息。

因為業者的抗議，林務局只得擱置此禁伐的構想。叫人格外傷感的，這些臺灣森林為日本帝國做出的「犧牲」，最終也未轉化為建設戰後臺灣的物資。理由有二：其一，一九四五年後，大量的木材越過臺灣海峽，投入國民黨對抗共產黨的戰爭中。其二，由於臺灣被捲入中華民國日趨崩壞的經濟圈中，物價高漲，通膨嚴重，林務局與業者也無力翻修搖搖欲墜的運材設施。那些曾被林務局以為能讓臺灣五年不用伐木的木材，不少遭到颱風帶來的大水沖失，甚至還有不少被野火波及，付之一炬。

在前述艱困的局勢下，就如戰爭末期的總督府林業部門一般，林務局無力也無能推廣造林，臺灣森林也不會有機會休養生息。雪上加霜的，因為臺灣生產的木材多投入戰爭，民間木材奇缺，木價高漲。利之所趨，已被「扶正」、且在臺灣林業中取得一席之地的在地業者，乃至於原本就靠山吃山的山村居民，也就鋌而走險，深入國有林中盜伐與私墾。

一九四五年末，被林務局留用的日本林業專家栗山忠勇估計，臺灣「荒廢」的森林面積至少有五十萬公頃。臺灣總面積為三萬六千平方公里，相當於三百六十萬公頃。換句話說，有將近百分之十四的臺灣土地是呈現「荒廢」狀態。若聚焦在林地上，森林約占臺灣土地面積六成，即二一六萬公頃，五十萬公頃相當於四分之一。換言之，在戰後初期，臺灣森林有四分之一呈現荒廢狀態。

歷史彷彿又回到了半世紀前。當時來臺調查的日本林業人，感嘆福爾摩沙徒具空名，現實的臺灣是處處童山濯濯。經過了五十年，接收殖民林業的林務局，仍在感嘆同樣的事。

無怪當時林務局喊出「永保美麗島」的口號。在林務局官員的眼中，只要度過這個交接的陣痛期，他們可以很快地達成任務。畢竟，殖民政府已為臺灣林業編列了詳盡的計畫書，完成事業區的規劃，可能會造成阻礙的原住民，也已被遷移至淺山地帶。即便因「人謀不臧」，臺灣林業有著短暫的失序，但假以時日，在先進之林學與技術的加持下，他們有信心，能把臺灣林業重新拉回軌道。

從後見之明來看，此臺灣林業的矯正之路，竟然就走了十五年，至一九六〇年才勉強就緒。臺灣森林迎來的，不是休養生息，反倒是更大規模與更密集的砍伐與造林。這回，在國際發展組織與省政府的全力支援下，林務局不把臺灣森林打掉重練，誓不甘休。

臺灣林業史的下一篇章，即將開幕。

十八、尾聲

威爾森無從得知，他曾給予高度期待的「進步的日本人」，竟差點把這片「東亞最美麗的森林」拖至萬劫不復的境地。

一九三〇年十月十五日，在臺灣霧社事件發生的前夕（同年十月二十七日），這位縱橫東亞的植物獵人，於一場車禍中喪生，得年五十四歲。

然而，相信各位也已經明白，日治時期的臺灣林業之所以無法達成威爾森所期待的，理由不僅是帝國之於殖民地資源的「剝削」；這位植物獵人熟悉——想必也傾心——的價值，如進步、永續與保育，乃至於他服務與任職的美國，均是讓臺灣森林在半世紀間被攪到天翻地覆的主因。

這或許是環境史研究與寫作格外迷人與教人傷感之處。當代的環境史家已不會再談「人類破壞自然，導致自然反撲」的老調。一方面，不用說「破壞」，就連保育或永續，都可能引發自然反撲。另方面，人類是異質的，沒有什麼大寫的人；環境史家要做的，是探索不同的人群如何合縱連橫，在環境中寫下自己的歷史。

當然，環境也不是被動的，彷彿要被人擾動才會有所動作。就以森林為例。森林本身就是動態的；樹木會長、會死，儲存在其體內的能量，會以各種形式（如碳與氮）回歸地球的循環。從十八世紀以來，林學者便在探究這樣的動態；能夠理解的，便納為己用；難以理解的，便設法改造；藉此，林學者期待能達成木材的永續生產。日治時期臺灣林業史已經呈現森林不會那麼容易地馴服；這會是臺灣環境史寶貴的一課，也是給後世的寶貴教訓。

從後見之明來看，就臺灣林業的後續發展而言，日治時期臺灣林業的悲劇不會是最後一課。如歷史學者都深知的，人類從歷史中學得的教訓，就是無法從歷史中習得任何教訓。

致謝

感謝林俊全教授邀我參與《臺灣的紋理》的演講與寫作計畫。當我還在臺大森林所就讀的時候，地理系是我最常出沒的地點之一。在地理系，我學習到當時的森林系無法提供給我的視野。就在那時候，我認識了林俊全教授；對於林教授對臺灣地形研究與保育的投入，我大為傾心。今年（二〇二五），林俊全教授退休了，結束在臺大服務四十餘年的日子。作為晚輩，我很開心也很榮幸能以這篇文章恭賀林教授的「畢業」，也謝謝林教授在學術路上的教誨與提攜。

這篇文章得以完成，要感謝四〇七成員林于煖與呂鴻瑋的支援，以及王梵的悉心編輯。研究的路很漫長，若我在臺灣林業史研究上有點突破，我要感謝林業及自然保育署（前林務局）在經費與行政上的支援，以及對我的信任，讓我得使用該署典藏的各類史料。我也要藉此感謝超過百位的林業耆老，與我分享他們職業路上的點滴。

延伸閱讀

1 Wilson 對臺灣森林相的觀察，見 Ernest H. Wilson, “A Phytogeographical Sketch of the Lingneous Flora of Formosa,” *Journal of the Arnold Arboretum* 1:1 (1920), pp. 32-43.

2 關於臺灣森林相的身世，我推薦游旨价的兩本書：游旨价（2020）《通往世界的植物：臺灣高山植物的時空旅史》，臺北：春山出版；游旨价（2023）《橫斷臺灣：追尋臺灣高山植物地理起源》，臺北：春山出版。

3 關於贌社制，以及該制如何影響大清帝國對於臺灣番地的治理，見詹素娟（2003）〈贌社、地域與平埔社群的成立〉，《臺大文史哲學報》59：117-142。

4 關於大清帝國如何操弄人群差異，推行「生番在內，漢民在外，熟番間隔於其中」的三層制，以在有限的行政資源下治理臺灣，見柯志明（2001）《番頭家：清代臺灣族群政治與熟番地權》，臺北：中央研究院社會所；柯志明（2021）《熟番與奸民：清代臺灣的治理部署與抗爭政治》，臺北：國立臺灣大學出版中心。

5 關於江戶時期的日本林業，見 Conrad Totman (1989) *The Green Archipelago: Forestry in Preindustrial Japan.* Berkeley: University of California Press.

6 關於林學的起源，入門文獻為 Henry E. Lowood (1990) The Calculating Forester: Quantification, Cameral Science, and Emergence of Scientific Forestry Management in Germany. In *The Quantifying spirit in the 18th century,* ed. Tore Frängsmyr, J.L. Heilbron, and Robin E. Rider, 315-342. Berkeley : University of California Press.

7 關於林學與國家的關係，斯科特的見解影響深遠。見 James Scott (1998). *Seeing Like a State: How Certain Schemes to Improve Human Condition Have Failed.* New Heaven: Yale University Press.

8 關於林業帝國，見 Peter Vandergeest and Nancy Peluso (2006). “Empires of Forestry: Professional Forestry and State Power in Southeast Asia, Part 1,” *Environment and History* 12(1): 31–64; Peter Vandergeest and Nancy Peluso (2006). “Empires of Forestry: Professional Forestry and State Power in Southeast Asia, Part 2,” *Environment and History* 12(4): 359–393.

9 關於美國林業與進步時代的關聯，見 Brian Balogh (2002). “Scientific Forestry and the Roots of the Modern American State: Gifford Pinchot's Path to Progressive Reform,” *Environmental History* 7(2): 198–225.

10 關於日治時期的臺灣林業，基於矢內原忠雄、李文良等學者的研究成果，我已發展出一套歷史敘事，且發表在臺灣史研究的專業期刊上。本章即基於這些研究成果而來。關於日令二十六號、林野調查與官有林野整理事業，見洪廣冀（2004）〈林學、資本主義與邊區統治：日治時期林野調查與整理事業的再思考〉，《臺灣史研究》11（2）：77-144。關於臺灣森林令、林野取締、林業政策與地方社會的關係，見洪廣冀、張家綸（2020）〈近代環境治理與地方知識：以臺灣的殖民林業為例〉，《臺灣史研究》27（2）：85-144。關於森林計畫事業，見洪廣冀、羅文君、胡忠正（2019）〈從「本島森林的主人翁」到「在自己的土地上流浪」：臺灣森林計畫事業區分調查的再思考（1925 － 1935）〉，《臺灣史研究》26（2）：43-111。關於戰時體制下的臺灣林業，見洪廣冀（2018）〈從「臺灣之恥」到「發展最速的產業」：再思日治時期臺灣的科學林業與工業化〉，《臺灣史研究》25（3）：83-140。以上這些文章，都可在我的研究室網頁上下載：https://sites.google.com/view/407-forest-studio/homepage。

11 關於森林計畫事業與集團移住的關係，見葉高華（2023）《強制移住──臺灣高山原住民的分與離》，臺北：臺灣大學出版中心。

12 針對戰後初期的臺灣林業，見洪廣冀、張家綸（2022）〈「建設新臺灣」：黃維炎與戰後臺灣的林業接收〉，《臺灣史研究》29（3）：149-199；洪廣冀、張嘉顯（2023）〈「林務局之惡聲狼籍，布於全島」：二二八事件前後的臺灣林業〉，《臺灣史研究》30（1）：137-185；洪廣冀、張嘉顯（2023）〈林政與林產分合不定：戰後初期臺灣環境秩序的重整與爭議〉，《國史館館刊》76：51-103。

05

織在地質與地景之間——金水鑛山的礦業紋理

李柏賢

引言 以金為名，轉譯時空的厚度與層理

臺灣的東北角，有這麼一個地方，以金銅礦為主要礦產，曾經是東亞第一金都，非常重要的地質與礦業遺產地區——它是瑞芳的金瓜石與水湳洞。

在日治與民國時代的礦業興盛期，當地的採礦公司以「鑛」為公司命名，取其意，應該是想以金礦的「金」作為地方品牌的表徵，至今，在地人對於用「鑛」還是「礦」為名，仍是眾說紛紜。礦石與金礦，都是礦物；未來金水鑛山談論的，不應只是金礦與銅礦，可以廣納各種礦石、地質、礦脈與地方史的探索範圍，將觸角延伸至地表的地景，讓此處多年累積的厚度被轉譯呈現。

本篇因為尊重歷史與地方性，會以「鑛山」作為一致的稱號。

「紋理」，是對於刻畫在地景上各種痕跡的詮釋，包含自然與人文，可以從億萬年的地質尺度談起，也可以回應《文化資產保存法》裡的景物故事：古蹟、歷史建築、史蹟、文化景觀、自然地景與紀念物等，地理學的「區域地理」，其實就是在說地方的故事。

本文試圖從自然軸、空間軸與生活軸總論鑛山的大致脈絡，然後進入採礦時期的時空布局與交疊，再到聚落裡人間的各種糾結，包含在地社群的翻轉、自由尋金人的故事及神靈人共構的境界，最後以介於虛實「之間」的各種可能性，探索礦業紋理前進的契機。

↑
山頭包圍的金水鑛山。

一、織在地質與地景之間的紋理

瑞秋．卡森（Rachel Carson）曾在《寂靜的春天》裡說過一段話：

> 動人的景物，是由許多元素交織而成的。
> 它就像一本書，一頁頁地呈現在我們眼前，
> 我們讀了便可了解為什麼這塊地是這個樣子，
> 為什麼我們應該設法維持它的完整性。

兼容談論地景的過去、現在與未來。這段話成了筆者探索「地景紋理」的重要座右銘！

1 鑛山的自然與生活軸帶

景物人事交織起來的樣貌，非常迷人，但是更吸引人的，是其中值得追蹤的諸多線索。這些線索，是紋理的線頭，可以抽絲剝繭地理解一個地方，鋪陳對這個地方的烏托邦想像，集眾人之力，維持它的完整性，進而成就此地。

想要了解一個地方，可以從紋理的架構思考，來追蹤線索。按照地球科學的學理邏輯，地質是指稱地下的，包含礦脈、土壤；地理則是地表的，是露出的山頭、海水、溪流、森林、丘陵、

平原、動植物的棲地以及人類聚居的村落與都市。礦脈、土壤、森林棲地，是屬於自然軸的範圍，礦業設施與聚落的函構關係會疊加在「自然軸」之上，形成「空間軸」的舞臺；之後，人類與動植物的「生活軸」才會在舞臺上展演，再加上時間的推移，結合「時間軸」，最終成為一個織在地質與地景之間的動態紋理。

在這個探索的進程中，我們會慢慢釐清影響地方最關鍵的因子是什麼？從而順藤摸瓜，找到地方發展的演進與進程。以這樣的紋理結構來理解鑛山的來龍去脈，發現決定金水鑛山樣貌最重要的因子，是地底的礦脈！

金礦大致分為藏在地底礦脈岩層中的「山金」，和風化後散布於沖積砂礫層裡的「砂金」。人們依此發展出「淘金（砂金）」與「開採（山金）」等途徑來獲取黃金資源。

礦脈的走向，影響著礦業設施的布局以及礦業公司的經營方向，例如金瓜石最重要的本

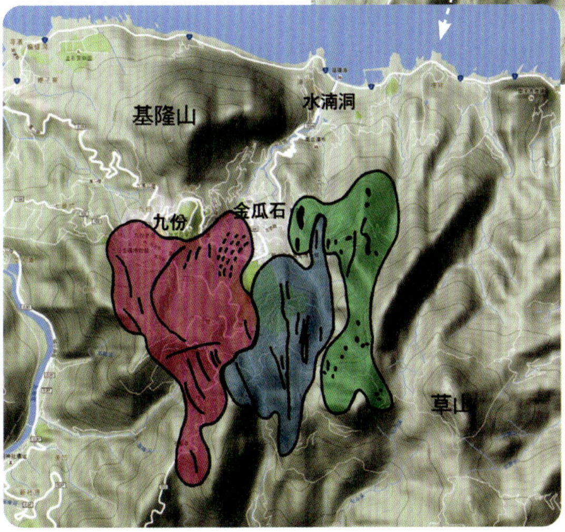

脈型金礦體：
分布在九份，又稱「自然金」，開採易。

脈型金銅礦體：
分布於金瓜石本山，開採難。

角礫岩金銅礦筒：
分布於本山東側，含碎礫，成筒狀。

↑
金水鑛山的礦脈與火成岩礦石山峰。

山礦脈是南北向，開採的坑道是立體多面向的配置，方便進入礦脈採取礦石。本山一至三坑是露天開採，目前已隨著開採殆盡的金瓜山消失了；四至九坑的坑口會安置在適當的位置，設置坑道，導入南北向的礦脈。坑口則會引導軌道的設置，形成線狀連接，環環相扣，成為一個系統。同時，依據高低的山形，軌道有平走的「輕便車道」、斜上的「斜坡索道」、飛天的「架空索道」，還有迴圈式不停歇的「無極索道」等多樣路線。

以上是屬於「挖」與「搬」的採礦邏輯，再加上「選」與「煉」的廠址配置，像是著名的「水湳洞十三層選煉廠」就安排在靠近海邊，方便礦石製煉後，將半成品透過鐵路（水八線）運至基隆的八尺門（現正濱漁港旁），海運至日本九州佐賀關製鍊所繼續加工，完成金礦的最終製程。

這一路從「探礦」、「挖礦」、「搬礦」、「選礦」、「煉礦」、「運礦」的過程，是金水鑛山取得自然資源，轉成產業與現金的礦業紋理驅力。

礦脈的平面分布，決定了金水鑛山的設施位置及聚落配置，「自然軸」的礦脈決定了「空間軸」的礦業設施布局，然後「生活軸」的居民文化就此展開，隨著「時間軸」的進展，紋理織成！

2 開啟新文化紋理路徑

金水鑛山的紋理，需加上人們「尋礦」走出來的「路徑」，以及田調訪談的「地方史」，才堪稱完備。

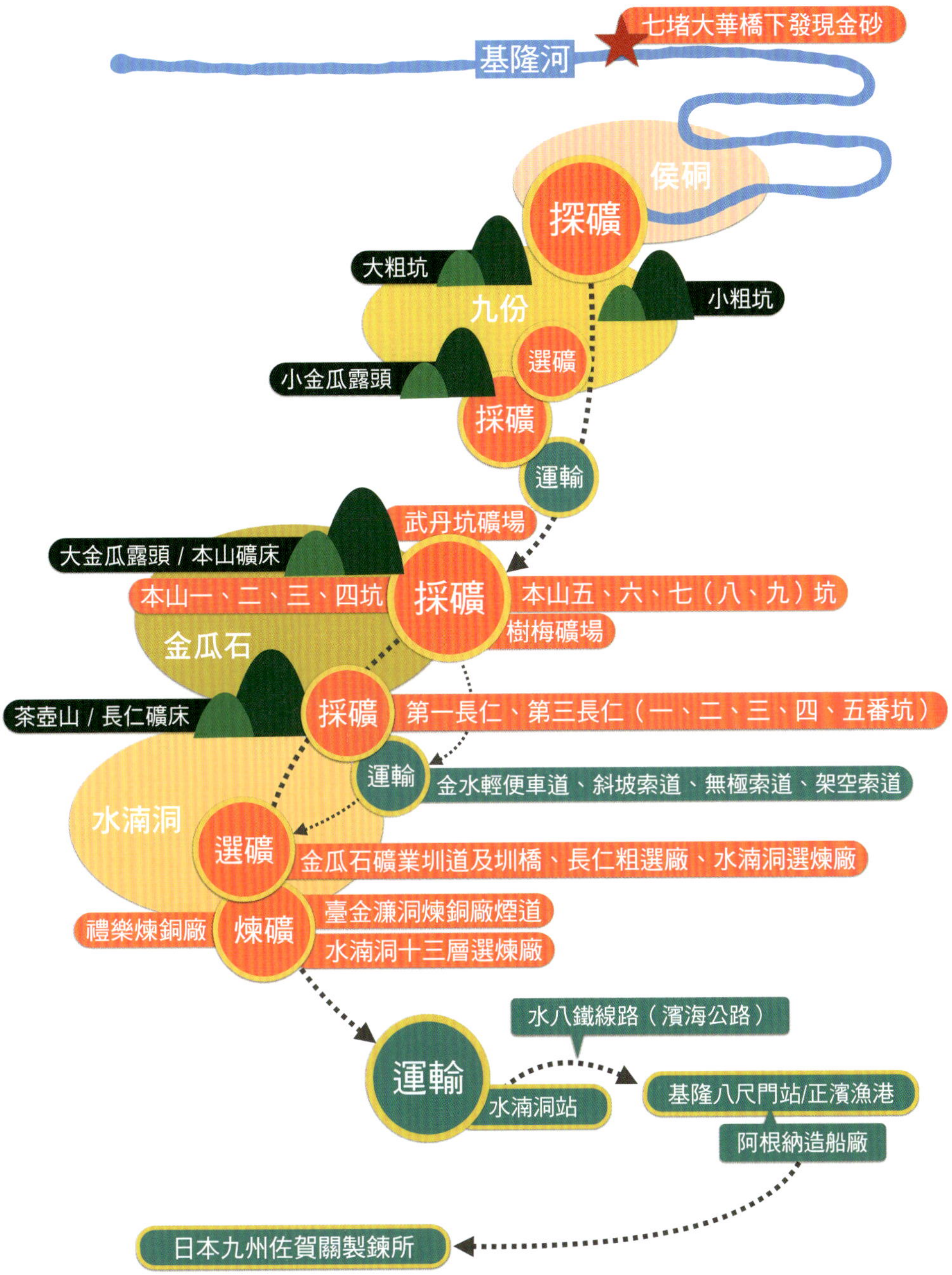
七堵大華橋下發現金砂
基隆河
侯硐
採礦
大粗坑
小粗坑
九份
選礦
小金瓜露頭
採礦
運輸
武丹坑礦場
大金瓜露頭 / 本山礦床
本山一、二、三、四坑
採礦
本山五、六、七（八、九）坑
樹梅礦場
金瓜石
茶壺山 / 長仁礦床
採礦
第一長仁、第三長仁（一、二、三、四、五番坑）
運輸
金水輕便車道、斜坡索道、無極索道、架空索道
水湳洞
選礦
金瓜石礦業圳道及圳橋、長仁粗選廠、水湳洞選煉廠
禮樂煉銅廠
煉礦
臺金濂洞煉銅廠煙道
水湳洞十三層選煉廠
水八鐵線路（濱海公路）
運輸
水湳洞站
基隆八尺門站/正濱漁港
阿根納造船廠
日本九州佐賀關製鍊所

↑
金水鑛山的礦業邏輯紋理。

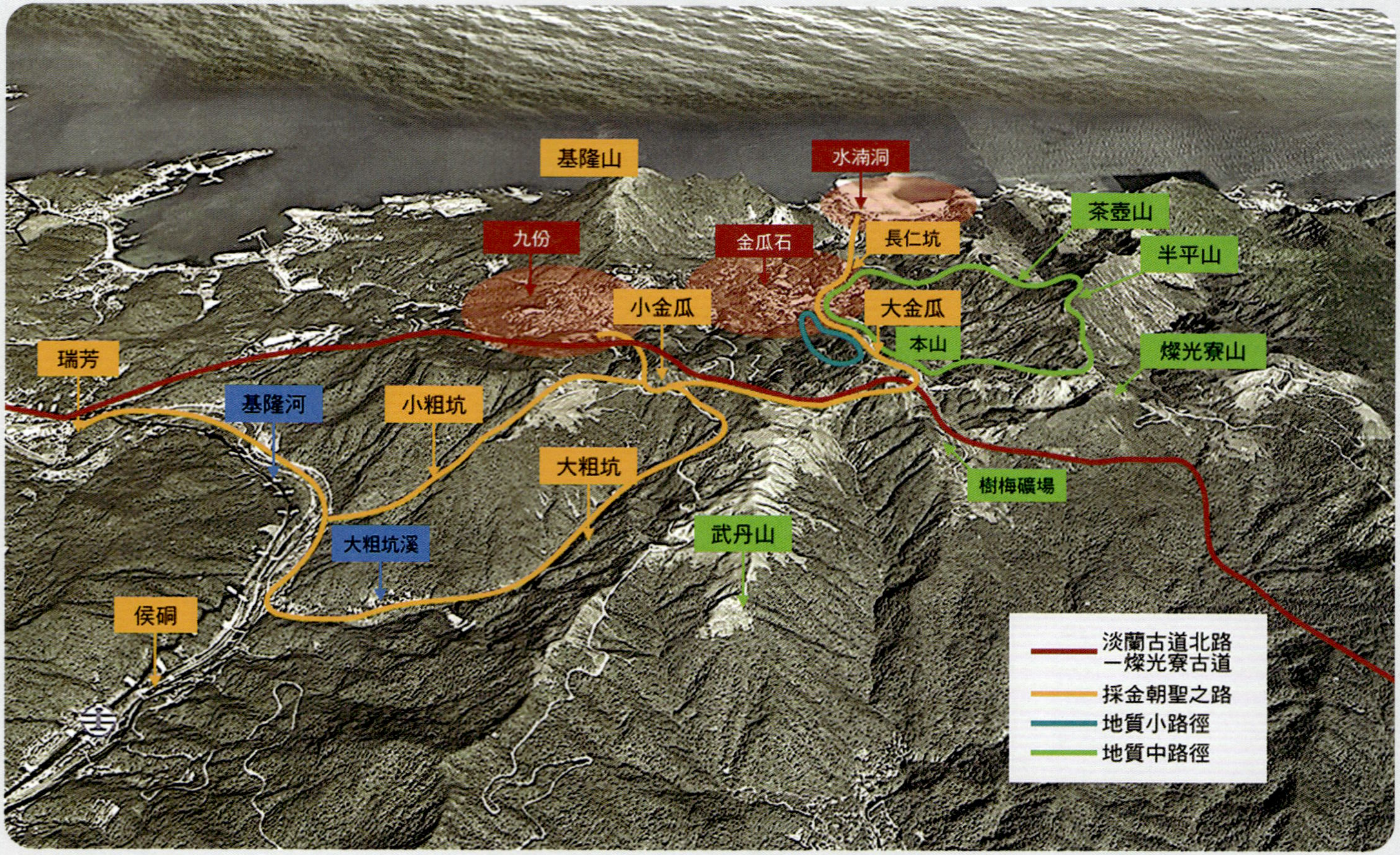
基隆山
水湳洞
九份
金瓜石
長仁坑
茶壺山
半平山
小金瓜
大金瓜
本山
燦光寮山
瑞芳
基隆河
小粗坑
大粗坑
樹梅礦場
武丹山
大粗坑溪
侯硐
淡蘭古道北路
一燦光寮古道
採金朝聖之路
地質小路徑
地質中路徑

↑
採金之路路線圖。

「古道」，是歷代先人們因為日常生活需要而走出來的路。金水鑛山很幸運的位於「淡蘭古道」的支線上，銜接「燦光寮古道」，可以發展「採金之路」的大小圈型路線。

西元一八九〇年清領時期，劉銘傳興建從臺北至基隆的鐵路，開鑿鐵路的工人在基隆河發現金砂，循跡踏上了「鑛山的採金之路」。從侯硐沿著「大小粗坑古道」而上，找到九份的「小金瓜」礦脈，啟動了九份的黃金風潮。接著，繼續尋找金仔的人們，在金瓜石遇上了「大金瓜山（本山露頭）」底下的礦脈；日治時期開展了金水鑛山從本山山系起始的礦業盛世。

後續風起雲湧的鑛業公司的經營布局，一路從大金瓜山往北順著山勢與礦脈，設置採礦設施與建築，並逐步延伸至濂洞灣旁的「水湳洞十三層選煉廠」，隨著鐵路運至海港，船運至日本做後續的精煉。

這段路徑，可以發展出另一種重要的紋理類型——「見學式健行登山」。日治時期以來，金瓜石和水湳洞一直是登山的遊憩點。順著紋理，可以深化旅遊體驗，發展未來九金水地質公園環境教育與地質旅遊的主軸路線。

↑
1913 年本山露頭「大金瓜山」的樣貌。
（原始資料來源：絹川健吉〔1914〕，《金瓜石礦山寫真帖》，基隆絹川寫真館。引自絹川健吉著〔2015〕，《金瓜石礦山寫真帖〔電子書〕》，臺北：南港山文史工作室，頁 10。）

深化旅遊體驗，必須累積「故事」，然後轉譯為各種可能。逐金而居的地方人，不斷遷徙，擇地定居，從各自的「生命史」累積出「家族史」，逐漸形塑鑛山的「地方史」與「地方性」，這是此處很重要的「故事紋理」。

金水鑛山的故事情節，是圍繞著「金仔」發展的，「金仔」是非常吸引人的礦物，這個「非人」的物件，擁有決定地方調性的「能動性」，人們因它而「聚」，也因它而開展地方史的諸多面向，有苦有樂，也有愛恨情仇。鑛山有個非常特殊的「自由尋金人」職業，由此衍生出的個人「生命史」，會影響家族結構的累積與異動，也會看到家族與家族之間的連結而形成的鑛山生存術的函構，從個人的自由尋金人到公司的選礦製煉取金，「鑛山的煉金術」成為此處獨一無二的精采地方史題材。除了地質之外，鑛山史其實也是物理化學寫成的。

從田調訪談開始，累積故事，持續追蹤線索，一路挖掘、找到更多的故事；甚或在閒聊中，透過精準的觀察力與傾聽的技藝，把故事分門別類記錄下來，成為「厚數據」。「故事紋理」的整理，是地方發展非常重要的基本工作。

總的來說，要在礦脈地質與生活地理之間開啟新的金水鑛山文化紋理路徑，需要建構「路徑＋故事」的方程式，依循在地導讀人，一邊行走路徑，一邊聆聽故事，遊走在空間與時間裡，挖掘人間裡的各種紋理細節，然後找到感興趣的地景及故事線索，尋跡、遊歷、甚至駐點，成為鑛山關係人口的新住民，一起開創在鑛山的「日常」，然後相聚分享。

↑
水湳洞與十三層選煉廠。
（攝影：余俊緯）

⬆
本山六坑、索道、廢煙道。
（攝影：余俊緯）

二、時空布局與交疊

歷代礦業主要的設施時空布局，以及彼此之間的經營交疊，是除了礦脈之外，「礦業紋理」背後另一個重要的決定因子！

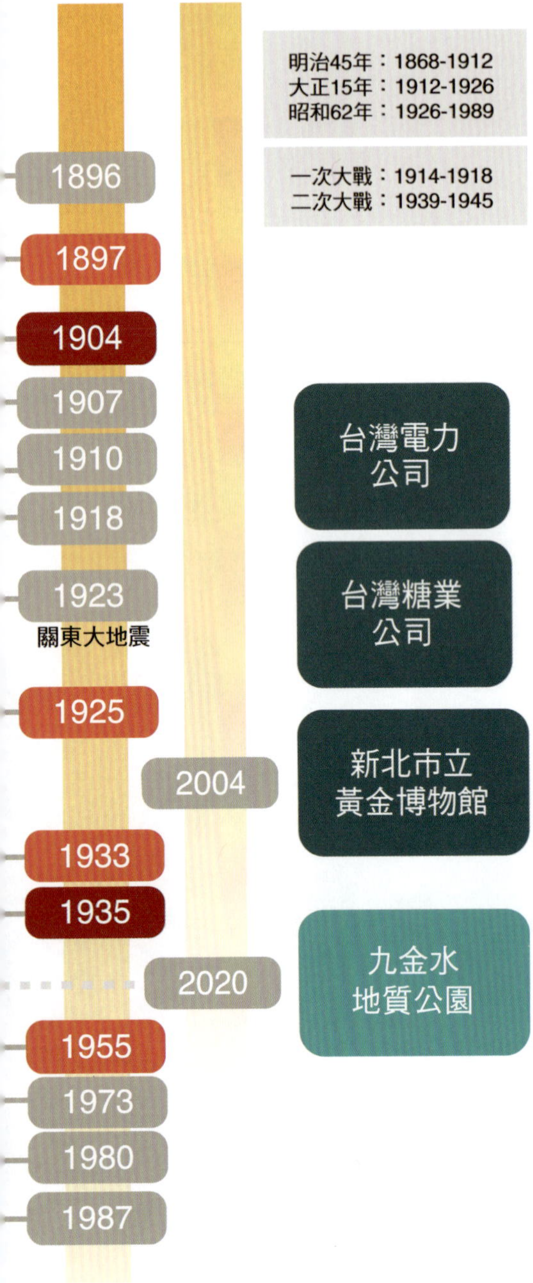

鑛山大事紀

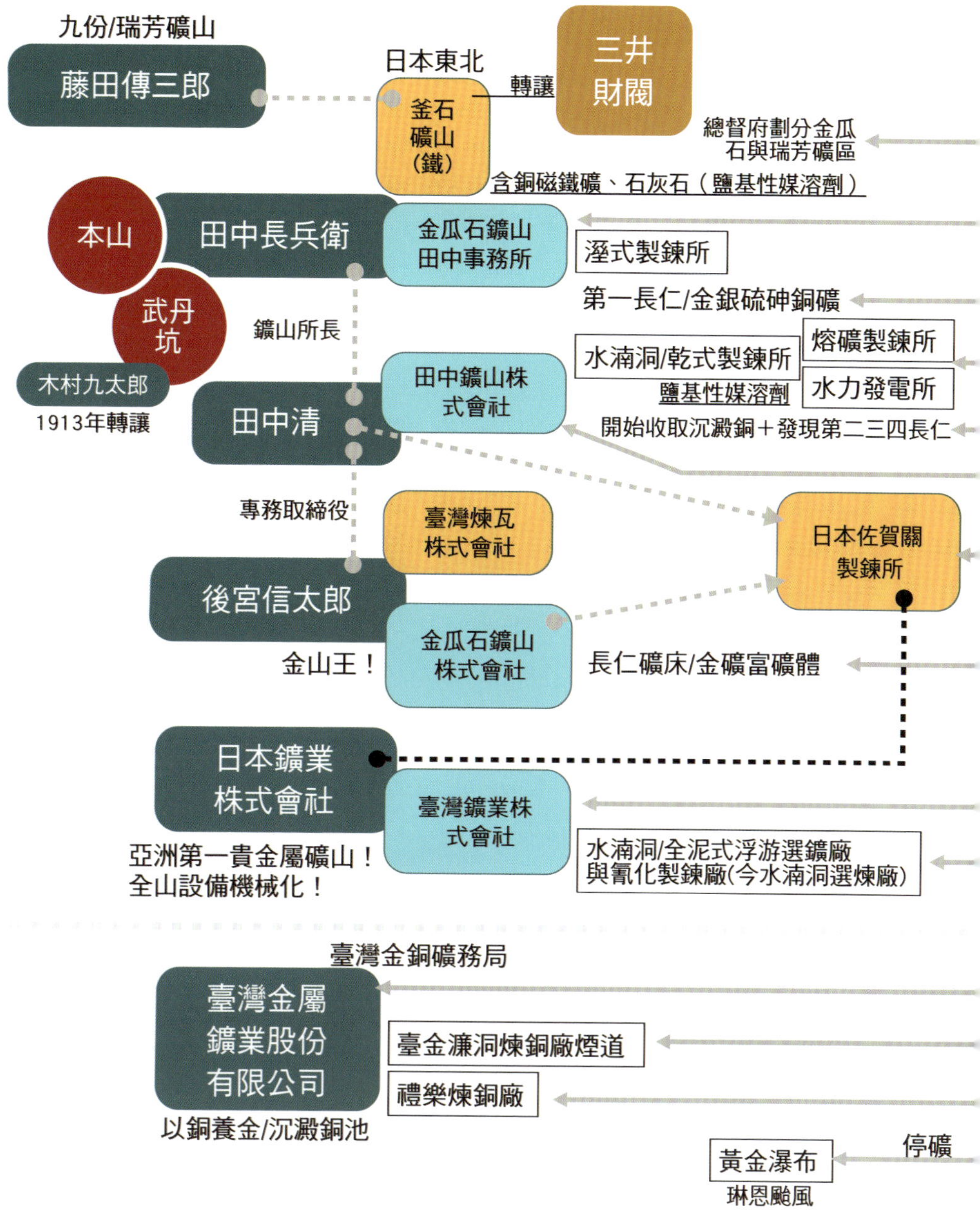

九份/瑞芳礦山
藤田傳三郎
日本東北
釜石礦山（鐵）
轉讓
三井財閥
總督府劃分金瓜石與瑞芳礦區
含銅磁鐵礦、石灰石（鹽基性媒溶劑）
本山
田中長兵衛
金瓜石鑛山田中事務所
溼式製鍊所
第一長仁/金銀硫砷銅礦
武丹坑
鑛山所長
熔礦製鍊所
水湳洞/乾式製鍊所
木村九太郎
1913年轉讓
田中鑛山株式會社
鹽基性媒溶劑
水力發電所
田中清
開始收取沉澱銅＋發現第二三四長仁
專務取締役
臺灣煉瓦株式會社
日本佐賀關製鍊所
後宮信太郎
金瓜石鑛山株式會社
金山王！
長仁礦床/金礦富礦體
日本鑛業株式會社
臺灣鑛業株式會社
水湳洞/全泥式浮游選鑛廠與氰化製鍊廠(今水湳洞選煉廠)
亞洲第一貴金屬礦山！
全山設備機械化！
臺灣金銅礦務局
臺灣金屬鑛業股份有限公司
臺金濂洞煉銅廠煙道
禮樂煉銅廠
以銅養金/沉澱銅池
停礦
黃金瀑布
琳恩颱風

1 日治與臺金時期

以「礦業公司」名義開始經營金瓜石與水湳洞，始於日治時期的「田中組」。西元一八九六年（明治二十九年），臺灣總督府按照技師調查的結果，依基隆山山頂南北線為界，分成東（金瓜石）西（瑞芳）礦區；一八九七年（明治三十年），日本釜石礦山的擁有者田中長兵衛取得金瓜石礦區的開採權，設置「金瓜石鑛山田中事務所（田中組）」，西邊的瑞芳（九份）礦區則交由藤田傳三郎的「藤田組」負責。這兩位礦山的經營者，當年曾經一起經營日本的釜石礦山，由於製鐵涉及國防工業，田中長兵衛可能因此因緣，在日本海外殖民時優先取得臺灣礦區的經營權，銜接日本明治維新的現代化工業發展，開啟了金水鑛山的採礦現代化設施的建設。

田中組在本山露頭（大金瓜山）承接清領時期開鑿的坑道，一八九八年（明治三十一年）起，在露頭北方尋找平坦的地方，開始興建「溼式製錬所」，針對含金的硫化鐵礦砂進行處理，分為「混汞」與「氰

↑
1913 年金瓜石礦山全景圖。
（原始資料來源：絹川健吉〔1914〕，《金瓜石礦山寫真帖》，基隆絹川寫真館。引自絹川健吉著〔2015〕，《金瓜石礦山寫真帖〔電子書〕》，臺北：南港山文史工作室，頁 9。）

化」兩種程序，前者處理的是含金品味較高的礦砂，後者透過氰化鉀溶液將礦砂溶解取金，適合在含金量較低的礦體裡取得金礦。

一九〇四年（明治三十七年），在第一長仁礦床（現今勸濟堂上方大型停車場旁）發現豐富的含金銀硫砷銅礦床，於是在一九〇七年（明治四十年）於水湳洞興建以乾式製煉法製煉硫砷銅礦的「熔礦製鍊所」，此法利用熔礦爐來處理含金銀銅礦石，開啟銅礦的開採。因為發電需求，同年也完工了「水力發電所」。另於一九一〇年（明治四十三年）在第一長仁鑛床發現坑道流出的水含銅，開始收取「沉澱銅」，這是一種在水裡讓銅沉澱的取銅方式，創造礦山獨特的收銅效益。

一九一三年（大正二年），田中組從木村久太郎手中併購了武丹坑礦山，擴大了採礦事業。一九一八年（大正七年），由後代田中清接任後，改組成「田中鑛山株式會社」。一九二三年（大正十二年），第一次世界大戰戰後蕭條，加上關東大地震，田中清基於成本考量，決定廢止製煉，關閉了乾式製煉的設施，將礦砂賣給「日本鑛業株式會社」位於日本九州大分縣的「佐賀關製鍊所」，把礦業重點放在採礦與選礦上。但是，田中清後來因為資金調度不足，把日本的釜石礦山賣給三井財閥，也將金水鑛山讓渡給臺灣煉瓦株式會社的後宮信太郎，一九二五年（大正十四年）轉手給「金瓜石鑛山株式會社」經營，田中清回任為專務取締役。後來在長仁礦床群發現金礦的富礦體，讓金瓜石再創產金高峰。

十幾年後，礦砂品質下降，需要更新設備，後宮信太郎因為資本有限，此時，「日本鑛業株式會社」的「佐賀關製鍊所」多年來負責製煉金水鑛山的礦產，有意來臺灣發展，於是在一九三三年（昭和八年）買下金瓜石的礦山經營權，成立「日本鑛業株式會社」之「臺灣鑛業株式會社」，進行鑛山設備機械化的工程。一九三五年（昭和十年）水湳洞的「全泥式浮游選鑛廠」及「氰化製錬廠」完工，即現今的「水湳洞十三層選煉廠」現址。一九三六年（昭和十一年）完成水八鐵道，運礦鐵路從水湳洞延伸至八尺門，金礦產量在一九三八年達到高峰，讓金瓜石有了「亞洲第一貴金屬礦山」的美譽，盛況直至二戰末期因戰事而衰。

金水鑛山的礦業經營，在日治時期已打下基礎，戰後國民政府延續空間布局，同時因應成本考量與大環境的局勢而變動採礦的位置與製煉的方式。礦業的經營與「探礦」息息相關，發現「富礦體」往往成為決定性的大事件。坑口的位置變動較少，製煉的設施則會因為礦體發現與礦物性質而重新布局，也可能因為公司的營運而轉移陣地。

一九八七年臺金公司結束營運，至此，金水鑛山的礦業公司結束全部的營運。

延伸知識櫥窗

1948-1987 礦業公司走入歷史

1948 年（民國 37 年）
成立「臺灣金銅礦物局」接收礦山，期間只生產沉澱銅。

1955 年（民國 44 年）
改制為「臺灣金屬鑛業股份有限公司」。

1962 年（民國 51 年）
粗石山吉東礦體發現富金礦，俗稱「大著金」。

1971 年（民國 60 年）
興建煉銅廠，逐步形成「採、選、煉、加工」一貫作業。

1973 年（民國 62 年）
「臺金濂洞煉銅廠煙道」完工。

1980 年（民國 69 年）
禮樂煉銅廠完工。

1987 年（民國 76 年）
臺金公司結束營運，台灣電力公司接收禮樂煉銅廠及作業區土地廠房，其餘土地房舍由臺糖公司接管。同年琳恩颱風來襲，土石流淹沒坑口及廠房，導致坑道水流溢出，形成現在的觀光景點黃金瀑布。

↓
黃金瀑布與染黃的九份溪濂洞段。（攝影：余俊緯）

2 後礦業文資保全時代

二〇〇四年，當時的臺北縣政府與台電公司、台糖公司簽訂三方合作協議，籌設「新北市立黃金博物館」，開啟後礦業時期的文資保全時代。

日治時期，臺灣是日本的殖民國，原事業體通常會在母國日本，經營波動也跟日本的發展息息相關。探討金水鑛山的礦業紋理，勢必會連結上日本的脈絡發展，例如岩手縣的「釜石礦山」、九州大分縣的「佐賀關製錬所」，甚至是二〇一五年登錄的明治維新世界遺產等，這使金水鑛山的礦業路徑接軌日本，成為名副其實的跨國「文化路徑」。

為了探索文化路徑，回溯戰後的臺金公司時期非常重要，這是目前大部分居民的集體記憶，然而，需要透過田調口訪，以銜接文資保全進程。而黃金博物館是後礦業時期的經營體，如何與地方共管，持續發展文化路徑，是金水鑛山亟需思考的未來經營之路。

延伸知識櫥窗

金水鑛山經指認的文化資產

- **古蹟：**金瓜石太子賓館、金瓜石神社、金瓜石鑛山事務所所長宿舍、金瓜石礦業圳道及圳橋。
- **歷史建築：**水湳洞選煉廠、水湳洞本山六坑口及索道系統、金瓜石金泉寺及火葬場。
- **文化景觀：**臺金濂洞煉銅廠煙道。
- 2020 年啟動「九金水地質公園」的劃設籌備，納入「自然地景／自然紀念物」的文資範疇，包含：烏肉坪、本山五坑、第一長仁礦體、竹礦體、第三長仁礦體、牛伏礦體、獅子岩礦體（茶壺山）、半平山、水湳洞化石坪、基隆山谷地、基隆山湧泉、金瓜石礦業圳道及圳橋－內九份溪段、黃金瀑布等地質景點。

三、聚落裡的人間糾結

上述談的是鑛山大敘事的紋理，探索了採金的文化路徑。在掌握了鑛山的輪廓脈絡之後，接下來要進入聚落裡的生活細節紋理。

當年的礦業時代，日本人、臺灣人、中國溫州人和福州人，以及後續渡海來臺的國民政府，聚居於此，鑛山的人際糾結，可說是整個臺灣的縮影。不同的族群，會各自形成小圈圈聚落，分布在鑛山的山凹處，例如金瓜石的青簿仔寮、溫州寮、赤牛仔寮、三列厝、二連棟、四連棟日式宿舍區；水湳洞的大塊厝、海邊仔、後崙仔、銅礦仔、磺堀仔、九丁目及高階職員宿舍區等，從這些聚落的名稱可以搜尋到地形的樣貌及群聚的樣態。基本上，聚落幾乎都有自己的小廟，通常是土地公廟；礦工是高風險的職業，進礦坑工作時，會把命寄託給土地公，出坑時再拜謝領回，土地公像是神界的里長伯，守護著鑛山人們的安危。金瓜石的主要宗教設施有勸濟堂、日治時期的黃金神社、淨土宗布教所的金泉寺，水湳洞則有威遠廟。聚落、公共設施以及廟宇共構形成了金水鑛山的生活空間。

鑛山的人際網絡關係與鑛業公司的職位階級息息相關，也展現在居住空間的位置分布上。現在黃金博物館園區的日式建築，當年是鑛業公司高階主管的宿舍與招待所，從住的地方就可以知道位階的高低。顯而易見的階級落差，在當年的學校裡更是如此，瘦弱的孩子會因為父親在公司的高層位階，而免於被其他小朋友欺負，因為孩子與爸爸之間的權益關係，糾結在一起，形成非常有趣的狀態。

從黃金博物館的高階主管日式宿舍區往祈堂老街走，終點的另一端，是鑛山信仰的中心勸濟堂，也是在地居民重要的聚會場所，孩子們常常聚集玩耍。老街的兩端，形成不同族群聚居的樣態。水湳洞因為後續煉礦工作需求，建設了九丁目日式宿舍區，可從住家格局判斷住民在公司裡的階級位置，藍領礦工則散居周邊的區域。

聚落的紋理，標誌著鑛山人際網絡的關係線索。順著這個脈絡，於是有了鑛山人間糾結的三種觀察，形成以下的故事。

⊕
黃金博物館與勸濟堂。（攝影：余俊緯）

1 在地教授：迌迌囡仔翻轉成「地方學」前段班導讀人

鑛山有個自發的社群組織，類似小學與中學的「同學會」，是一個以班級為單位進行的定期聚會。我在著手建置鑛山「導讀人」培訓與同好會的過程中，常常在這些社群組織裡尋找「小圈圈」的領頭羊，請他們找認識的好友一起參與，慢慢地形成了「鑛山學共學團」。執行過程中，有一個重要的發現：金瓜石與水湳洞停礦後，公司解編，經濟條件好的年輕人紛紛搬離鑛山，這些通常是書讀得好的前段班同學。留在家鄉的學生，不想讀書，常常一邊玩、一邊跟著家人與老人家到處串門子，從小就培養喇賽田調的功力。在後礦業文資保存當道的現在，留在家鄉的學生翻轉成「地方學」導讀的前段班學生，在推廣「鑛山地方知識學」的過程中，成為

扮演在地教授的要角。帶著當年早早離開鑛山的同學們，一起導讀遺失的地方知識，也跟著學者專家共學文資與地質專業知識，「地方學習型組織」正在成形。

筆者多年來一直關注與學校結合的地方學習平臺的建置，這個社群翻轉的案例，是很重要的觀察收穫。人間的糾結，會在適當的時候產生解鎖的翻轉，讓人的紋理，可以正向持續。

⇘
一期一會的鑛山學共學團。
⇓
瓜山國小的校友與學生的地圖工作坊討論班。

2 自由尋金人

在鑛山，因為採金衍生而出的工作職業非常多，百工中包含了木工、電機機械工等，其中最特別的是游離在當年主流價值觀之外，在邊緣討生活的「鑛山自由尋金人」。

從訪談得知，鑛山有許多種說法稱呼「鑛山自由尋金人」，但多半只有說法，而不得其「字」，讀音類似「ㄍㄠˇㄙㄞˋ（閩南語）」。其意涵之一是尋金人通常從地表挖掘出的小洞進入坑道，很像一隻小狗將自己塞進廟裡的「賽錢箱」，耆老們常常以「狗賽」稱呼之。

另一種意涵，據說是因為保警隊固守坑道、面對抓不勝抓的盜金人，氣稱這群讓自己忙翻的是一群「狗屎蛋」，而有「狗屎（ㄙㄞˋ）」的說法。

在一次與自由尋金人的耆老聊天時，老人家說：「應該說是『狗蝨』，像在狗身上的吸血蝨子一樣，我們當年就是在鑛山吸金子的蝨子，但是，我們只是取一點點的金子，其實鑛山還是活得好好的！」這個說法真的很貼切！也呈現了鑛山自由尋金人的生存觀點。主管單位睜一隻眼，閉一隻眼，私底下放任「竹脈礦」讓居民採金，也讓這裡成為在地採金之夢的集體記憶點。

另有一種說法是「散夥仔」。因為自由尋金人通常不會一個人工作，需要三到四個人一組，以便互相照應，因此形成共同投資「拿金仔」的夥伴關係，類似「兄弟會」這類組織。這是除了家族之外，鑛山另一個特殊的社群組織。因為九份與金瓜石有不同的經營樣態，九份成為自由尋金人主要的工作場域，而許多金瓜石人會尋求與九份人合作的機會，形成九份與金瓜石跨域整合的人際連結。鑛山小圈圈的「結社」，一路循著脈絡延展至今。

自由尋金人是整個鑛山最厲害的角色，體力要好、觀察力要足，還需要很多化學知識的累

⊖
自由尋金人的狗賽坑。
⊕
竹脈礦。

積。因為生計需求，不識字的老人家為了從礦石裡取得「金仔」，需要應用化學知識，因此東問西問，按圖索驥的累積地方知識，這個過程，可說是最有價值的實戰「自學」經驗！

鑛山自由尋金人在坑道裡上上下下，必須要有好體力，並熟知坑道裡的路徑，而且，最重要的是要眼觀四面、耳聽八方，閃躲隨時出現的「保警隊」。尋金人與保警隊形成的「競合關係」，包括賄絡糾結，充滿愛恨情仇的情節，可堪為戲劇最佳題材。日本戰敗至臺金接手的那兩年空窗期，是鑛山自由尋金人各自為政的黃金時期，一夕致富的夢想，永不過時。

一家之主選擇從事自由尋金人的職業，靠的是「賭性堅強」，同時也必須承擔這樣的人生選擇。若非一夕致富，就是一朝花光。這樣起起落落的人生，較之於在公司任職領穩定薪水，享有階級福利的職員，其實充滿了挑戰，老婆兒子也必須共同擔起命運。老婆擔心老公被抓而斷了生計，兒子在學校害怕填寫家長職業時被說是小偷，且必須在閒暇時陪著媽媽推台車打零工貼補家

↑ 自由尋金人的金仔。

← 自由尋金人的煉金器具。

用。每個尋金人都有屬於自己及家人的獨特故事。

「狗賽與散夥仔」是獨屬鑛山的特殊職業以及生存術。當年還在採礦時，這個職業是被貶抑的，不融於主流職場文化；在文資保存當道的現階段，轉換為「鑛山自由尋金人」，是一種正名，需要被記錄，屬於鑛山的重要地方知識。

3 神靈照看

人的一生最多「百年」，神明則是以「千萬年」的尺度，看著一代代鑛山人來來去去。鑛山有著一本神人共構的地方族譜！

除了地質與礦業文化資產，金水境內重要的廟宇，包含祀奉關聖帝君的勸濟堂、信仰神農大帝的保民堂、主奉開臺聖王國姓爺的水湳洞威遠廟、福德正神的金福宮及各個鄰里的土地公廟，加上日治時期留存下來的黃金神社，共同形成了地方的信仰中心，是先民們及神明留給後人的重要資產，也形構了鑛山人一直以來的生活日常。

金瓜石全景。（攝影：余俊緯）

筆者常聽聚落耆老用驕傲的語氣，述說著過往採礦時期神明與人的種種事蹟，故事情節精采絕倫，卻也充滿令人哀傷悵然的風險。寺廟是提供礦工精神慰藉的重要存在，也是地方最強的組織單位，當年勸濟堂以組織鸞堂興建廟宇，替信徒扶鸞降筆解惑；礦工參與出錢出力扶乩問事，希望得到神明的指示；而神明降駕，透過鸞筆寫出教化世人的《如心錄》，更是勸濟堂人神協力，留給後世珍貴的文化資產。金福宮裡同樣透過鸞筆書寫出善書，可說是足以流芳百世的鑛山藝術作品。

鑛山的神與人一起塑造的創作，還有勸濟堂的「青草祭」祭典及「丹丸」。

舊時礦工因應緊縮的日常醫療經費，常至廟堂向神明恩主公求取「丹丸」服用治病，取代就醫，用磬之時，即恭請恩主公輪值扶鸞起駕，率眾出巡，依照指示採集青草植物，回來搓製丹丸。這是勸濟堂神明為照顧地方信眾，因地制宜引領人間一起成就的珍貴無形文化資產。

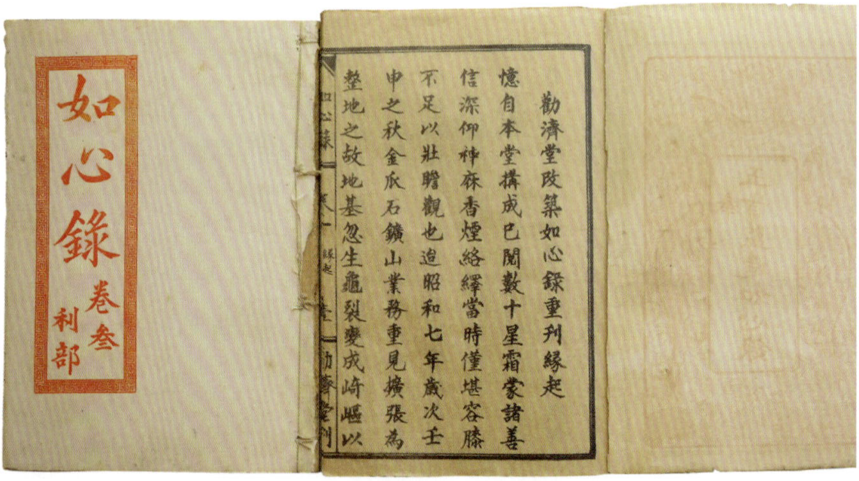

↑
勸濟堂的《如心錄》。

時隨境轉，在醫療發達的現在，丹丸需求減少，「青草祭」也隨之喪失傳承延續的動力。如何創生「青草祭」的新需求與形式，是鑛山當代神人合作的新課題。

⇧
恩主公指示採藥的神蹟。
⇩
勸濟堂的青草祭與丹丸。（攝影：余俊緯）

從地形地質、人文歷史到礦業遺跡，上天為鑛山保留了獨特且珍貴的資源，舊時的餘韻在歲月淘洗下，反而成為山城回春的新契機。

近年來，地方嘗試銜接社區營造、世界文化遺產、地方創生到世界地質公園網絡等當代議題，無非是想追求文化保存、地景保育、永續發展與在地安居樂業的並存共榮。扶鸞儀式與青草祭漸漸不再舉行；勸濟堂供奉的八卦祖師是華人世界道教人文始祖，蘊涵其中的文定之禮、嫁娶之儀、二十四節氣等文化內容，仍沿襲至今。如此跨越時空的智慧，歷經幾百年適用直到今日，神明們引領共創的作品，未來都需要傳承延續的智慧。

在鑛山，不論是久居的、移居的，還是離鄉的居民，都可以從個人在世的短程視角與同理神明長程發展的俯瞰視角，思考自己與這座山城的連結，在日常生活裡互相交流，延續鑛山的文史故事以及神人共構的好姻緣。

↓
勸濟堂的關公像。

四、「之間」的演進

金水鑛山的礦業紋理，可說是因為「採金之路」鋪展出來的。除了追尋過去，未來的演進必須在「看得見與看不見之間」，呈現鑛山。

走踏鑛山，現場的遺構、森林、溪流、海、植物、動物與地質景點，和需要透過導覽解說傳達的內容及故事，中間應該拉出一道光譜，在「看得見的現場內涵」與「看不見的在地故事」之間選擇適當「說法」的立足點，在聽故事與實體場景之間，穿插描繪，同時也必須協助閱聽民眾建構各個景點之間的關聯性，讓走讀的過程塑造見樹（點位）又見林（脈絡）的光景。這是優質導覽解說的「之間」詮釋，傳達讓閱聽人可以帶著走的「地方知識」。走讀的動線亦需布局新的設施，讓它與活動及教育推廣的內容相結合。必須軟硬兼施，在講解的現場設置場景，透過解說牌與景觀空間的設計，在遺構旁增加新空間，整體規劃落實，將保存下來的遺構與文資點位，賦予與時俱進的新設施與經營內容，透過新增的設施，讓看不見的故事與知識，可以被看見，這是另一個存在「新」與「舊」之間的重要課題。

另一個筆者認為可以嘗試的部分，是透過遊戲的設計，在擬態與現實

← 筆者製作的「礦山大亨」桌遊。濂洞國小老師讀著大事紀的事件卡，模擬當年礦業公司的棘手問題，試著出清手邊的資產。

之間，讓鑛山的紋理脈絡成為載體。人們在當下了解歷史，模擬當年的經營布局，進入歷史場景中礦業公司所遇到的棘手課題並提出解方，透過角色扮演，用「遊戲」進入「地方運作機制」，在「擬態之間」體驗地方場域，可以把地方的人事物景關聯起來，掌握地方的關鍵脈絡。

最後想談一下關於人與地景「之間」。在書寫鑛山的紋理時，筆者常常反思，自己是否也在「紋理」之中？羅伯特．麥克法倫（Robert Macfarlane）在《故道》中說：

「人透過步行而探索內心，而我們行走其上的地景，則透過種種微妙的方式形塑了我們。」「我一直想著，我們應該對深刻的地景提出兩個問題：首先，當身處此地時，我認識了什麼？而這又是我在其他地方無從知道的？其次再徒勞地問：此地知道多少我所不自知的自己？」

人與地景之間，會因為「地景」的某種特殊性而愛上它，因為好奇心，引發想深入了解它的心境，在地景的空間、時間與人間裡，追探種種「之間」的線索，己身之外，都是田野。我們往往會在探索的過程中，反身思考自己的修行，這應該才是追尋臺灣紋理的最大收穫。最後，想以移動考古學家吉姆・李瑞（Jim Leary）在《足跡》中這句話做總結：

「行走的過程很少會沿著一條有頭有尾有中間的直線，它會像蜘蛛網一樣複雜，經常繞道、岔出、重新與道路連結，且難免有折返。只有在回顧時，才會看出你一直在創造路徑。」

「路徑」，是紋理很重要的部分，期待讀者可以常常回顧，你將發現，自己一直在創造路徑，然後形成自己與世界的紋理。

從海洋回望的金水鑛山。
（攝影：余俊緯）

06

全球紋理下的臺灣經濟地理——嵌入、地景與經濟活動的空間動態

王文誠

引言 地景中的經濟紋理：經濟地理的意義

為了發展經濟地理，我們興建水庫、改造自然、調節資源，將旱地轉化為水田。這些水利建設不僅供應農業灌溉，更支持著城市用水、工業生產，甚至延伸至高科技產業的晶片製造。從農業到城市發展，從工業到高科技轉型，我們不斷地調適自然環境，透過技術的空間修補，推動產業分工，同時塑造出獨特的制度與文化，構成「臺灣的紋理」。

經濟地理作為「臺灣的紋理」中的關鍵元素，是一個複雜且充滿挑戰的重要課題。它不僅支配著我們的自然與人文地理發展，更深刻地支配著臺灣整體發展的脈絡與紋理。

經濟地理的存在意義（relevance）在於對經濟活動與空間關係的洞察，並在學術和發展實務具有多方面的重要性。經濟是驅動地景變遷最劇烈的因素，從十九世紀馬克思（Karl Marx）《資本論》到皮凱提（Thomas Piketty）《二十一世紀資本論》❶，結構主義都在強調世界地景是為經濟所支配。

英文的「經濟」源自古希臘語。古希臘語中，經濟的意思是「家計」，指的是家庭裡的方法或習慣。農業革命人們馴化小麥，意味著改變了我們的家計方式，人類開始從狩獵遷徙的生活中，把自己放進了一個固定的房子，侷限活動與遷移。「馴化」（domesticate）一詞來自拉丁文「domus」，意思就是「房子」。經濟地理現在關在房子裡的可不是小麥，而是人類。❷這說明了經濟活動與地方關係。農業分工需要，開啟聚落；聚落式農業地理變遷反映人類社會隨著經濟、技術和社會結構發展而產生的空間變化。

自全新世開始，距今約一萬一千七百年以來，經歷了農業革命、工業革命以及資訊革命，然而人類為了擴張經濟地理版圖，徹底地改造這個星球。如今，地球成了人類的「蟻丘」，經濟活動刻跡鑲嵌在地球的地層中。這些痕跡包括馴化作物的花粉、煉製的化學物質、工業文明的排放物等，構成人類活動象徵的印記。這一切促使科學界開始思考討論將當代稱為「人類世」，用一個地層的年代，指出我們人類對地球系統造成的衝擊。

經濟地理學就不同尺度，分析不同地區、城市和國家之間的經濟活動，如何在空間上有差異表現，並且如何受到自然資源、氣候、交通、勞動力、生產材料、文化社會、政治政策等因素影響。經濟地理學同時探討產業分布、城市與鄉村間的經濟關係、貿易路徑、資源的開發與使用等現象與變遷。然而，閱讀臺灣經濟地理在全球脈絡下的紋理，我們需要從世界的經濟循

❶ Marx, K. (1867/1887) *Capital: A Critique of Political Economy (German: Das Kapital. Kritik der politischen Ökonomie)*, Verlag von Otto Meisner.; Piketty, T. (2014). *Capital in the twenty first century*. Cambridge, Massachusetts, Belknap Press.
❷ Harari, Y. N. (2015). *Sapiens: a brief history of humankind*. New York, Harper.

← ↑

農田——而在火炎山的腳下，外埔的田埂靜靜地躺在大安溪下游的河床邊。這裡，是礫石沖積平原。人們為了耕作，耗費巨大的力氣，把那些冰冷的礫石一塊一塊從田裡挖出，堆在一起，砌成田埂。順著地形，像是某種原始的階梯，通向時間的深處的梯田地景。

環開始，了解臺灣如何嵌入全球經濟地理版圖以及提議經濟地理三位一體的讀景方法，最後繪製臺灣經濟地理紋理，特別是半導體產業發展，如何在複雜的先進製程中，領先全球。

一、世界經濟地理的紋理與大循環——工業革命至今的全球經濟發展地景動態

工業革命以來，全球經濟發展在每五十至六十年有繁榮（Prosperity）、衰退（Recession）、蕭條（Depression）、改進（Improvement）循環過程，稱「康卓第夫循環」（Kondratieff cycles）。從全球及區域角度，系統性地追溯人類歷史上主要的技術和經濟變遷。工業革命開始，隨著時光流逝，至當代的資訊通信革命，全球有五大經濟循環。繪製經濟地理，運用創新與技術進步的觀點，分析不同區域制度如何在全球經濟扮演角色，以及這些市場如何驅動全球經濟的結構性變遷❸。

1 工業革命：一七六〇年代—一八三〇年代

工業革命始於一七六〇年代至一八三〇年代，最早發源於英格蘭中部。當地豐富的煤礦資源為工業化奠定了基礎，制度上的圈地運動導致大規模生產羊毛，同時農民流向城市為工業革

❸ Freeman, Chris and Lou, Francisco (2001). *As Time Goes By: From the Industrial Revolutions to the Information Revolution*, Oxford: Oxford University Press.

命提供了勞動力。一七六九年瓦特改良蒸汽機後，引發一系列的技術創新，推動從手工到動力機器生產的重大轉變，展開工業化進程。法國開始在拿破崙時期（一七九九至一八一五年）推動工業化，特別是在紡織業方面，受益於當時的機械化進步和絲綢生產的發展。

2 蒸汽機與鐵路時代：一八三〇年代—一八八〇年代

蒸汽機與鐵路的時代始於一八三〇年代至一八八〇年代，成為全球工業化重要推動力。蒸汽機技術進步與鐵路建設發展，改變世界經濟和社會面貌。英國作為蒸汽機技術先驅，在鐵路建設領先，建立起覆蓋全國鐵路網絡，促進工業生產與經濟活動。一八六〇年代德國在工業革命期間逐步完成邦國統一，並在機械製造與化學工業領域成長，加速鐵路建設，奠定工業國家基礎。法國在拿破崙三世（一八四八至一八七〇年）統治下，發展冶金工業，鋼鐵生產為後來鐵路建設和機械製造提供基礎。比利時作為歐洲大陸上最早建設鐵路國家，開啟工業化進程。美國工業發展較晚，但採用蒸汽技術，興建鐵路，橫跨大陸的鐵路網絡，統一國內市場並推動西部開發，帶動國家經濟崛起。俄羅斯在這時期開始鋪設鐵路，修建的西伯利亞鐵路成為經濟發展和軍事戰略重要基石。

3 鋼鐵、電力與重工程時代：一八八〇年代—一九三〇年代

一八八〇年代至一九三〇年代是鋼鐵、電力與重工程時代，各國在工業化展現獨特的特徵和成就，推動了全球經濟與政治格局的變化。美國成為全球工業領袖，鋼鐵產業成長奠定重工

業基礎，特別是電力應用和重型機械製造的突破，並且汽車工業和電氣化，為現代化典範。德國則在鋼鐵和化學工業領域取得成就，並在電力技術與重型機械製造方面領先。英國雖然面臨來自美國和德國的激烈競爭，但在造船與重型工程方面依然保持優勢。法國在電力技術和汽車工業跟上進步，並在航空工業領域展現實力，融入新興科技與工業浪潮。日本明治維新發生於一八六八年，標誌著日本從封建幕府時代過渡到現代國家。因明治維新實現快速工業化，建立現代鋼鐵和重工業基礎，躋身工業強國的世界經濟地圖，成為新興工業化國家。蘇聯則在一九二〇至一九三〇年代進行大規模工業化計畫，特別在鋼鐵生產和重型機械製造轉型為工業化大國。

4 福特主義──石油、汽車與量產時代：一九三〇年代──一九八〇年代

一九三〇年代至一九八〇年代的福特主義時代，以石油、汽車和大規模生產為核心特徵，對全球經濟結構和消費文化產生了深遠影響。美國是福特主義的發源地，以福特的生產線技術為代表，標準化和大規模生產，成為全球最大汽車生產國，並且石油產業為經濟繁榮提供支持。德國在二戰後迅速重建，汽車工業和化學工業成為經濟復甦的支柱，工程技術和生產效率鞏固其工業地位。日本則在戰後實現經濟奇蹟，採用

延伸知識櫥窗

福特主義時代英國的全球影響力衰退，與兩次世界大戰後國際制度的重組密切相關。這一過程的關鍵節點可以追溯到巴黎和會和《布雷頓森林協議》。前者確立了民族自決的原則，這成為大英國協全球領土瓦解的重要起點。後者，布雷頓森林體系的建立標誌著國際經濟秩序的全新架構。美國透過這一體系，將美元與黃金掛鉤，確立了以美元為核心的國際貨幣和金融系統，後來的石油美元體系進一步鞏固了美元作為全球儲備貨幣的地位。

福特主義的生產方式並進一步發展出精益生產模式，憑著高品質和低成本工業產品迅速擴展全球市場。蘇聯大力發展重工業和石油產業，雖然計劃經濟模式與典型的福特主義不同，工業組織和生產管理仍受到一定影響。法國在汽車工業和石油化工領域有一定的優勢，同時透過發展核能來滿足能源需求。義大利的汽車工業也在設計和創新能力在國際市場上受到推崇。

5 資訊與通信時代：一九八〇年代至今

一九八〇年代以來，世界進入資訊與通信時代，數位技術和網絡通信徹底改變全球經濟結構和社會運作模式。美國作為資訊與通信革命的領導者，從個人電腦、積體電路、網路技術、生物科技到綠色能源，技術動態催生眾多科技領航者。這些企業在電子相關硬體、軟體、網路服務和雲端計算等領域引領全球經濟地理版圖。日本在電子產品和通信技術方面有一定的成就，帶領著韓國、臺灣、新加坡、香港技術雁行（flying geese）。中國二〇〇〇年後崛起為資通訊重要參與者；而印度憑藉其大量技術人才，成為全球資訊技術外包與軟體開發的重要中心。歐盟國家因技術落後美國、乃至於日本，於是加快整合與擴張，創造規模經濟，而瑞典及芬蘭在通訊技術登錄創新地圖的空間權力。

延伸知識櫥窗

經濟大循環過程中，美國在冷戰中圍堵蘇聯，日本憑藉技術與創新，進入經濟 30 年高速成長期。當日本經濟開始威脅美國，美國和日本的《廣場協議》、《美日半導體協議》等限制日本市場，經濟落入失落的 30 年。然而，蘇聯解體後，過去 20 年的貿易全球化，中國成為全球的製造工廠，修補全球經濟。直到川普 2017 年至 2021 年首次當選及 2025 年再次當選總統，開啟美中貿易新冷戰時代。

二、臺灣經濟地理的紋理：開始長出自己的根

1 從農到工

臺灣的經濟地理發展，從過去到現代展現出人類活動如何受地理環境的影響，特別是水資源，並逐漸適應與轉型的過程。首先在早期的臺灣，原住民的居住地主要分布於海拔兩千公尺以下的地區，務農是原住民生活的主要方式，打獵則是祭儀所需，馴化的可耕作作物的生長極限通常在此高度。地理條件決定原住民聚落分布模式，反映自然環境對人類活動限制與影響。

觀察臺灣農業地理，雲嘉南地區以水庫與埤塘建設為特色。該地區平原雨量相對少（一千多毫米），且集中夏季，需要透過水庫來儲水以支持農業活動。該區域原本以旱田為主，例如甘蔗種植，但隨著南化、曾文、烏山頭、阿公店與白河水庫工程的發展，逐漸轉型為水田耕作。原本受限於地理條件的農業活動轉變為生產力更高的農業中心。同樣地，北部桃園臺地則以埤塘聞名，曾經擁有多達八八四六口埤塘，主要用於支持當地農業活動。農業地理變遷，顯示人類如何透過技術手段克服自然環境限制。

在工業方面，臺灣的發展同樣受到地理條件與資源分布的影響。早期瑞芳、水湳洞、金瓜石及九份地區是臺灣最早礦產及工業化地區，因其煤、鐵、金、銅等礦產資源而興起。基隆港作為重要的出口港口，將這些礦產資源運往世界各地，奠定臺灣在全球經濟中的初步地位。苗栗的天然氣與石油資源則支持了鶯歌陶瓷工業發展。然而隨著全球經濟與技術變遷，這些傳統

←
茶園地景——臺灣茶園主要在淺山雲霧帶，北部有坪林、石碇、平溪，南投則在鹿谷、竹山、草嶺，南部則主要於阿里山山腳下區域。順應山勢開闢的梯田式茶園，沿著山坡蜿蜒起伏，形成獨特的曲線美。茶園與自然植被混合，形成豐富的生物多樣性生態系統。

⇩
西螺網室——坐在高鐵上，可以看到一片綠色網室栽種的區域。把網室蔬菜種植極大化的蔬菜專業栽種區，大概是只有西螺這個地方才擁有的臺灣特殊紋理，尤其在美生菜（結球萵苣）的生產上具有重要地位。近來，西螺的美生菜已成為日本市場的主要供應來源。

↑

觀音山——觀音山、淡水河、基隆河和臺北港在一幅照片中相互連結，形成了臺灣北部壯麗的地理景觀。觀音山海拔616公尺，從此可俯瞰周圍的景觀，包括淡水河的蜿蜒流淌。能看到整個臺北盆地及林口臺地自然與人文地景。臺北港位於新北市八里區，是臺灣最新的國際港口，為當地經濟帶來了重要發展。該港口為貿易提供了新的機會，使其成為重要的貿易樞紐。

←

高雄港。
（© via wikipedia,
臺灣港務公司高雄港務分公司）

工業逐漸面臨轉型壓力。例如，鶯歌從陶瓷製造轉型為陶瓷販售過程，雖然嘗試以老街觀光來振興地方經濟，但引發了對產業定位與發展方向的疑慮。

石化業則是日治時期的傳續，主要在高雄地區及填海造陸的麥寮。石化業變遷中，如同臺灣鋼鐵工業，亦反映全球經濟地理變遷。早期的鋼鐵生產多依賴於產地與港口的連結，例如從礦產地運輸煤與鐵至基隆、高雄等港口進行加工。隨著技術的進步與全球化的影響，鋼鐵生產逐漸集中於港口城市，以降低運輸成本並提高生產效率。這一模式的轉變不僅在臺灣發生，也在全球生產網絡中連動，例如德國盧爾工業區的衰退與亞洲新興工業國家的崛起相互映照。臺灣的工業化成功在某種程度上正是建立於全球經濟重心轉移（global shift）。

2 三大產業區域

臺灣產業區域發展充滿歷史與地理的偶然，本文將其劃分為三大產業區域，分別是北部的「上海幫」、中部的製造基地，以及南部的「臺南幫」。這樣的劃分方式雖未見於先前文獻，但卻能有效呈現臺灣產業發展脈絡與特色。這些產業區域的形成與發展，反映臺灣在不同時期的經濟轉型與產業特色，並且在全球化浪潮中找到自身定位。

北部的「上海幫」是臺灣早期工業化的重要基石，其形成與中國大陸的歷史變遷密切相關。一九四九年在上海淪陷之前，黃浦江沿岸的紡織業極為繁榮，擁有多達六百萬名就業員工。然而，隨著中國局勢動盪，大量資本與技術輾轉經由香港來到臺灣，並在臺北至新竹一帶建立起所謂「上海幫」產業基礎。這些來自上海企業家與技術專才創立了許多重要企業，例如遠東集團與裕隆汽車等，構成北臺灣產業區域核心。從臺北到新竹的這片工業區域，不僅承載了臺灣早期工業化進程，也見證產業升級變遷。直至今日，大安區擁有密度高的上海菜或稱江浙菜，可見一斑。

中部地區則以紡織業與製造業為核心，形成一個以鹿港至社頭，以及與豐原為中心的重要製造基地。紡織業在工業化初期為特許行業，受到政策高度保護與支持。當時，紗線的抽取被形容為「像抽金條一樣」，顯示工業化初期民生經濟價值與利潤。鹿港到社頭紡織產業，頂番婆如今是全球水龍頭重鎮；加上豐原一帶的製造業、機械、工具機，逐漸連結成一個完整的產業鏈，孕育了眾多知名企業，如自行車品牌捷安特與美利達；以及占全球重要位置的工具機，如今臺中工業區沿著筏子溪、烏溪延伸至南投南崗工業區。中部地區打造成為臺灣工業的重要樞紐，為臺灣在全球市場上的競爭力奠定基礎。

南部的「臺南幫」則以紡織與食品工業為主軸，其發展起源於北門的棉被與紡織業，逐漸延伸至現代綜合性工業集團，例如臺南紡織與統一集團。「臺南幫」在於其傳統產業與現代化工業的有機結合，並且在工業化過程秉持「三好一公道」經營理念，展現出對市場品質與公平的要求。臺南紡織生產「太子龍」，曾是臺灣家庭小學生必需品，為一代人共同記憶。更重要的是，「臺南幫」的發展模式強調中小企業與家庭工業的協同發展，使臺灣在快速工業化的同時，貧富懸殊相對較小，形成兼顧經濟發展與社會公平典範的經濟奇蹟。

3 特區化

臺灣產業發展在一九六六年迎來重要的轉折點，隨著加工出口區建立，臺灣開始以輕工業化為主軸，成功吸引外資並促進出口貿易。加工出口區經驗不僅為當時經濟成長注入活力，也為後來新竹科學園區提供寶貴的啟示。一九七〇年代的十大建設則標誌著臺灣從輕工業向重工業的過渡，煉油廠與煉鋼廠等大型基礎設施的建設，為臺灣工業化奠定穩固基礎。

一九八〇年十二月十五日新竹科學園區正式開幕，象徵臺灣邁入高科技化時代。從此臺灣的產業結構逐漸從勞力密集轉型為技術密集型，高科技產業成為經濟成長的核心動力。如今台積電已成為全球先進半導體產業的領導者，象徵臺灣在全球科技領域地理版圖，經濟地理從傳統工業到現代化科技產業轉型。

這一轉型過程，不僅展示臺灣產業的韌性與創新能力，也凸顯其在全球經濟版圖中重要地

位。臺灣經濟地理的轉型是半導體製造，前面所提及的鶯歌，真正成功的轉型來自於陶瓷工業的技術升級，將鑽石替代砂石，應用於晶片的切割。這種高附加值的技術創新，使得鶯歌在全球產業鏈中找到新的定位。反之，若是沒有強大的陶瓷業者，晶片切割的技術就要來自海外。高科技轉型與臺灣的根長出、土地扣連。

筏子溪河谷——道路始終是經濟地理的重要線條。每年九月，河床上的甜根子草總會準時開花，綻放出自然的生命力。而這片區域，正是臺灣最重要的精密機械基地：筏子溪精密機械河谷。

→
烏溪——這個河谷工業區域的分布，從筏子溪兩岸延伸至臺中工業區，北接大甲溪，南從彰化北部沿著烏溪向東，再逐漸向南發展，直至南投的田間地區，最後抵達南崗工業區。這條經濟地理的脈絡，串聯起臺灣精密機械產業的核心，成為推動地方與國家經濟的重要力量。

三、從三位一體分析臺灣如何嵌入全球經濟地理版圖

1 三位一體（holy trinity）

從大循環的觀點來看全球經濟地理版圖，「技術及技術變遷」被認為是改變地方「市場」經濟發展模式的核心引擎。新產品與生產過程的「市場」浮現與瓦解通常集中於特定地方，並依賴於該地區是否具備促進特定創新型態的能力。這些創新型態能夠有效改變生產的成本結構及價格競爭模式，並進一步引發區位模式的調整。「制度」則是地方經濟發展中不可或缺的元素。由公司、企業群體，乃至於透過網絡連結的生產系統所構成的組織，不僅是地方或領域的實質和無形投入的核心內容，更體現了這些系統之間鄰近性所帶來的互動和合作關係。因此，「技術—市場—制度」這三個因素緊密結合、相互交織，不同區域的經濟活動得以動態演化，並形成一套與全球經濟地理大循環緊密連結的網絡式架構，構成經濟地理「三位一體」（holy trinity）❹。這三者之間的密切關聯性，不僅解釋了經濟活動的空間分布與變遷，也建構經濟地景閱讀的方法。

❹ Storper, M. (1997). *The Regional World: Territorial Development in a Global Economy*. New York, Guilford Press. Hayter, R. and J. Patchell (2011). *Economic Geography: An Institutional Approach*, Oxford University Press.

2 趕上康卓第夫循環

如何閱讀臺灣經濟地理的紋理。從上一節的大循環經驗來看，技術無疑是分析臺灣經濟地理紋理的關鍵。然而，對臺灣而言，戰後的發展不僅僅依靠技術的進步，國家領導的制度化過程也扮演了極為重要的角色；此外，接軌國際市場可將其內化為在地經營的典範。因此，從技術—市場—制度這三個面向構成的「三位一體」架構，是一個理想的閱讀方式，能幫助我們更深入理解臺灣經濟地理的發展邏輯與其背後的動力。

在康卓第夫循環中，一九八〇年代科學園區的設立，臺灣在資訊與通信時代浪潮中正式踏浪，從個人電腦到積體電路的設計與製造，嵌入全球經濟地理版圖。臺灣的電子產品製造業高度發達，在全球電子產品和零部件生產中舉足輕重，隨著時光流逝，消長演替，為全球品牌提供 OEM 和 ODM 服務。以 iPhone 為例，在蘋果宣布新的機型到供貨市場之間，鴻海給予高效率最短時間供應產品，是其他的手機製造公司所無法比擬。

廿一世紀以來，臺灣是全球半導體產業先進製造的領導者，特別是在晶圓代工領域占有市場地位，成為全球軍事、國際科技公司核心供應鏈重要節點。單憑一家公司，台積電就占全球先進晶圓代工市場超過六〇％市占率。台積電不僅是臺灣經濟支柱，更被譽為全球科技產業「矽盾」或「神山」，也成為地緣政治爭辯對象。

然而，台積電並非是「一個人的武林」，或者只是股市中的「神山」，我形容它為「臺灣造山運動」產物，是一段歷史與地理相互交織的結果。那麼，為什麼臺灣在半導體產業能如此突出？這不僅僅是因為勤奮的工作文化，畢竟韓國、日本和中國的勞動文化同樣嚴謹；也不僅

島嶼經濟生活群像——
Ⓘ 採茶。
Ⓓ 彰化二林。
（攝影：柯金源）

島嶼經濟生活群像——
⇧ 彰化海岸採蚵阿嬤。
⇦ 甘蔗機器採收。
⇩ 彰化海岸的自然資源是農漁民的生活依賴之一。
（攝影：柯金源）

⓪①

島嶼經濟生活群像——勞工。
（攝影：柯金源）

僅是因為大量資本的投入，因為全球投資能力更強的國家比比皆是。真正的關鍵在於臺灣這片土地本身的歷史、地理與創新文化的結合。這塊土地孕育出了具備獨特韌性與創造力的產業結構，得以在面對自然與強權的威脅，以及全球化的浪潮中，占據核心位置。

半導體生產的地緣政治戰略重要性正日益凸顯。例如，隨著電動車的普及，每輛車所需的晶片數量可能使用數百顆晶片，甚至超過一千顆晶片，未來可能超過兩千顆晶片。使得全球產業鏈對臺灣的半導體製造依賴進一步加深。美國、德國、日本等國家更是吸引台積電在當地設廠，乃至於最近台積電加碼一千億美元的美國直接投資，目的在於保障供應市場的穩定性。臺灣的經濟地理地位愈加清晰，成為全球經濟網絡中的關鍵節點。尤其是在全球化生產網絡深化的背景下，我們必須從歷史的演變中找到線索，將歷史問題轉化為空間問題，理解不同時代背景下的空間格局變遷。歷史與空間的交織，正是閱讀臺灣高科技地理在全球經濟變遷的地景。

⇧
新竹寶山台積電公司。
（攝影：柯金源）

四、臺灣繪製出自己的特色高科技紋理

1 政府主導

一九七四年二月，寒風刺骨的臺北，行政院秘書長費驊召集一場關乎臺灣未來產業發展的重要會議。地點位在南陽街的小欣欣豆漿店。與會者包括經濟部部長孫運璿、交通部部長高玉樹、電信總局局長方賢齊、工業技術研究院院長王兆振、電信研究所所長康寶煌，以及美國無線電公司（Radio Corporation of America, RCA）研發主任潘文淵等七人。在充滿地方意涵與日常生活氣息的空間，討論臺灣應如何產業轉型，特別是電子工業的發展。

在一九七〇年代，除了面對石油危機之外，臺灣仍以勞力密集型產業為主，無論是紡織工業還是加工出口區的電子業，均未能擺脫低附加價值的產業結構。隨著全球能源危機與產業結構的變遷，臺灣迫切需要進行產業轉型，空間修補（spatial fix）。豆漿店裡，與會的技術官僚專家基於電子知識，形成一項重要共識：從國外移轉積體電路產業技術，推動臺灣電子工業升級。

這項技術移轉計畫旨在透過培養技術人員、地方化產業技術，促進地方產業升級。計畫預計耗資新臺幣四億元，在四年內完成積體電路（Integrated Circuit）技術移轉。技術移轉策略與臺灣過去的外人直接投資（FDI）及自行研發（in-house R&D）模式截然不同。在家電或汽車產業中，臺灣曾經歷過「中外合資」或「技術合作」模式，但這些往往導致殖民式經濟依賴

與技術壟斷。透過技術移轉，臺灣成功迴避這種依賴模式，為邁向技術密集型產業的自主發展提供可能性。

一九七四年，臺灣於威權體制下的歷史背景中，年底立法院迅速通過積體電路產業技術移轉預算案。這一過程依賴國家力量的動員，並得益於兩大促進者的共同作用：一是活躍於美國的海外學人，二是財團法人工業技術研究院（工研院）。

工研院雖然被視為國家級的研究機構，其實是一個非政府部門組織。相較於傳統的國家機器，工研院在人員任用與預算核銷上具有更大彈性。這種彈性使其成為國家執行高科技政策的重要工具，是臺灣高科技發展中鮮少被討論但極為關鍵因素。國家透過非政府組織的角色，實現了政策在會計與人事的靈活執行。潘文淵從美國無線電公司提前退休，在矽谷成立技術諮詢委員會，組織跨界技術菁英，投入臺灣技術轉型工作。

高科技空間浮現並非憑空而來，而是深植於地方脈絡的空間依賴。一九六四年，交通大學電子研究所實驗室的成立，為臺灣電子工業的研究奠定了基礎；一九七二年，工研院成立，並於一九七四年設立電子工業發展中心。這些研發單位為高科技產業發展提供制度性基礎。同時歸國學人如章青駒、史欽泰、楊丁元等的回流，開啟矽谷與新竹之間的連結，促成了高素質人才循環（brain circulation）❺。這些學人不僅引進矽谷的技術與制度，還透過地方脈絡轉譯，創造一個矽谷與臺灣彼此互賴空間。

❺ Saxenian, A., 2006. *The new argonauts: regional advantage in a global economy*. Cambridge, MA: Harvard University Press.

2　歷史與地理的偶然

在技術移轉母公司挑選過程，技術諮詢委員會從多家國際公司中選擇RCA。考量的包括合理的預算（三百五十萬美金）以及RCA對技術全面移轉的承諾。RCA同意將積體電路研發、製造、封裝、測試以及經營管理等完整技術移轉至臺灣，並協助設置實驗工廠。此外，RCA在臺灣已有設廠經驗，展現高度的誠意與合作意願。

一九七六年三月五日，工研院代表史欽泰與RCA正式簽訂技術移轉協議，開啟臺灣積體電路產業技術學習過程。同年五月，楊丁元領隊前往美國RCA受訓，總計三百三十人次參與，涵蓋電路設計、光罩製作、晶圓製造、封裝測試、應用與生產管理等領域訓練。同時由胡定華領導在新竹建立示範廠，於一九七七年十月二十九日落成，為技術著床提供基礎。從RCA受訓回來的工程師，在示範廠內創造的積體電路製造良率（yield rate）甚至超越了RCA本身，顯示出臺灣技術能力的快速提升，直至今日，臺灣在半導體製造良率始終保持全球第一，為日後臺灣積體電路產業的國際競爭力奠定基石。臺灣高科技產業的發展過程，展現了歷史與地理偶然性透過反身性的調適，逐步走向制度化與在地化。技術移轉的成功，不僅依賴於政策的支持與資本的整合，更是技術學習與創新的結果。

3　高科技產業的在地鑲嵌

一九七九年九月二十日，聯華電子籌備處在工研院成立，並以工研院為基礎，將三吋晶圓廠升級至四吋晶圓廠，完成技術移轉。整個移轉計畫的資本額為四億八千九百萬元，由於籌資不易，政府充分體現了當時發展掛帥的國家在資本運作中的主導地位。

一九八〇年五月聯華電子正式成立，同年十二月十五日進駐新竹科學工業園區。在這一過程中，工研院電子所發揮關鍵作用。從規劃協助、建廠支持、人才移轉、人員訓練到產品授權，工研院全方位地支持聯華電子創建。值得注意的是，工研院的八十餘位工程師在聯華電子成立後，僅僅是換了名片，仍然使用原本的停車場，工研院技術與人力資源的直接轉化，並以「衍生公司」形成聯華電子核心團隊。

在技術初步著床後，國家繼續扮演推動電子業技術密集轉型的角色。工研院執行了第二期積體電路發展計畫（一九七九至一九八三年）以及超大型積體電路（VLSI）計畫（一九八三至一九八七年）。VLSI 計畫將臺灣的積體電路製程技術推向更高層次，進一步提升臺灣在全球半導體製造業的競爭力。製程技術的著床，透過各種經濟網絡途徑擴散，轉化為地方產業技術。同時，進一步促進了積體電路設計公司的蓬勃發展，形成地方化產業的群聚效應。一九八七年，工研院電子所將 VLSI 實驗室出租作為生產廠房，並按照國家政策主導成立了六吋晶圓廠，即「台灣積體電路製造股份有限公司（台積電，TSMC）」。

TSMC 的成立標誌著臺灣積體電路產業進入一個全新的階段，國家任命張忠謀為 TSMC 董事長，並由國家出資四八．三%，飛利浦投資二七．五%，民間集資二四．二%，組成總計五十五億一千萬股本。TSMC 採用專業積體電路製造服務模式，專注於代工製造，不參與積體電路設計或品牌經營。TSMC 優異的製造良率，不僅降低成本，還提升產品品質，在全球市場奠定一席地位。專業代工的創新，催生全球兩大全新產業：第一、無自有品牌的半導體製造工業；以及，第二、無製造晶片業務的半導體設計行業。這種分工模式加速全球化背景下的產業擴散與空間組織，比較優勢將臺灣深深嵌入全球半導體產業鏈版圖之中。

4 次微米的空間意義

如果說 RCA 技術引進開啟了臺灣高科技的版圖，而 VLSI 計畫創造了臺灣高科技的能見度，那麼次微米計畫（一九九〇至一九九五年）則是進一步增長臺灣在全球高科技版圖的高度。次微米計畫的推動，讓臺灣成為全球十二吋晶圓廠最密集、產能最高的地區，並具備全球最先進的製程技術，奠定了臺灣半導體產業的領導地位。

次微米計畫體現了全球化與在地化的結合。一方面，透過歸國學人與矽谷的遠端作用，臺灣建立了與全球技術網絡的深度連結；另一方面，國家透過資本與政策支持，建立了一套在地化的技術與產業網絡。這種全球與在地的結合，使臺灣的地方技術空間成為全球技術網絡的交匯點。工研院作為中介機構，協調國家、企業與大學之間的關係，促進技術的在地化與產業化。

次微米計畫不僅促進了臺灣半導體技術的突破，還塑造了臺灣高科技地理的空間結構。透過異質行動者的協作與全球化的互動，次微米計畫將臺灣嵌入全球半導體產業鏈，並形成了一個具有在地化特徵的高科技社區。這一過程展現了技術如何作為行動者，通過行動者網絡的建構，賦予地方以全球化的意義。同時，臺灣的高科技地理也成為一個全球化與在地化交織的場域。

五、造山運動與半導體產業的交織

臺灣為造山運動所形成，是一個漫長且複雜的地質過程，主要受到板塊運動的影響。位於歐亞板塊與菲律賓海板塊的交界處，這種板塊碰撞與交互作用是臺灣地形形成的關鍵。臺灣半導體產業的發展，自一九七四年開始，如前所揭，就是一個漫長且複雜的因應全球市場、地方技術鑲嵌，及制度化過程。

《臺灣的紋理一：人文篇》的第一篇中指出「中生代時期，古太平洋板塊的隱沒在大陸邊緣形成了山脈，構成最早的臺灣島。在這期間，臺灣歷經了兩次重要的造山運動，分別被稱為太魯閣運動（侏羅紀）與南澳運動（晚白堊紀）」。就好像是，臺灣為什麼會有半導體產業？早在日治時代農業化、工業化基礎建設，戰後發展北中南三大產業區域，是高科技發展基礎，就如侏羅紀、同白堊紀時代臺灣一般。當時有水電、農業、工業、技術、人才，並擴展市場，成為後來高科技基礎。

「約五百萬年前，菲律賓海板塊上的火山弧與歐亞板塊發生碰撞，這一過程可比擬為推土機推動沙堆。海岸山脈火山弧就像一臺巨大的推土機，逐步將歐亞板塊邊緣的岩層向西推移，形成一座座山脈」，為所謂「蓬萊造山運動」。造山過程至今仍在進行，對臺灣地震活動、地形演化以及自然環境產生深遠影響。

不像其他半導體製造業地理採取的「垂直整合」模式，這種模式的缺點在於流程改變非常困難。相對地，台積電能夠彈性地變更製程，靈活處理小量的晶圓代工訂單，儘管成本較高，但這種彈性對美國乃至於全球最新積體電路技術，早期試驗階段具關鍵重要性。臺灣半導體產業彈性專業化，部分來自其獨特的產業結構。

臺灣的半導體供應鏈擁有至少約五千家在地供應商，這些廠商並非部門，而是獨立的公司。為何這樣的結構是臺灣的優勢？因為這五千家協力廠商的每位經營者都努力學習，致力創新，比任何部門主管更努力、更具創造力。臺灣在地競爭激烈的供應商成就了創新的重要元素，讓臺灣在應變能力和創新上有明顯優勢。台積電及其周邊供應鏈的成功，並非只靠單一企業的努力，而是臺灣整體產業結構、文化與經營模式共同作用的結果。這樣的模式，正是臺灣在全球半導體產業中持續保持競爭力的核心原因。

就臺灣半導體在全球優勢，第一、除了領導廠商例如台積公司之外，更有眾多在地專精、彈性、以中小企為主的供應商，「強健機構的存在」。並且，第二、有來自全球各地的積體電路設計商與臺灣的製造業共同技術演進，除了訂單，並高程度相互學習互動影響，解決最尖端技術的問題。第三、中小企業支配結構和聯盟模式，修補規模經濟。第四、則是技術工程師對參與共同企業的相互意識，提升勞動文化。

臺灣至少擁有一萬個具有十五年以上有經驗的技術勞工，形成在地性。這些技術人員擁有臺灣最好的工程學歷（通常是臺清交成的學生），具有很強的學習能力，在半導體產業形塑地方。加上在職習得的默示知識（tacit knowledge），使得臺灣無論如何被其他國家挖角，都可以維繫半導體領先的製造生態環境。並且，這些工程師除了聰明，又勤奮、又配合公司發展需求，有著與公司參與共同企業的相互意識。

半導體廠之間可以發現綿密關係網絡，形成學習型區域；可以更動製程，共同處理客戶小量多樣的客製要求。工程師往往在上下游公司形成支持，也就是領A公司的薪水，但大部分的時間在其上下游公司B支援。上下游之間，透過生產網絡，制度厚實，形成區域學習動力。模組化生產，專注製造，彈性專業，規模修補。生產鏈的強健機構的存在就像造山運動推擠出來的「神山」一樣。換句話說，是臺灣無數的中小企業將台積電推擠成為東北亞第一高峰！

刻畫在土地上的經濟紋理

經濟地理的發展軌跡，刻畫一幅精緻的「臺灣的紋理」。從早期農業水利設施的開發在平原描繪水圳網絡，到加工出口區的輕工業轉型在海岸線烙印產業足跡，再到科學園區的高科技突圍在丘陵地帶築起創新高地。這些層疊交織的經濟紋理，展現出在地與全球互動的獨特韌性。特別是半導體產業，臺灣不僅成功打造出全球第五康卓第夫循環的技術關鍵橋梁，更透過「技術─市場─制度」三位一體的創新模式，將自身轉變為全球科技供應鏈的關鍵節點。特殊分工的中小企業地理的造山運動，讓臺灣半導體製造業在全球無可取代。這種動態嵌入的過程，如同一條條精密的積體電路線條，使臺灣在面對全球化浪潮與地緣政治變局時，始終能夠保持其不可替代的戰略地位，並持續在全球經濟版圖中刻畫出韌性的發展紋理。

PART 4

環境・共融

——芳菲之島

07 泥岩惡地的人地關係紋理

08 時空揉捻出的滋味——臺灣味的風土流轉

09 留住文化與人的山林生活：里山根經濟

10 共感的地景：
臺灣觀光遊憩區的地景閱讀與再現

07

泥岩惡地的人地關係紋理

蘇淑娟

引言　沃野之邑，惡地傳奇

臺灣最大的平原區域在西部，西南區域的平原尤為廣大，嘉南和屏東平原連結的平坦地區，正是糧倉；這裡也是傳統農業社會文化與薈萃技藝保存之處，稱臺灣的西南平原為沃野之邑最為適切。

然而，就在嘉南和屏東平原的東側，一座座南北連綿、隱隱錯落的小山丘，此起彼伏地凸出於平原之東，雖名不見經傳，不如悠悠長河和鼎鼎大山為人所知，卻是構成地方聚落的經濟、社會、文化之傳承頗重要的地理環境；從地方物產、風土美食、傳統工藝、社會文化到人與土地的關係，皆與丘陵環境的撫育和滋潤密切關聯。這裡是西南泥岩惡地。

這樣的小山丘不勝計數，如在高雄和臺南之間的馬頭山、龍山、三〇八高地、高雄的中寮山、大小崗山等，都是人文生態蘊藏豐盛之處，並孕育出獨特的地方文化與經濟。在銀合歡與刺竹蓊鬱林木之間，見到童山濯濯之處，體現風候與水土共生的泥岩環境，其間更有深刻的地方故事與敘事傳奇。

↑
西南泥岩惡地充滿深刻的地質生態與地方故事。

一、西南泥岩地區的地與人

1 凸顯人地關係的關鍵場所

西南泥岩惡地中的小山丘，是教科書中標準的「丘陵」，部分甚至名列小百岳，例如大崗山和旂尾山。小丘雜遝於本島中央脊梁山脈與平原之間，「淺山」為其別名，是介於一百到一千公尺的小丘共同的名稱。

在臺灣西部，北自林口臺地以降，南迄恆春臺地之北，處處有淺山丘陵的蹤跡，部分出露明顯完整的岩層地質結構，可歸類為地球結構運動所造之山丘。也有不少是由海相沉積或高山滑落堆積的岩層，再因地殼抬升或海岸抬升作用所致，一般由石灰岩層、堆積層、沖積層所構成。

就岩層物質組成而言，多砂岩、礫石、泥岩、沖積物等之堆積，而在泥岩層豐厚之處，造就以泥岩為主的地層區域，例如位於臺南平原和屏東平原之東北的古亭坑層，即為青灰泥岩所組成，是臺灣西南泥岩區分布最廣之代表地層。

臺灣西南部平原東緣的淺山泥岩區域，是地形環境的過渡地帶，也是社會經濟的過渡帶，更是生態棲地的交界區；此地有許多人口稀少的極限聚落，人口組成具有多元的過渡特質。諸多「過渡的」（transitional）獨特性，乃形塑此區豐富的環境與繁富的文化社會特色之因。

⇧
盡是刺竹和銀合歡的小丘和山徑不利穿越，卻充滿美麗的泥岩圖案，遠看是丘，近看是不一的紋理，有溝有壑有細紋。

2 開展環境轉向的領頭者

泥岩淺山介於以人和環境為主的都市聚落及以一級生產和生物棲地為本的高山群落之間，多重過渡的特性使淺山成為反思人與環境關係及人地對話之關鍵場域，例如各級道路的動物路殺、農民生計與動物糧食之間的衝突，正是梳理人類與動物環境關係的基礎。

淺山氣候溫和多樣，不似高山極端，容許多元的生物棲地，可說是臺灣生態的基因庫。此地人口不多，居民卻擁有豐富多樣環境，從日常勞動和生活的歲時祭儀，反思到人與環境關係的精神，也鋪陳了他們高度關照動物路殺、動物剩食、開發行為等環境變遷的議題，啟動人與動植物環境關係倫理的覺醒。

當代泥岩土地上生活者的精神，已然開展環境轉向（Environmental Turn）的態度與生活。過去在泥岩區域的生計與生活，重視土地高度利用、經濟收入、生活溫飽，而今歷經切身的環境張力與問題，發展出以環境為本的視野，更重視土地利用的環境因果、經

㊧ 惡地住民高度關注路殺。（攝影：黃惠敏）

㊦ 穿梭於惡地的梅花鹿。（攝影：黃惠敏）

濟活動與環境韌性的關係，生活溫飽建立在安全的環境和友善的生態棲地中，如此環境轉向的態度、思維與生活準則，指出新的人地關係里程碑，也是環境倫理的新世紀，正是泥岩區域生活者回應人類世的作為。

3 地形詩中的惡地紋理：月世界觀光

惡地人與環境的樣貌，早在石再添教授之詩作中即可見生動活潑的描繪。

石再添教授是臺灣師範大學地理學系地形學家，曾於一九八七年以〈我故鄉〉描寫臺灣典型地景風貌，凸顯生活中的地形，詩作表現的畫面在每一代人的心中或許因生活經驗之異，而有不同解讀，卻都道出地景呈現的環境樣貌與大地脈動，以及大氣、水文與人類活動之間的關聯。例如詩中形容泥岩地區的風貌，如「月世界觀光」、「滾水噴泥坪」、「燕巢萬雨溝」、「劣地放三羊」等，無一不表現泥岩環境的自然與人類交互作用的紋理。

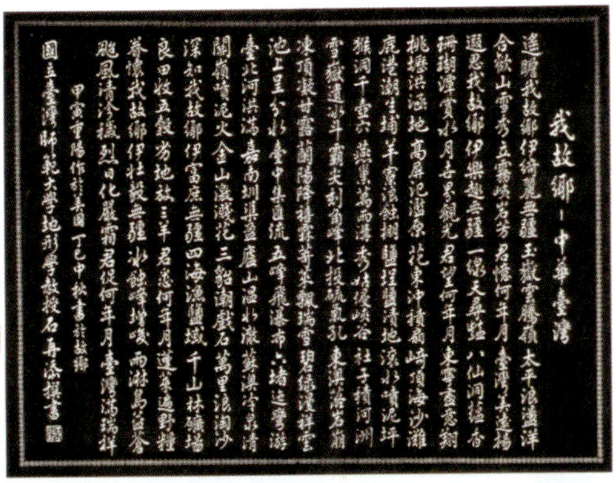

→ 地理學家石再添教授曾以〈我故鄉—中華臺灣〉頌揚臺灣土地。（原始圖片提供：石同生）

↓ 高雄泥岩惡地中的新養女湖一隅。（攝影：蘇翰霖）

二、從泥岩長出來的生活地景

1 二仁溪流淌的紋理與生機：上中下游殊異的人群、環境、社會生活

河川，是串聯自然與人文環境的動脈。二仁溪在我國二十四條中央管轄的河川中，長度名列十六，平均坡度緩，但流域單位面積輸砂量卻是全國之冠，乃因二仁溪流域多泥岩環境，加上流域範圍氣候乾溼分明、植生不易，致土地表層缺乏保護、侵蝕強盛；這也造成土壤層薄弱、土地贍養力不高。

二仁溪上、中、下游地形地勢對地方聚落的作用各有不同，形成整體流域人文紋理的多樣性；加以歷史族群分布特質，例如上中游區域的平埔族群和中下游的漢人聚落，以及其間的過渡帶，明顯有聚落差異，更顯其令人驚豔之人文環境印記。

在重視地方差異與特色的今日，肯認平埔族文化是體現本土多元文化的機會，例如平埔族禮拜阿立祖、公廨場所、祭祀拜壺等❶，不僅彰顯人與自然關係，更是文化傳承的載體，也是社會穩定的物質基礎。又如臺灣特殊的姓氏，分布在今日臺南左鎮到高雄內門等地，包含買、冬、機、車、姬、力等，皆是平埔族文化與社會的襲產與符號。

❶ 阿立祖是西拉雅平埔族人所祭拜的眾多祖先或神靈的稱呼，公廨則是祭拜阿立祖所在建築，至於所祭拜的壺則需要裝有水才是祖先之靈或神靈可依附之處。水的重要性不言而喻。

⊕
二仁溪曲流切斷之牛軛湖。（攝影：蘇翰霖）

延伸知識櫥窗

約翰・湯姆生與西拉雅平埔族生活風物

蘇格蘭人約翰・湯姆生（John Thomson）於 1871 年隨長老教會的傳教士馬偕醫生一同赴臺，從打狗港（今高雄港）入臺。

他在南部進行了細膩的地理環境觀察，並以攝影呈現南臺灣風景無數，其中在西南泥岩區拍攝的平埔族獵人、少女、漁民、屋舍與其環境等，深刻與西拉雅族文化連結在一起。湯姆生的玻璃底版紀錄的鏡頭配合其日誌，凸顯當時平埔族人的美好特質，成為今日南島語族研究的重要資料。

⇧
湯姆生拍攝的平埔族人群像，1871 年。
（圖片來源：©Wikimedia commons. also courtesy of Wellcome Collection
英國威爾康圖書館）

這些區域與十九世紀蘇格蘭傳教士馬雅各（James L. Maxwell）與攝影家約翰．湯姆生（John Thomson）所記錄的西拉雅平埔族人的活動範圍重疊，分布在二仁溪中上游之間，湯姆生記錄的平埔族群與生活風物的影像，是今日探索二仁溪流域的環境變遷之重要檔案。

二仁溪從發源地到入海之處的臺南灣裡與高雄茄萣之間，竄流於淺山到平原的泥岩區域，中上游高輸砂率使二仁溪河道不穩定，河道易淤積，降低排洪量能，增加沿岸聚落淹水風險；流域地形多破碎、土壤貧瘠、鹽分偏高，植生不易，不利大規模農耕，聚落規模較小且少，外地人理所當然稱其為惡地，就連當地年輕一代不事農耕、或不依賴土地為生者，也無奈稱之為惡地。

二仁溪在接近平原和淺山平緩處形成無數曲流，曲流的河川蜿蜒使諸多聚落易接近水，致平原緩地較中上游的狹小谷地更利於耕作。河川曲流形勢凸顯二仁溪水源和河岸有機質的來源，為形塑聚落土地農產經濟風貌之本。

如此自然的河道特質創造二仁溪流域早期越往下游的聚落規模越大，上游聚落之空間分布趨於零散；單姓血緣聚落多出現於上游，越往下游則越多雜姓聚落。整體聚落空間的紋理與現象，可說是土地贍養力的表現。

⊕
高雄泥岩惡地南勢湖地區的農塘。（攝影：蘇翰霖）

2 農塘作為調適地景的興落與生態價值

儘管二仁溪及其流域提供聚落發展的基礎，是生活保障的一部分，卻未能周延的提供產業與生活所需。在泥岩有限制的環境中，人類須善用環境條件才能發展出傳統農業與生活，甚或技藝和作為，尤以農塘／水塘為典型的範例。

泥岩區域灌溉溝渠有限，而南部雨季主要在梅雨季和夏、秋間的颱風季節，長達半年的乾季使農業受限，灌溉顯得特別重要；泥岩區域耕地面積多數不大，使專業農民之選擇更顯局促。近年極端氣候下旱澇相間，農業生產面臨嚴峻考驗，更顯泥岩區極限聚落雪上加霜的處境。

泥岩地區極細的土壤細粉透水不佳，不益農業生產；此特質卻創造雨水可滯留於水體的優勢，因此在地農民發展出農塘／水塘技術，產生依賴農塘耕作的文化與地景。農塘曾是泥岩區域的經濟生機與景觀，滋潤無數的瓜果、蔬菜與雜糧，並發展出水塘養殖，展現人在泥岩環境的調適。農塘／水塘是泥岩區域獨特的生存調適地景。

農塘／水塘的建造，為二次世界大戰後西南泥岩地區農民克服缺水問題的技藝。戰後，農林相關的公部門利用溝谷山坪防砂築堤，間接創造農業土地的經濟政策，激發民間對土地使用的積極性，並發展灌溉設施，「做溝」成農塘是此背景下發展出來的。

農民鳩工[2]互助勞作、建構堤壩以成農塘，展現二次戰後二、三十年政策善用邊際土地增進農產的精神；其後在現代動力機械技術提升下，持續增加農塘堤壩的規模。不論是在地

↓↙
農塘曾是泥岩區域的經濟生機，並發展出水塘養殖。
（攝影：劉閎逸）

鳩工互助或機械動力技術，所創造的農塘／水塘均為泥岩環境人類生存與生計的調適紋理，也是韌性發展的策略。（鐘寶珍，一九九二；劉閎逸，二〇二二）

早先作為農作灌溉之用的農塘，不知何時漸漸有了新的功能，用以養殖虱目魚。研判是泥岩農業的經濟越來越不具比較利益，相對於工商業發展的剝奪感，使農塘轉變為水塘的養殖利用方式逐漸浮出。利用水塘養殖虱目魚，是泥岩地區再一次因地制宜的經濟模式。不幸的是，隨著生產勞力的老化與產業的限制，此等養殖規模有限，難以生存，與具有規模養殖的沿海虱目魚養殖業無法競爭。泥岩水塘虱目魚養殖幾乎已消失殆盡，但是卻成為地方人士永遠的鄉愁，述說泥岩虱目魚令人難忘的口感與美味，成為生活的回憶。

比較利益，是農塘轉變成水塘的驅動力，卻也終究無法持續。規模，是泥岩地區經濟的敵人，也是泥岩地區應避免的經濟觀；相反地，泥岩區域應凸顯其物產特色和社會文化風土，而不以規模取勝。

虱目魚因適應力強，對水質的耐受範圍廣而能在泥岩區的水塘生長；然而相較於沿海地區，泥岩區域缺乏穩定水源補充，養殖成本頗高。亦即，泥岩區的水質和水量不易控制，影響魚類的生長與健康，須投入較高成本；沿海地區現代化養殖環境與規模均佳，加以其規模有利善用技術，愈使泥岩區的水塘養殖顯得渺小。

雖然泥岩區虱目魚養殖已不再，水塘是否仍能扮演生態系服務的功能，例如作為鳥類、兩棲類、依賴水源為生的厚圓澤蟹、食蟹獴或梅花鹿等的棲地，貢獻區域的生態系價值，則有待地方發展的智慧，使自然棲地的生態系價值再現。

❷ 召集工人。鳩工一詞語音頗能表現臺灣文化對於勞動力來源之社會性，故以鳩工呈現。

歷經「惡地」與「邊陲」之名的西南泥岩地質公園社區，對於以馬頭山及其周遭劃設為國家自然公園的期待在近年逐漸浮現、茁壯，為的是守護在這片泥岩區域的馬頭山。就像燕巢的雞冠山（麒麟山）一般，馬頭山足以說明整體西南古亭坑層海相沉積泥岩地層環境並非均質的特質，以及地球環境的複雜。泥岩區域的泥岩、砂岩、珊瑚礁並存，是生活水源之因；雞冠山和馬頭山下的水源是地方不可缺的，雞冠山東側居民說自己喝的是麒麟尿，而馬頭山鄰近居民稱在地喝的是馬尿，甚至以之製作馬尿豆花，這些日常語彙凸顯兩丘為泥岩區的諾亞方舟之環境意涵，馬頭山區域甚至是在地公民以科學例證訴求國家自然公園的環境保育範型。

⇧
馬頭山是在地公民以科學例證訴求國家自然公園的環境保育範型。（攝影：黃惠敏）
⇖
從半天寮西望，四季有別的夕陽，總以多樣風貌照耀居民的心情。
⇦
馬頭山半天寮是地方居民欣賞家鄉美景和夕陽的好地方。

3 水塘、曲流、山羊、道路

淺山聚落的生活稱不上方便，基本生活機能卻不虞缺乏，且保存岌岌可危的在地文化、技藝、社會關係，在地元素成了地方驕傲的符號，例如上段所說的農塘／水塘。地方生活、技藝和環境脈絡互為文本，在泥岩區域持續地過渡與在轉變中累積。

泥岩區域作為慢活的生活空間，乃克服環境限制所創造，例如挖掘水塘、善用曲流、野放山羊等，一如石再添教授〈我故鄉〉詩中所描繪的劣地放三羊一般。泥岩山村的生活，扎實地從泥岩上長出來。挖掘水塘，以為灌溉水源、利益農耕，不但克服乾溼分明氣候的農耕水源問題，也避免細泥流入農田而惡化農地。蜿蜒的二仁溪曲流所經之處，留下豐富的有機物質，使曲流滑走坡成為冬天乾季短期作物之沃土，從葉菜、瓜果到莓果應有盡有，端賴主人的巧思與生活的想像。

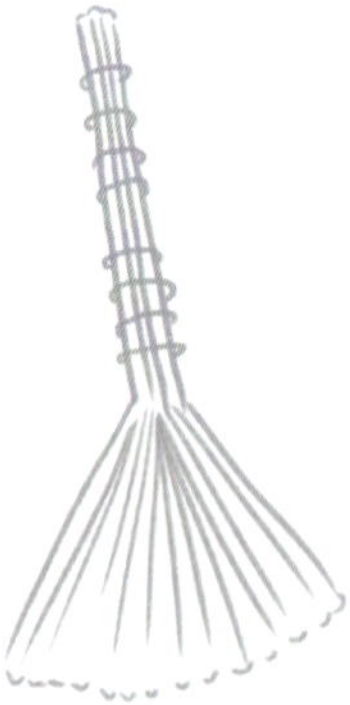

↙↓
泥岩地區特有的葛鬱金（以左鎮最聞名）和帚用高粱（稱為番秈）。

→
泥岩惡地長出的珠蔥（紅蔥頭的花）
不但美麗更是可口。
↓
惡地蜜棗滋味獨特。（攝影：陳士文）

道路，是淺山生活的血管，運輸著人與物，也運輸著滋養的物和廢棄的物。泥岩淺山區域祥和的山村有著人與環境慢慢的、深深的、幽微的反覆對話，尊重山林和溪流是在生活中潛移默化、在生存與生命之間養成的。

臺灣的第二條高速公路部分路段經過西南泥岩區，連結高速公路的地方道路是滋養生活與生計的微血管，它們錯落交織於淺山中，創造新的連結、也切割舊的完整；被連結的是人的聚落、動植物的新領域，但被切割的也是人的聚落和動植物的領域。這一切的變遷，沒有絕對的優勢，也非必然劣勢，它的優劣價值判準端賴社會的價值觀；在環境轉向的今日，在地居民的環境意識提升，泥岩地區環境的完整性與韌性更值得期待、也是島嶼韌性的依托。

⇧
穿越惡地的臺 28 公路。（攝影：蕭禾秦）

❸《媳婦入門》為胡台麗博士的著作，以人類學視角切入認識在臺灣快速工業化過程的社會變遷，此處則用以說明認識與詮釋一個地方所需要的時間，像人類學研究取徑一般，需要長時間。

4 生態系中一個都不能少

淺山的人、聚落、動植物棲地與群落，都是生活方式日復一日呵護出來的景，成為淺山生態系服務（Eco-system Service）的一環。在淺山山村的生態系服務價值中，若缺了任何一樣，就失去了地方原味。

動植物與人在生物圈中同等重要，而生物圈不可或缺的是滋養它的泥岩環境。在泥岩地區超過十年，我不斷被此處的生活世界與一草一物所驚豔，一如胡台麗《媳婦入門》❸的研究投入多年蹲點探索，若能長久浸淫於泥岩區域生活，則更能獲益於泥岩惡地世界的內涵。

↘
惡地人家住家周遭的竹林、香蕉園，常有機會發現穿山甲的蹤跡。（攝影：柯伶樺）
↓
惡地的厚圓澤蟹。（攝影：柯伶樺）

三、常民生活記憶：總是因為自然

泥岩地區一代代的先民或許各有其生活記憶，但卻擁有歷史、地理環境與文化的共通性。

1 竹生活與文化：放流竹

竹子，在泥岩地區扮演著無可取代的角色。竹林和竹子，在這片地形崎嶇、資源有限的環境中，提供穩定生活方式的物質基礎，是生活和生計的支柱，也形塑獨特的技藝和精神。

竹子特有的溫潤質地是日常的物質核心與無形的精神；從育嬰用品到家具商品，竹子見證生命的成長與經濟變遷。竹床與搖籃安撫新生兒，童椅與竹凳陪伴成長，竹桌承載家族聚會，竹籃與竹菜蓋則保護著食物

不受汙染；竹筍可食，竹葉能覆蔽，竹稈可製器物，竹材可建屋，竹纖維則能製繩索與布料；竹子甚至在燃燒成灰燼時，可成為肥料，滋養大地。竹是物質材料、文化技藝、生活哲學；竹子「虛懷若谷」的特性意指自然界虛與實的平衡，代表堅韌、靈活與包容，是面對環境挑戰時穩健的依靠。

竹子的價值不僅限於聚落內，也促成對外貿易的興盛，「放流竹」便是對外資源循環與技藝傳承的代表。在地竹農將竹材以當地黃麻繩編綁成竹排筏，利用季節性的河流流勢，將竹子運往下游交易。當豐水期來臨，二仁溪成為天然的運輸管道，竹農以竹筏順流而下，將竹材、黃麻繩甚至竹醬運送至臺南灣裡、高雄茄萣等沿海漁村，換取來自海口的鹽、漁獲及其他物資。此交易模式，豐富了內陸泥岩聚落的物質生活，也促進文化交流，支撐技藝發展。

惡地刺竹。
（攝影：柯伶樺）

↑↗
此場景是 2015 年田寮崇德社區發展協會透過在地耆老訪談，重新還原再現二仁溪放流竹的樣貌，復刻當年流竹歲月。（攝影：梁舒婷）

放流竹的技術與知識，展現了泥岩地區居民對環境的適應智慧。他們不單依賴土地生產，更能順應自然的節奏，利用季節性的水文以為運輸，是與生態和諧共存的生計方式，展示「生存、生計、生活、生態」的平衡，在嚴苛的泥岩環境仍能維持穩定的經濟與文化體系。

隨著時代變遷，放流竹逐漸成為歷史的記憶。現代交通運輸技術的發展，使竹筏運輸不再，放流竹技藝所承載的環境智慧卻不應遺忘。當地方創生的浪潮興起，人們重思如何將放流竹的概念轉化為當代生活策略，讓這段生命的歷史成為今日泥岩地區的文化驕傲。透過生態旅遊、工藝復甦或文化傳承，這項技藝將能在當代找到新生命，延續與環境共存的智慧精神，讓竹子的故事，繼續流傳下去。

2 劇場、童謠、引路人

多年前甫進入泥岩區域，我試著以全球視野推廣地質公園之際，因援剿人文協會❹朋友們的熱情而在金山的土雞城暢談地方事，話題從援剿百人歷史環境劇場過藍波嶺，到泥岩生活克勤克儉的俗諺，無一不令人驚豔，尤其是土黏、錢鹹、查某勤又儉的俚諺，我必須努力才能跟上這些樂天又務實的話題。

廣大不利耕種的土地，作為飼養漫地遊蕩、不需要特別照顧的土雞成為理所當然的現實，於是土雞成了家庭收益與食物來源，土雞城也變成環境限制下

惡地漫遊的土雞。（攝影：梁偉樂）

❹ 高雄市援剿人文協會早期為以燕巢地區為主的文史工作者之結合，在它成為人民社會團體後，更積極以守護環境、泥岩地景為職志，推廣泥岩環境教育，展現鄉土愛，近 10 年以推動泥岩惡地地質公園為目標之一。

的優勢。在此人稀之處，也曾上演一場超過百位演員的歷史環境劇場，述說歷史上盜匪尚多的年代，人們克服泥岩環境險惡的困境與勇氣❺，已然指出外人對淺山丘陵區的邊陲與保守的想像值得再思。這深刻有致、美麗有餘的地方，讓人流連。

泥岩區域生活的記憶與經驗，尤以童謠所現最吸引人：

「出日砧、落雨黏，焦砧跤、澹黏跤，黏黏滿跤，跋落崁跤，轉去尋阿爸，乎阿爸巴，因為日時走趴趴。」

另一個耆老版本則是如此：

「出日砧、落雨黏，焦砧跤、澹黏跤，黏黏滿跤，跋落崁跤，轉去尋阿爸，乎阿爸巴，因為黏焦歸雙腳，鞋子擱落一隻。」

童謠指出在乾溼分明氣候下的泥岩環境之挑戰。在野地玩耍時的腳底知覺感受、身體經驗、人身安全的顧慮、掉落一隻鞋的不安等，這些都指出泥岩環境的自然狀態與邊坡易崩塌的威脅。而父親

↑
雨後泥岩溼滑，一不小心就會讓人跌跤。（攝影：梁舒婷）

對外出終日玩耍的孩童丟掉一隻鞋子而責備他，輕鬆地凸顯物質匱乏下的惜物與節約。

地處歷史邊陲的西南泥岩區域，早期生活與交通不便，從商或做工的外地人，若於天色昏暗後進入本地，因不熟諳崎嶇的泥岩環境而常需要在地人引路。內門地方耆老洪見意先生年少時曾擔任過引路人❻，他回憶夜裡在黑暗的野外小徑或道路上引路，害怕盜匪或鬼魅出沒於山徑，沿途不無恐懼，為了壯膽，引路時會在身後揹著刺竹做的長長的「雞筅」（發音 ke-tshing，竹做的圓形小掃帚），隨著腳步前進「雞筅」與地面碰觸，便會發出喀啦喀啦的聲響，給自己壯膽。

今日泥岩環境因各種道路、設施等基礎建設而變得更便捷、安全，夜晚進出崎嶇黑暗山路不再擔心，但是便捷快速通過的道路為村莊帶來什麼？有更多外地人進來一起守護環境嗎？還是本地年輕家庭與孩子離開得更快？答案都是令人失望，泥岩區域不斷增加的是極限聚落。

3 連結過去與未來：臺二十八線、大崗山步道

雖然如今引路人的古意美學已消失，他們確曾在歷史上扮演串聯泥岩地區對外的橋梁及生活物資的促進者。今日貫穿西南泥岩地區的諸多便利道路，例如臺二十八線，引領人們出入無礙，而進出道路的是誰？他們為何而來？遭逢了什麼？看見了什麼？體會到什麼？除了蓊鬱山色和青灰泥岩之外，還有什麼？

臺二十八線公路，一條貫穿西南泥岩區域的東西向道路，位處北緯二二・八六九度到二二・八九三度之間，是許多六龜、美濃、旗山人回家的路，它的出現帶來便捷無數，也引起

❺ 高雄市援剿人文協會前理事長林朝鵬在明華園陳昭錦老師指導與在地的天香和神仙兩歌仔戲團協助下，於 2010 年和 2013 年編劇、製作、領導社區居民演出「青龍在宿」和「丐碑傳奇」，描繪先民早期生活環境的挑戰。劇中描寫其地形崎嶇、與外界連絡不易，致路途時有匪徒盜賊出沒、環境險惡，凸顯地域發展歷程的困難景象以及人的勇氣。

❻ 黃惠敏訪談，2020 年。

許多鄉愁；道路便捷了，回家的路似乎近了，但是家卻越來越難保持熟悉的容顏。從山村小徑到快速的道路，考驗著村莊在地的文化保存，也牽動人際的社會關係和溝通方式。臺二十八線，見證臺灣的道路始於重視運輸便捷、到關注交通安全、進而到關照道路景觀與生態完整的哲學，也是一窺道路對泥岩環境的紋理影響與時俱變的過程。

大崗山是泥岩淺丘間突出的珊瑚礁石灰岩小丘，底層為海相沉積的泥岩，其上為珊瑚礁石灰岩，其中有奇形怪石、一線天山洞，景緻優雅，是在地人慢活賞析環境的生活地景。部分的大崗山曾在工業化過程險些因石灰岩開採而消失，經地方耆老與科學家努力而部分保留。地方傳云一九六〇年代有位才藝雙全的出家人在後山鑿岩洞搭茅屋修行，他與其他修行者共同打造了大崗山後山橫越山頂、通往前山超峰寺的珊瑚礁石階梯步道，也連結了田寮和阿蓮兩地的交通。此一步道，部分因水泥廠而毀損中斷，後山保存完好的尚有大約五百階珊瑚礁石階，蜿蜒曲折緊貼山壁，行人可拾級而上。這是簡單的步徑，其上有專一的步行者，純粹的優游著，這些純然非交通機能的使用者，卻熱絡、對小山丘謙誠，他們往返於小丘的十方涼亭及蓮花亭，為大崗山小徑帶來溫度、也讚頌著大崗山珊瑚礁石階的過去。

⇧
穿越惡地的公路。（攝影：李偉傑）

而未來呢？臺二十八線和大崗山山徑步道是兩種截然不同的環境紋理，它們個別無聲地編織著生活的脈絡，也被各式各樣的生活所編織；它們因著人們差異的生活選擇和需求而存在，是動脈、也是微血管。二者同樣蜿蜒在淺山鄉間大自然的懷抱，承載著人們生活的實務和精神的選擇與渴望，是人與環境關係對話的紋理和新境地。

↑
泥岩間突出的珊瑚礁石灰岩小丘和微地形。
（攝影：陳士文，陳瑞珠）

四、泥火山的美麗與哀愁——如何明智利用環境

1 五二八噴發與危機

在西南泥岩區域中，還有一種活動週期不定，或間歇性噴發、或長時間緩慢流動不間歇、或驚天動地快速變化的地景，它們由小規模冒泡到噴出數公尺高的泥漿，有時會發出濃烈氣體味，甚至可點火引燃。這些現象，偶在短時間內製造亮點，為泥岩地區帶來動態不居的驚嘆號，它們是「泥火山」。西南泥岩區不少地名含「滾水」者，也多與泥岩區域地下的泥岩、空隙、水氣、氣體等，有絕對關聯，泥火山是地區生活者的日常。

泥火山並非「火山」。本區位於古亭坑層與構造活動帶，地下氣體受到地殼壓力推擠，透過地表裂隙，噴發或汩汩流出泥漿、水氣，甚至甲烷氣體噴發形成泥火山，都是泥岩地形最動態的元素。

二〇二三年五月二十八日，是援剿人文發展協會的朋友們難以忘懷的一日，稱為「五二八大爆發」。當日凌晨天未亮之前，在核心區的泥漿、水與氣噴發，如浩雷巨響，卻無人目睹。長期

↓
汩汩噴出泥漿不久，烏山頂泥火山乾溼不一的泥裂外貌。

守護烏山頂泥火山自然保留區的夥伴們，只能由監視器錄製的影片記錄到的聲音，得知其噴發規模前所未有。

天亮之後，眾人前往現場，發現方圓二十公尺的範圍內，錯落大小不一的碎石、泥塊、混亂泥紋，草叢和樹木表面則布滿雜亂的泥漿，還有垃圾，如拖鞋，想像那是過去烏山頂好奇的遊客違規探索泥火山不慎遺落的，尚有各式棍子，或許是探索泥火山深度的工具，不慎掉落封存於其內。一窺此場景，約略可推估五二八大爆發的壯觀。

五二八爆裂噴飛的泥、水、氣，以及共同作用擾動的空氣，有如風行草偃，使低矮灌叢和樹木枝葉都朝偏離泥火山的方向傾倒，這是當地人從未經驗或記錄到的泥火山大噴發，也提醒我們對泥火山所知有限。就科學的角度，有

↑ 泥火山洞口流出的泥漿自成紋路供人欣賞。

← 烏山頂泥火山周圍的泥與礫石噴發物，大小形狀不一，表示其無淘選度。

大量的水氣、泥漿以及內在壓力，可讓泥岩層下的水氣、泥漿透過地層的裂隙迸發而出。但這樣標準化的解釋無法滿足對地球環境複雜系統的好奇心，在西南泥岩區域內有諸多斷層、尚待判定分布的泥貫入體，以及其他環境條件，足以影響理解地層的活動狀況。沒有深入的區域性調查與研究，雖能對單一現象有科學性的解釋，但無法深化區域性判準確切的機制作用。

極細粒組成的泥岩隨著壓實程度，在乾燥季節顯得堅硬，卻易因水、生物和一般風化作用而崩落成鬆散的泥土。泥岩膠結不好，孔隙度低、滲透性低，可能成為地下水和油氣的封存層，這可解釋泥火山噴發的油氣積累與存量。然而，低滲透度的特質，使泥岩區域成為環保公司規劃廢棄物掩埋場覬覦之標的；實際上，此區的海相沉積環境並非均質，其內多含有珊瑚礁岩、砂岩，甚至包含沉積過程擾動的海岸環境帶來的異狀岩塊，這使西南泥岩層的均質假設受到挑戰，也指出以泥岩區域作為垃圾掩埋場的風險之不可忽視。

2 環境教育場域與明智利用

泥火山的動態，是甲烷、水與泥漿混合後竄出地表，甲烷量大時，靠近可聞嗅到甲烷氣味，常有好奇之人或好客之人，點火引燃，使成熊熊火焰，人們無不為這一陣陣或數分鐘的火焰所魅。

日治時期，日本科學家曾因甲烷氣體油漬浮於水體表面的烏黑油亮，而主張開採黑金。科學證明，此處有厚層天然氣儲存分布的說法乃是誤解。

這些地質地形奇觀在當代地質公園成為關鍵的環境教育資源，以地景和生態為核心、負責任的旅遊導覽活動，是環境教育重要一環。泥岩與泥火山不僅是地質災害的象徵，更是認識人與環境關係的場域。

泥火山的不可預測性與脆弱性，挑戰人地關係。泥火山噴發時，泥漿能覆蓋農地與道路，影響日常生活、生計與生態；而在乾旱季節，土地地表龜裂，加劇雨季的水土流失，隨處皆有挑戰。泥岩區域土地利用須因應環境特性，發展適應性的明智利用策略，例如低度土地使用密度，以泥岩獨特地景發展永續韌性的遊程，為地方風土經濟加值。

西南區域的泥岩與泥火山環境塑造特殊的人地關係，居民善用傳統智慧而與脆弱環境條件共存；今日在各種環境變遷不確定因素影響之下，更應透過適應與創新，將看似不利的環境條件轉化為地方特色，創造自然與人文和諧共生共榮。

環境利用朝明智變遷的案例，亦展現在二仁溪。二仁溪下游流域曾因未妥善管理燃燒拆船業廢五金的廢水，導致重金屬汙染，「綠牡蠣」是汙染的代表。

→
小小的噴泥口卻溢出濃濃甲烷味。
↓
泥火山噴出的礫石什麼形狀大小都有，
善用比例尺可量測其大小。

⇧⇩
「滾水噴泥坪」就似這番景象，
含甲烷的水表面如黑油光亮。

近三十年來，經過愈趨明智的環境政策、非政府組織與私部門對於環境治理的折衝對話，環境復育和生態復甦漸露成果，溼地、養殖漁業逐步回溫，產業的環境水準漸能回應社會消費者期待，人地關係趨於文明。這是一條長長的路，能走上，就是文明的一大步。

月世界觀光的當代版：惡地紋理，韌性所塑

月世界，是泥岩區域的紋溝、蝕溝、土指、天然橋、多邊形泥裂、邊坡崩塌等的俗稱美名，在田寮崇德、內門三〇八高地、左鎮草山均有月世界稱號之地，後兩者連結綿延於高雄市內門區與臺南市左鎮區的區界，也是由兩市市道相連的山脊景觀道路。

坐落山脊上的道路，沿途路段各有風光，從高空看是一條沿著樹林或隱或現的山道；從山脊道路西望臺南平原、遠眺海峽、都市天際線，可比對人類山林開發的景觀變遷。山脊上的刺竹、銀合歡、雜林、山田、果樹等，引人靜靜觀照，遠眺視野，將視界漸漸融入水泥叢林、然後高樓崛起。其間展現疏與密、傳統與現代、草野森林與水泥森林，呈現人地關係的實與虛，是泥岩地區對比強烈的紋理之一。

月世界的泥岩紋理，是發展人與自然韌性關係的試金石。

沿山脊道路東望，偶見層層錯置、前後交疊的小丘陵，多有竹林、雜林、稀疏屋舍、農野設施，這是人們選擇遠離都市叢林、選擇與自然相處、以自然創造靈氣之地。它們或疏、或密、或虛、或實的存在。清晨時分於此東望，可享受一道道溫煦晨光，品味小丘間錯落谷地的美好。谷地有水，就有煙嵐氤氳生成的豐碩，是泥岩農物蘊含風土味的根本；就像「雁門煙雨」指稱的景，是泥岩區域淺山小丘在多變環境下朝暮有異、晴雨不同之景致。

從水土保持的角度來看，泥岩二字是艱辛的代名詞；「人定勝天」曾經是努力的目標，今日它卻顯得粗暴。以人與環境共存共榮的態度，尊重泥岩環境天生特質，依其特質行明智利用，以創造人地韌性關係。

我們能安心享受山脊道路東西兩側的差異視野，不必焦慮何謂環境韌性，持續享受曾經的鄉愁，務實地從趨吉避凶的生活與勞作的關係中，以謙卑面對土地，持續發展人與自然的韌性關係，享受其紋理。

08

時空揉捻出的滋味——臺灣味的風土流轉

洪伯邑

引言　氣息與記憶形塑的風景

臺灣究竟有什麼特別的「味道」？這個看似簡單的問題，背後其實蘊含著複雜的歷史脈絡與文化意涵。作為一個人文地理學者，我想以此啟始，透過「風土」概念的舊有定義和當代詮釋，探討臺灣味的形成與流變。

走進臺灣，每一寸土地都潛藏著獨特的風土底蘊。這些看似無形卻緊密交織的紋理，既是空間的，也是時間的；時而如「風」般流動變幻，承載著族群遷徙、文化碰撞的脈動；時而如「土」般厚實根著，孕育著對本土價值的執著與認同。在這一流動與根著、矛盾與和諧共存的張力中，「臺灣味」便猶如一道深刻的時空切面，既有在地食材的氣息與感官記憶，也蘊含了歷史、空間與文化交融的層層累積。這些可感不可見的「紋理」，隨人群、飲食、習俗流轉於島嶼每處角落，形塑出一個動態而多元的臺灣風土，使「臺灣味」成為土地與臺灣人共譜的獨一無二風景。

一、風土與臺灣味：流動的風，根著的土

什麼是風土？「風土」這個詞彙在中文語境中並不陌生，指的是一個地方的風俗人情和地理環境。而這個概念不僅限於華語文化，在日本和法國等其他文化中也有類似概念。更具體的說，在東亞文化圈中，它指涉的是一個地方特有的自然環境、人文特色與飲食文化的總和。法語中也有類似的概念，稱為「地話」（Terroir），最常用來描述葡萄酒產區的特色，強調氣候、土壤、工藝等因素，如何共同塑造出獨特的地方葡萄酒風味。

然而，縱使「風土」是個由來已久的詞彙與概念，本文更想著重在當代情境下詮釋，尤其針對何謂「臺灣味」的思考。在這樣的書寫路徑指引下，我想從兩個方向來重新探索「風土」。不再將「風土」視為單一的詞彙，而是將其拆解，分別看待「風」和「土」兩個意涵。接著，從「風」和「土」各自的意涵來重新探究何謂「臺灣味」。

「風土」，字面意思的確由「風」和「土」兩個字組成，這兩個字本身就帶有不同的意涵。簡要的說，「風」看不見、抓不到、留不住，衍生成代表流動、變化和穿梭的力量；相對地，「土」讓人們實際踩踏、觸摸、嗅聞，當我們說「安土重遷」，代表著根著、堅定和鞏固。有趣的是，「風土」將流動的風和根著的土這兩股似乎對抗的力量結合，形成了風土內在的張力。而這層張力，在我看來，也正反映了當代何謂「臺灣味」的複雜性。

說到「臺灣味」，不得不強調風土與食物之間的密切關係，如前所述，不同地方的風土會

孕育出不同的食物，例如法國的葡萄酒。然而，倘若再進一步把「風土」拆解，視角分別擺到臺灣風土中「風」的流動性與「土」的根著性，那麼，「風」的流動性表現在臺灣味上，是基於一個開放的島嶼，不斷受到不同文化、人群和事物的碰撞而流動；相對地，「土」的根著性，則表現在臺灣味對於本土價值、在地認同的重視與堅持，是對獨特臺灣味的捍衛與鞏固。於是，臺灣飲食就在「風的流動」與「土的根著」之間的張力下，展現出臺灣味裡的風土流轉。

下文我將以臺灣的高山蘋果和臺灣茶為例，分別說明如何從這兩個臺灣飲食品項的故事來理解臺灣味中的風土流轉。

臺灣高山蘋果，談的是由臺灣外流動到臺灣內落地的風土流轉。臺灣高山蘋果的歷史與國共內戰、退役軍人開墾以及臺灣加入世界貿易組織（WTO）等因素息息相關。因此，高山蘋果的味道如何落地到臺灣土地，是透過從戰後以來臺灣政治、經濟、文化等複雜的因素交融所形塑。

臺灣茶談的則是反向從臺灣內流動到臺灣外落地的風土流轉。故事焦點放在臺灣茶的種植技術和生產方式傳播到越南等東南亞地區的過程，以及後續形成「臺式茶」的概念。這也引發了人們對於「本土」的重新思考，究竟在臺灣生產的茶葉才是「臺灣茶」，還是運用臺灣技術在其他國家生產的茶葉也能稱作「臺灣茶」？

二、臺灣高山蘋果：從臺灣外到臺灣內的風土流轉❶

第二次世界大戰於一九四五年結束後，為安置大批從中國撤退來臺的軍人，並有效利用山區資源，國民政府展開了一系列山地資源勘察工作。一九五五年，當時省立農學院受農復會委託，執行「臺灣省中部山地園藝資源調查」計畫；隔年，經濟部彙整成《經濟部橫貫公路資源調查團報告》，同時公路局也完成了《臺灣省東西橫貫公路測量總報告》。這些橫貫公路資源調查報告主要是依循公路預定路線，評估沿途可開發利用的土地（如次頁二圖所示）。從公路局的調查報告可以發現，國民政府在規劃穿越中央山脈的路線時，有部分是參照日治時期已開闢的中央山脈橫斷道路。同時，中部橫貫公路的建設也帶動沿線山地農場的設立。

國軍退除役官兵輔導委員會（簡稱退輔會）為了安置退除役官兵，在橫貫公路沿線設立了多處山地農場，這些農場的發展資金主要來自美援會，包含了技術人員培訓費用、員工薪資、住宿設施建設、農業資材採購、地質研究以及從國外引進溫帶果樹苗等支出。例如從日本引進的果苗，最終都分發給了在農場工作的榮民。

溫帶果樹的栽培主要涉及兩個部分：母樹和嫁接枝條。以蘋果為例，可以利用臺灣本地的海棠樹作為母樹，再根據需求選擇特定品種的花苞枝條進行嫁接，以培育出目標品種的果實。在溫帶果樹的栽培過程中，枝條扮演著關鍵角色。透過取得不同的枝條，農場得以進行品種改良，開發出各種外觀、風味、產期和栽培特性各異的水果品種。

❶ 洪伯邑、蕭彗岑（2017）。〈蘋果的政治技術：臺灣高山農業的領域政治與經濟〉。《臺灣土地研究》20（2）：1-29。

↓
橫貫公路沿線可種植作物調查。（圖片來源：取自經濟部〔1956〕，
《經濟部橫貫公路資源調查團報告》。）

地區	種類及面積	梨	蘋果	柑桔	馬鈴薯	蔬菜	水稻	陸稻	小麥	雜糧	備註
大甲溪流域	佳陽	30.00	—	—	—	—	45.50	—	—	10.00	水稻單期
	梨山	40.00	—	—	—	—	22.00	—	—	10.00	同上
	太保久	30.00	—	—	—	—	—	—	—	20.00	
	環山	—	70.00	—	40.00	—	6.00	—	—	—	同上
	有勝	—	50.00	—	—	—	—	—	—	—	
	計	100.00	120.00	—	40.00	—	73.50	—	—	40.00	
宜蘭濁水溪流域	南仔埤	—	—	—	10.00	20.00	—	60.00	—	—	
	四季	—	—	—	—	40.00	—	110.00	—	—	
	留茂安	—	—	—	—	—	5.00	—	—	—	水稻兩期
	西波依	—	—	—	—	10.00	—	10.00	—	—	
	碼崙	—	—	—	—	—	21.00	—	—	—	水稻兩期
	牛鬪	—	—	—	—	—	80.00	—	—	—	水稻兩期
	清水	—	—	—	—	—	46.00	—	—	—	同上
	天送埤	—	—	[illegible]0.00	—	—	—	50.00	30.00	—	

分佈地區		編號 水	編號 旱	地點	地屬	海拔（公尺）	地形	坡度	傾斜方向	土質	地上生長物	面積估計（公頃） 水田	面積估計（公頃） 旱地
大甲溪流域	佳陽		1	佳陽北大甲溪右岸	大甲溪事業區11林班	1,700	山頂平地	3°	東南	砂質粘壤土	管草		30.00
	〃	1		佳陽北大甲溪左岸	保留地	1,400	溪畔平地	—	東南	砂質壤土	管草	1.50	
	〃		2	佳陽北太卡利審溪右岸	大甲溪事業區12林班	1,600	山腰坡地	10°	東南	砂質粘壤土	管草雜木		10.00
	〃	2		佳陽東太卡利審溪左岸	保留地	1,500	段丘式坡地	5°	東南	砂質壤土	管草雜木	44.00	
	小計											45.50	40.00
	梨山	3		梨山西北大甲溪左岸	保留地	1,400	溪畔平地	—	—	礫質砂土	管草	3.00	
	〃	4		梨山東北大甲溪右岸	大甲溪事業區13林班	1,560	山谷平地	—	—	礫質砂壤土	管草	19.00	
	〃		3	梨山東合歡溪左岸	大甲溪事業區51林班	1,700	山脊坡地	3°	東北	礫質輕粘土	管草雜木		50.00
	小計											22.00	50.00
	太保久		4	太保久東合歡溪左岸	大甲溪事業區50林班	1,700	山脊坡地	5°	東北	礫質輕粘土	管草雜木		50.00
	環山	5		環山西北伊基郎溪右岸	大甲溪事業區15林班	1,600	緩斜地	5°	東北	礫質砂壤土	管草	2.00	
	〃	6		環山東南南湖溪左岸	大甲溪事業區39林班	1,600	緩斜地	5°	西北	同上	管草	4.00	
	〃		5	環山東北大甲溪左岸	大甲溪事業區23 29林班	1,900	臺地	—	—	礫質粘壤土	管草雜木		110.00
	小計											6.00	160.00
	有勝		6	有勝附近大甲溪兩岸	河床地	1,850	平坦	—	西南	礫質砂性壤土	管草		50.00
	計											73.50	300.00

↑
橫貫公路沿線可開發地點標示。（圖片來源：取自經濟部〔1956〕，
《經濟部橫貫公路資源調查團報告》。）

⊕
山地農場開發初期。（圖片來源：取自國軍退除役官兵輔導委員會福壽山農場〔2017〕，《福壽山農場六十週年紀念專刊》。）

在所有溫帶果樹中，蘋果的表現最為亮眼。相較於梨和桃這兩種主要的溫帶果樹，蘋果雖然是最晚成功栽種的，卻取得了最顯著的成就。當中最著名的福壽山農場後來因蘋果種植而聲名遠播，園區內甚至有一棵被稱為蘋果王的樹，上面嫁接了數十種不同品種的蘋果。華視製作的《勝利之路》節目中，更是以福壽山農場的蘋果故事，來闡述臺灣富國強兵的歷程。

二次大戰結束後，隨著臺日貿易往來及美援人員來臺，溫帶蘋果開始走入臺灣人的日常生活。當時由於進口配額受限，無論是進口或本地生產的蘋果都相當昂貴，家中若有人買了蘋果，必定全家人小心享用。在那個時期，種植蘋果就像種下一棵會結出黃金的樹，直到現在，梨山居民仍然清楚記得一九七〇至七九年間的蘋果黃金盛世。然而，隨著臺灣逐步放寬貿易管制，接著加入WTO，來自日本、韓國、美國、加拿大、法國、智利、阿根廷、澳洲、紐西蘭等溫帶國家的蘋果湧入臺灣市場，使得這種曾經稀有珍貴的水果變得普及平價，臺灣高山蘋果不再占有市場利基。

除了面對國際市場的衝擊，近年許多環境課題，讓人開始重新思考，對臺灣而言，高山蘋果的引進究竟是福是禍？

二〇〇四年七月一日，強烈颱風敏督利襲臺，颱風本身及隨後的西南氣流帶來連續性降雨，在臺灣引發嚴重水患和土石流。災後，行政院組織學者調查小組，評估災害成因。《七二水災災區調查與復健策略研擬》報告指出，敏督利颱風造成的嚴重災情並非單一因素所致，九二一地震後的山區土石鬆動，加上颱風帶來的豪雨，才導致災害。此時，高山農業並未被視為主要致災因素。但在行政院經建會調查小組的報告中，高山農業被特別指出是造成土石流和水災的主因。同年，行政院通過《國土復育條例》，規定海拔一千五百公尺以上的山地，除原住民自給自足所需外，將限制農耕及其他開發行為，必須拆除現有設施並停止耕作。

二〇一三年，齊柏林導演的《看見臺灣》引起轟動，更獲得金馬獎最佳紀錄片獎。這部從高空拍攝臺灣地貌的紀錄片，展現了許多美景，同時也揭露了環境開發的問題。齊柏林在《我的心，我的眼，看見臺灣》一書中提到：「身為公務員家庭出身的我，從小就聽長輩讚揚十大建設的偉大，因此我一直認為，梨山上的果樹菜園代表人類戰勝自然的成就，不但征服了大自然，還為老榮民提供安身立命之所。但事實上，高山農業對水土造成的破壞是難以復原的。拍攝之後，我開始不購買高山蔬果，這是我為這片土地盡的一份心力。」

蘋果屬於溫帶水果，在臺灣必須在高海拔地區才能獲得足夠的低溫期，使蘋果樹開花結果。當高山農業逐漸成為眾所抨擊的對象，農業被迫退出山區，蘋果也因此失去了生存空間。隨著多次的抗議和土地徵收，臺灣高山地區的蘋果種植戶數量持續減少，本土蘋果產業似乎日漸衰退，然而蜜蘋果的出現為產業帶來了新希望。

蜜蘋果其實並非特定的蘋果品種，許多不同品種的蘋果都能

培育成蜜蘋果。要辨識蜜蘋果，只要將蘋果切開，觀察其橫切面，如果出現呈星芒狀、深黃近琥珀色的結晶體，那就是蘋果養分高度集中的區域。

蜜蘋果並非腐壞的果實，而是在寒冬末期採收的蘋果。這個時期，蘋果樹的糖分會往果實回流，導致果肉出現深色沉澱。臺灣本地生產的蜜蘋果數量有限，售價不菲，相比之下，國外進口的蜜蘋果雖然也有結晶現象，價格卻親民得多。不過，許多臺灣消費者認為，只有本地生產的蜜蘋果才是「真品」，進口的都是「仿品」。隨著蜜蘋果的走紅，本土蘋果銷售開始加入「蜜蘋果」的標籤，某些網路平臺更將蜜蘋果與環保概念結合。例如主婦聯盟便支持臺灣本土蘋果，認為選擇在地蘋果可以降低碳足跡，因為不需要從遙遠的溫帶國家運送，能有效減少能源消耗和二氧化碳排放。

一顆蘋果可以代表不同的意義：它既可能助長環境破壞，也可能象徵著環保意識、在地生產和減碳努力。齊柏林導演鏡頭下的蘋果和主婦聯盟推廣的蘋

Ⓛ
蜜蘋果。（作者翻拍自商家店內海報掛飾）

果，兩者雖是相同的臺灣高山農產，卻獲得截然不同的對待方式。這些看似互相衝突的價值觀念，依然能在臺灣社會中共同存在著。

歷史進程至今，臺灣高山蘋果的風土流轉，是由外部力量逐步「捲入」臺灣本地的過程。首先，從國共內戰後大量退役軍人來臺到國民政府積極開發山地農場、高山資源的政策，再加上來自美援的資金與技術支持，這一連串國際、國內政治與經濟力量，促成了溫帶果樹（尤其是蘋果）在臺灣高山落地生根。在技術層面，不僅引進了外國果苗，也因嫁接技術而孕育出多樣的本地品種。此外，國際貿易變動、WTO加入、進口蘋果湧入，甚至生態環境與社會價值觀的轉變，都在這個過程中捲入了臺灣高山蘋果生產與消費體系。這些張力——內戰遷徙與本地安置、經濟發展與環境衝擊、外來品種與在地嫁接——層層交錯，最終創造出既承載歷史回憶，又蘊含臺灣高山風土，兼具多重文化意義的蘋果風味。臺灣高山蘋果的風味，不僅僅是味蕾的體驗，更是土地、人群、技術與時代張力交融的象徵。

三、臺灣茶：從臺灣內到臺灣外的風土流轉[2][3]

相較於臺灣高山蘋果主要從臺灣外移動到臺灣島內發展，臺灣茶則展現出更多從臺灣內跨境到臺灣外流動的特色。我從越南為主的東南亞臺灣茶產業中，探看茶味中的臺灣風土如何流轉到越南，並和所謂「本土」臺灣茶之間衍生出彼此的掙扎與定位。

越南的臺灣茶產業發展，據當地臺茶經營者表示，始於一九八〇年代中期。在越南推行改革開放之際，一位臺籍越僑與越南林同省的一家國營茶廠開始合作。雖然越南早在法國殖民時期就引進了阿薩姆茶種，用於生產紅茶和綠茶，但因技術不足，產品價值偏低。為改善這種情況，他們轉向臺灣尋找專業人才，最終找到精通製茶技術的臺灣師傅，開始進行技術、設備及茶種的引進工作。

最初，由於臺灣的茶葉和茉莉花成本攀升，臺灣經營者與茶師傅在越南製作香片銷往臺灣，其後更擴展至多種產品。隨著越南實施改革開放政策、臺灣推動南向政策，加上臺灣本地製茶成本持續上漲，這群率先赴越投資的臺商憑藉成本優勢，不斷擴大其在臺灣市場的占有率。

進入一九九〇年代中期後，越南南部的林同省吸引了眾多投資者前來設立茶葉生產基地，一九九六年左右首次有臺商在此種植烏龍茶。當時的越南臺茶經營者主要由臺灣投資者和製茶

❷ 洪伯邑、練聿修（2018）。〈「越」界臺茶：臺越茶貿易中的移動、劃界與本土爭辯〉。《文化研究 ROUTER: A Journal of Cultural Studies》27：87-126。

❸ 洪伯邑，雲冠仁（2020）。〈跨國飲食中的國族建構：臺灣珍珠奶茶在越南的本真性邊界〉。《中國飲食文化》16（1）：207-248。

⬆
越南林同省臺灣人投資經營的茶園與越南茶工。

師傅組成。投資者多半原本與茶業無關，但看好越南與臺灣茶業發展而投入資金；製茶師傅則憑藉其專業技術，成為臺灣茶業技術轉移的先鋒。然而，具備技術的製茶師傅往往不會長期駐留，反而是擁有土地和廠房的投資者，在逐步掌握製茶技術並適應當地環境後，成為現今越南臺茶產業的中堅力量。時至二〇〇〇年代，從寶路到大叻的二十號公路沿線，遍布著臺資烏龍茶廠與茶園；相關的茶種、技術和設備，也在部分臺商有意推廣下，逐漸擴及越南本土茶廠。

然而，近期由於臺灣民眾對越南茶品質的諸多質疑，導致原本林同省臺商將越南生產的臺式烏龍茶銷往臺灣的管道遭遇困境。依據二〇一六年在林同省茶區進行的調查發現，不少臺資茶廠已轉手給越南經營者的情況屢見不鮮。即便有些臺商茶廠仍在持續經營，但考量到年齡因素及製茶工作的辛勞，部分茶農希望能夠售出茶廠，返臺安享退休生活。其中也有茶農開始轉型種植其他農作物，如咖啡和百香果。對這些茶農來說，「茶」不僅代表著無法輕易變現的投資資本所帶來的經營困境，更成為一種人身上的束縛，使他們難以脫離越南的經營環境順利退休。

就在「臺式烏龍茶」在越南逐漸式微的當下，「臺灣珍珠奶茶」的跨國旋風卻也同時讓在越南經營茶產業的臺灣人，開啟另一條讓臺灣茶落地越南的路徑。自二〇一七年末開始，珍奶風潮便席捲了越南。依據媒體報導和越南中小企業機構（VINASME）在二〇一九年的統計資料顯示，越南境內的珍奶店數量已突破兩千家，且每天仍以四家的速度持續成長擴張。隨著這些飲料店的不斷增加與設立，茶葉的消費需求也隨之大幅上升。因此，在越南經營茶產業的臺灣人便將他們的部分茶園改種適合製作飲料的茶樹品種，同時也向其他茶區採購茶菁，以供應飲料茶的原料需求。

隨著珍珠奶茶在越南等東南亞國際市場的熱潮與店面拓展，此產業展現出龐大的獲利潛力。二〇一七年，時任新南向政策辦公室主任的黃志芳接受新聞訪問時指出，為了發揮珍奶產業的經濟價值，特別成立「臺灣珍奶行銷聯盟」，希望將珍珠奶茶打造成如同可口可樂般代表臺灣的標誌性飲品，作為推動新南向經濟的重要助力。

隨著臺灣珍奶在越南市場掀起熱潮，大量臺灣企業家開始在當地展開事業，並且強調珍奶作為臺灣特色飲品的象徵意義；然而這群在越南經營臺灣珍奶的臺灣人，也不斷焦慮著如何持續鞏固珍奶與臺灣飲食文化之間的連結。因此，從原物料供應鏈的角度來看，雖然珍珠奶茶使用的茶葉大多來自越南，但臺灣企業在越南中、北部參與茶葉的種植與製造過程中，運用臺灣特有的製茶工藝進行改良與創新。這不僅改變了當地的茶葉生產模式，更重要的是，我們看到這些作為珍奶原料的茶葉，是如何在越南被這群經營茶業的臺灣人塑造成具有臺灣特色的象徵，進而成為展現臺灣正宗性的品牌特質。關於這點，越南臺商金進（化名）的經營可說是一個具代表性的縮影。

金進所開設的手搖飲料店以「臺灣好茶」為店名。店面入口處

↑
越南首都河內標榜 Taiwan Boba 的珍珠奶茶店。

↑
2017 年臺灣珍奶行銷聯盟成立。（圖片來源：截取自《經貿透視雙周刊第 481 期》網頁）

展示著臺灣茶園的相片，金進表示，這是為了向越南消費者傳達臺灣茶園環境優美，以及其茶品質量優良的印象。當被問及茶葉的產地時，金進立即表示「所用茶葉都是臺灣進口」，但在進一步詢問下，他才詳細說明，實際使用的是將越南茶與臺灣茶「拼配」後的成品。

這看似文字上的模糊處理，但在金進的理解中，這兩種說法並非互相矛盾。在飲料茶的「拼配」過程中，為了確保品質穩定及提高出口量，必須將不同產地的茶葉混合，以達到最佳風味。「拼配」實際上是一門極其專業的技術，也是金進最感到自豪的部分，他認為這代表了臺灣茶文化的精髓。金進善用在越南採購茶葉的便利，在臺灣聘請專業拼配師，將從越南購入的茶葉交給拼配師，拼配師再依比例將這些茶葉與臺灣及其他國家如斯里蘭卡、印尼等地的茶葉混合，最後將成品送到越南的珍奶店鋪使用。

根據金進的說法，人們對咖啡調配接受度高，為何茶葉混合就引起爭議？金進認為，現今使用越南茶做拼配，實際上能促進臺灣茶業發展，並藉由珍奶文化向全球推廣。金進原本就利用拼配臺灣茶與越南茶作為基礎茶來發展自身對「道地臺灣珍奶」的堅持，他也認為這是正面的發展，不是負面的；而且金進相當自

↑
臺灣人在越南經營的珍珠奶茶店，牆上的電視螢幕中說道：「引領臺灣餐飲文化 行銷全球」。

豪地說，他把臺灣一些相對高級的茶葉加入包括珍珠奶茶在內的飲料茶中，反而能增添口感，創造層次感。

事實上，金進的看法代表了許多在越南從事珍奶事業的臺灣業者普遍想法。從金進的角度來看，拼配技術仍使用臺灣本土的茶業進行，將臺灣當地茶葉與其他國家的茶調和後，臺灣茶扮演著提供獨特風味的關鍵角色。拼配技術被視為臺灣製茶界的精湛工藝，金進以此強調珍奶作為臺灣飲食文化標誌的地位，並透過不同來源跨境茶葉的精準調配，在越南生產的茶中添加特定比例的臺灣在地茶葉，藉此界定臺灣珍奶在越南的本真性。

因此「臺灣茶」的風土，隨著種植技術、茶葉來源與企業經營者跨境從臺灣流動到外，而變得模糊難解。過去或許能單以產地或茶樹品種作為鑑別標準，但臺灣茶的風土已在全球化過程中流轉，例如臺灣技術與師傅將烏龍茶生產帶入越南當地，同時也運用當地原料進行製作，構成了「臺灣風味」的新型態，而非單一地區的產物。同時，茶葉製作過程中的拼配工藝與製茶技術，讓來自不同土地的茶葉能展現出臺灣特有的口感層次與風味標誌。因此，從這個角度出發，所謂「臺灣茶」並非單一的種植地、茶葉來源或製茶者，而是「臺灣人對茶的文化詮釋與技藝精神」：是如何將跨境技術、在地經驗與風土特質結合，創造出具有臺灣味的「茶」。然而，這樣的流轉與創新，卻也讓人們持續探問、辯論：臺灣茶風土核心不可取代之所在究竟為何？

四、風土流轉下的臺灣味❹

從臺灣高山蘋果到臺灣茶，我們可以看到所謂臺灣風土的多元面向。它既有深深扎根於這片土地的歷史積澱，也有不斷突破、創新與跨境流動的特質。這種「風」與「土」的辯證關係，或許正是思索何謂臺灣味最迷人之處。

從飲食探索臺灣風土，不能只停留在表面的感官體驗，更要深入理解其背後的歷史脈絡與社會變遷。臺灣的風土是一個複雜而多面的概念，它包含了自然環境、人類活動、文化歷史、社會經濟等因素，並在不斷的流動與根著中變化。

無論是蜜蘋果背後高山農業的發展，或是珍珠奶茶反映出臺灣茶產業的對外擴張，都揭示了臺灣在特定時代的政治經濟條件與人文生態關係。

同時，我們也要避免將風土過度理想化或簡單化。真實的風土往往充滿張力與矛盾，既要維護傳統，又要與時俱進；既要扎根本土，又要放眼世界。正是在這些看似對立的力量之間，臺灣創造出了獨特的風土特色。理解臺灣的風土，需要以開放的態度去包容不同的觀點，並從歷史結合當代的角度，不斷地去思考臺灣與世界的連結。

展望未來，在臺灣與世界的連結持續深化的背景下，臺灣風土將如何演變？我們又該如何在保持特色的同時擁抱改變？都是值得持續關注的課題。或許，答案就藏在那些日常的飲食之中，等待我們用心去發掘。

❹ 洪伯邑（2020）。《尋找臺灣味：東南亞 X 臺灣兩地的農業記事》。臺北：左岸文化。

我口中的滋味

這些年來我持續以臺灣食物與農漁業的跨境移轉，探問何謂臺灣的「風土味」？

也只有在這些年的探問後，當再度走在臺灣山海間，我才知道自己品嘗的臺灣蘋果，不再只是西來外物，而是混融了遷徙、嫁接、人群安置與環境價值的掙扎；而入口溫熱的茶湯，亦已踏遍海內外，流轉過越南等東南亞國家，最後再回到臺灣的茶几上。

但在這些品飲的片刻中，我相信這些味道，其實早已和臺灣的島嶼生命紋理糾纏在一起。臺灣紋理不僅是自然地景的紋路，更是臺灣社會聯繫土地、歷史與世界的痕跡。也因此，讓人真正感受到臺灣「風土味」的，並不只是某個固定的物質、技術或地點，同時更是這片土地上人與自然、傳統與現代、在地與全球之間的獨特張力與生命紋理。

參考文獻與延伸閱讀

1. 洪伯邑、蕭彗岑（2017）。〈蘋果的政治技術：臺灣高山農業的領域政治與經濟〉。《臺灣土地研究》20（2）：1-29。
2. 洪伯邑、練聿修（2018）。〈「越」界臺茶：臺越茶貿易中的移動、劃界與本土爭辯〉。《文化研究 ROUTER: A Journal of Cultural Studies》27，頁 87-126。
3. 洪伯邑、雲冠仁（2020）。〈跨國飲食中的國族建構：臺灣珍珠奶茶在越南的本真性邊界〉。《中國飲食文化》，16（1）：207-248。
4. 洪伯邑（2020）。《尋找臺灣味：東南亞 X 臺灣兩地的農業記事》。臺北：左岸文化。

09

留住文化與人的山林生活：里山根經濟

陳美惠

引言　永續發展從森林開始

臺灣的土地有六一%被森林覆蓋著，森林除了樹木之外，也是野生動植物的家園。臺灣土地面積三萬六千平方公里，占全球土地面積〇·〇二四%，但生物種類占全球三·四%，是生物多樣性大國。森林不僅孕育生物多樣性，也有很多的社區部落就坐落在森林裡，和森林有著緊密的依存關係，造就各地多元又獨特的地方文化與知識體系。

有別於過去的工業發展思維，我們追求以生物多樣性為基礎的里山永續發展，來守護里山的價值，透過生態旅遊、林下經濟、家庭農園、友善農業、產業六級化等友善環境的三生策略，產官學合作建立本土推動模式，並且點線面逐步拓展，成為具臺灣特色的里山根經濟（Deep Economy of Satoyama）。

一、從生物多樣性到氣候變遷之政策計畫與里山行動

一九九二年世界各國在巴西里約熱內盧的地球高峰會上簽署《生物多樣性公約》（Convention on Biological Diversity，簡稱 CBD，一九九三年十二月二十九日生效），其三大宗旨是保育生物多樣性、永續利用自然資源、公平分享生物多樣性所帶來的惠益。此後，生態保育這個詞彙，漸漸轉移到生態系、物種、基因多樣性三個保育層次，同時生物多樣性如何兼顧公平合理的保育惠益分享，也是公約所強調的。

然而，一般多認為生態保育和經濟開發就像兩條平行線，各自發展難以交會。自然環境因經濟開發而逐漸消失，鄉村環境破壞日益嚴重。如何讓保育扎根地方？讓生物多樣性保育結合社區參與？

一九九四年臺灣推動社區營造政策，強調由下而上、社區自主及永續發展的社區參與精神。二〇〇二年，政府首次推出社區林業，剛好是臺灣的生態旅遊年。生態旅遊是新林業的重點策略，更是社區期待的社區林業發展項目。

二〇〇五年，國際間的根經濟（Deep Economy）理論產生了，並在全球蓬勃發展。根經濟是由美國環境學家比爾・麥奇本（Bill McKibben）提出，強調現在的經濟體系最終將帶來生態滅絕、不平等、不安全以及不快樂。與追求不斷成長的經濟策略相反，根經濟強調，現今社會應該要創造地方經濟（Localized Economies），並進一步整合創造社區自己的文化資源與地方

特色。這是一個以在地社區為主的小型經濟體，一個能永續發展的經濟策略。

根經濟中包括友善環境的農業及生產地景，豐富的自然生態與生物多樣性，特色的人文與人情味，居民守望相助及分享互助，人性善良質樸和土地的緊密關係，這些價值在當今是難能可貴的里山資產。透過里山倡議的思維，以保全與活用里山資本來發展里山根經濟，將可守護里山價值。

⇧
很多社區部落就坐落在森林裡，和森林有著緊密的依存關係。

根經濟（Deep Economy）是什麼？

根經濟又稱在地經濟，由美國環境學家比爾・麥奇本（Bill McKibben）於 2005 年提出。爾後，其 2007 年著作《根經濟：社區財富與持久未來的在地幸福經濟》（*Deep Economy: The Wealth of Communities and the Durable Future*）一書中強調，根經濟具備較高的公共及文化內涵，包括「土地的耕作」、「心智的培育」、「更永續的生產」與「更公平的交易」。他舉出在全球化經濟發展下，現今世界上已經沒有足夠的自然資源，來維持永無止境的經濟發展。一味的追求經濟發展，已經嚴重破壞了生態系統，並造成巨大的財富分配不均，以及大量的浪費等。

與追求不斷成長的經濟策略相反，根經濟強調，現今社會應該要創造地方經濟（Localized Economies），以社區為規模的支持系統，連結區域內的資源，並進一步整合，創造社區內自己的糧食、能源、文化、娛樂等，並透過教育學習傳承地方特色，成為一個以在地社區為主的小型經濟體，一個能永續發展的經濟策略。

也就是說，根經濟係指存在於鄉鎮部落之農業特產、工匠技藝、傳統文化、自然環境等具有地方特色的資產，藉由重新投入參與，連結觀光、文創、設計、行銷等元素，再加上透過創新經營、網路平臺等模式推波助瀾，如此一來，不但可以扭轉鄉鎮部落發展落後的形象，更可帶來無限之生機，進而再造地方特色的產業價值。

另外，根經濟顛覆傳統思維之處，在於人類都在致力追求「更多」及「更好」，像是更多的食物、更多的金錢，然後帶來更好的生活；然而時至今日，「更多」與「更好」已然不能畫上等號。根經濟追求重質不重量的生活方式與生產態度，冀此，其發展相對於市場經濟的現代產業，雖然是較為遲緩，但是，重塑再造成長之後，卻是永續未來且無可取代的，這也頗適合提供年輕人一個發揮潛力的舞臺和創造事業的機會，進而達到人生理想和帶動地方發展與社會安定。

（一）根經濟提出的時代省思

麥奇本指出，現今社會不斷追求「更多」，導致重「量」不重「質」，他認為更多不意謂著更好，尤其目前的經濟體系只追求成長，因此提出三個面向來挑戰現今的經濟體系：

資料來源：

1. 陳美惠、潘美玲（2023）。《里山根經濟 – 社區林業的知與行 20 年》。臺北：農業部林業及自然保育署出版，44-45 頁。
2. Bill McKibben(2008), *Deep Economy: The Wealth of Communities and the Durable Future*. St. Martin's Griffin press.

1、政治層面（Political）：經濟成長為社會帶來更多的不安全、不穩定以及不公平。因為經濟成長只讓世界富有的人更富有，這些財富並不是累積在一般的工作者身上。

2、心理層面（Psychological）：經濟成長並未讓人民感到更快樂或滿足。

3、生態層面（Ecological）：我們沒有足夠的能源和自然資源來支撐無止境的經濟成長，也沒有空間放置人類製造的垃圾和汙染物。

他強調現在的經濟體系最終將帶來生態滅絕、不平等、不安全以及不快樂。

（二）根經濟的目標及特色

・ 從全球化轉變成在地化（必須包含經濟市場）
・ 從大規模社會、大量製造、大量消費轉變成適合當地生態規模的社區
・ 從超越個人主義轉變成公民參與
・ 從強調私有財產轉變成強調共享財產
・ 從政治排他性轉變成直接參與政治，例如：社區會議
・ 從外部的決策轉變成透過社區參與協商重大決策以降低社會成本
・ 從出口最大化轉變成直接供給在地人口的多樣化區域經濟

（三）根經濟的實踐

根經濟著重地方主義（Localism）和公民社會組織（Civil Society Organizations），麥奇本鼓勵我們改變自己的生活模式，透過吃在地、買在地和支持在地產品（Eat Locally, Buy Locally, Support Community），把自己也成為在地社區裡的一份子，和社區居民以當地區域環境和自然資源，形塑出屬於在地特色的聚落，創造在地經濟。

二、里山根經濟結合社區林業2.0：因應生物多樣性與氣候變遷

1 友善農業

二〇一〇年聯合國第十屆生物多樣性公約大會中，里山倡議（Satoyama Initiative）被提出，里山倡議重視「人與自然和諧共生」的特性，找回傳統生態農耕模式，將能維護生態環境、恢復傳統農耕文化與吸引青年回流，有助於山村部落的傳統智慧與文化傳承。

里山倡議引進臺灣，引發我們關心友善農業的議題，希望在生態旅遊之外，找到第二個適合社區部落的永續發展策略。

臺灣在二〇〇九年經歷莫拉克風災，我們在參與原鄉重建的過程中，深切感受到生態旅遊雖然是一個兼顧保育與生計的好策略，但不可諱言，旅遊發展常受到外在環境的影響，尤其天災之後社區部落需要長時間

的復原重建，只有生態旅遊一項策略是不夠的。超越生態旅遊之外的其他里山根經濟，可以如何幫助社區永續？並且維持生物多樣性？回應氣候變遷？

由於我們所陪伴的社區部落森林覆蓋率高達九成以上，因此參考國際作法，選擇混農林業（Agroforestry）體系推動友善農業，並先以其中的森林農作（Forest Farming），或稱為林下經濟（Under-forest Economy）來開啟混農林業的實踐。

二〇二三年我們推動混農林業另一個系統——家庭農園（Homegardens），家庭農園是密集式的多層次農林混作，兼顧生物多樣性保育與文化保存，同時也提供農戶家庭穩定的食物來源，讓他們可獲得適當的販售以增加經濟收入。另外，農園中保留的大型喬木加上灌木形成的複層林，讓農林地對於氣候有著好的調適能力。

→ 家庭農園栽培著多層次作物及樹木。

2 推動社區林業新觀念

此外，以社區為基礎的生物多樣性保育（Community-based Conservation）思維在九〇年代成為趨勢，森林經營須關注周邊社區的社會經濟發展需求，創造保育與生計共生的機會。透過自然生態系統之保育和恢復，可以移除大氣中的溫室氣體，並維護生物多樣性。

社區林業是指政府將自然資源管理的權力與責任賦權給有關社區、非政府組織，透過合作與溝通協商，共同分擔自然資源管理權責，以及分享所帶來的成果，並以社區培力（Community Empowerment）讓社區居民能夠具備能力來自我管理與經營社區。公私協力、夥伴關係、資源共管，可說是社區林業的核心意涵。

社區林業結合農林地碳匯監測與方法學建構，擁有推廣山區混農林業生產、增進生物多樣性與自然碳匯、強化抵抗氣候變遷的韌性等優點，以友善農業及混農林業作為自然為本的解決方案（Nature-based Solutions），除了可修正傳統農業的生產方式，減少溫室氣體排放之外，最重要的是有巨大的碳捕獲和儲存潛力。

自此，里山根經濟產生以生物多樣性為基底的產品及服務收入之外，也將混農林業的碳匯效益具體量測，為友善環境理念之伸張，開創另一契機。

保育工作可以透過與地方社區的公私協力來推動，不僅讓保育惠益回到地方社區，也可以改善長期以來資源管理單位與社區部落的衝突對立，並逐漸轉化形成夥伴關係。

二〇一七年正式進入社區林業2.0，在資源保育及社區培力的操作原則下，透過生態旅遊、林下經濟、友善農業、產業六級化、新林業方案等多元策略發展里山根經濟，即是呼應資源協同經營的國際思潮與行動。

從生物多樣性到氣候變遷之政策計畫，我們不斷思索著如何結合社區參與開展本土的策略行動。

延伸知識櫥窗

社區林業計畫 20 年落地生根

農業部林業及自然保育署（前林務局）於 2002 年 3 月起試辦「社區林業—居民參與保育共生計畫」，並藉由社區組織參與該計畫的過程，作為林務人員和社區溝通對話的管道，推動以社區為基礎的生物多樣性保育行動。計畫推出後，辦理了許多教育訓練及研習工作坊，當時也組成新林業講師團，巡迴林業保育署 8 個分署及 34 個工作站推廣理念。

此計畫總計 9 個主要工作項目，包含「教育訓練」、「資源調查」、「環境設施維護」、「巡護監測」、「刊物製作」、「行銷推廣」、「參訪活動」、「造林綠美化」及「社區產業」，其中「教育訓練」可謂社區林業計畫的核心工作，而「資源調查」是參與社區林業計畫的起手式，透過資源調查了解社區的人文地產景資源，挖掘特色作為社區保育及永續發展的基礎。

計畫實施後普受各界支持肯定與熱烈迴響，截至 2024 年全國已有超過 1,000 個社區，執行 3,603 個計畫，鼓勵社區民眾參與生物多樣性保育，傳承在地知識，並將保育成果化為社區永續發展的資本，同時和資源保育機關由對立轉變成為夥伴關係，與政府共同經營自然資源。

20 年來，社區林業落地生根，不僅是最強調教育訓練及生態保育的社區營造計畫，也打下里山倡議保全與活用里山資本的根基。

↑
農地氧化亞氮排放監測。
←
林下栽培臺灣山茶之碳匯監測。

三、進入社區林業2.0：啓動里山永續的生態旅遊故事

生態旅遊是在自然地區負責任的旅行，顧及環境保育，維續地方居民的福祉，並要有解說及對業者與遊客教育的內涵（TIES, 2015）。一九九〇年代在國際間興起，主要是基於大眾觀光對於環境、社會文化及經濟的負面衝擊所帶來的省思，另外，也是為了提供保護區周邊社區保育與生計平衡共生的機會。觀光客造訪較未受干擾的自然地區，以享受自然並感激自然（及其所伴隨一切過去及現在的文化特質），不但可推動保育工作，且具較低的旅遊衝擊，並可提供當地居民社會經濟的有利活動。

基於想要將社區林業的理想透過生態旅遊來實踐，本文以二〇〇六年墾丁社頂部落，二〇〇八年霧臺鄉阿禮部落，以及屏東屏南的恆春半島生態旅遊、屏北的臺二十四線生態旅遊，再到二〇一二年旭海觀音鼻自然保留區，以及二〇一七年十八羅漢山自然保護區的社區參與經營為案例，看生態旅遊在永續觀光、生物多樣性保育、里山資本活用的價值與重要性。

資源保育是生態旅遊的核心價值，保育自然人文資源及在地的知識系統，並由社區組織擔負起經營管理的責任，居民因參與生態旅遊的培力而肯定自我。因為生態旅遊除了造福部落經濟之外，也會啟動一系列友善環境、保存文化、活化組織等社區行動，並獲得公私部門的支持而形成緊密的合作關係，可視為社區邁向永續發展重要的發展策略。

1 墾丁社頂部落：環境教育改變了部落的命運

墾丁國家公園管理處於二〇〇五年選擇以社頂部落及其周邊區域，作為墾丁國家公園第一個生態旅遊的試辦地，並於二〇〇六年委託屏東科技大學社區林業團隊以社區營造的做法，開始進駐陪伴社頂部落。屏科大團隊協助社頂部落組成巡守隊，並自二〇〇六年六月開始進行社區資源的巡守監測；同時藉由每週一至兩次密集的工作會議，成為溝通討論與決策的平臺，培養社頂生態旅遊經營團隊。經過半年努力，二〇〇六年八月開始對外推出夜間生態旅遊遊程，九月推出日間生態旅遊遊程，皆獲得遊客良好的評價。二〇〇七年繼續加強社頂生態旅遊的服務品質及經營組織體制，社頂生態旅遊的表現廣受好評，墾管處也因為推動社頂部落生態旅遊成果，榮獲二〇〇八年行政院國家永續發展獎行動計畫類第一名，社頂部落更於二〇一五年獲第三屆國家環境教育獎社團組特優的榮耀。

社頂部落訂定的「生態旅遊公約」明訂部落的居

民、解說員、食宿及交通業者之權利義務以及社區回饋制度，並制定解說員規範、帶客標準作業程序、義務巡守監測規定等，由部落居民簽署實踐，落實約制成效並提升社區居民認同感。

遊程的解說服務一向是社頂部落生態旅遊的主力產品，解說員的精進及服務品質的維繫，不斷強化。此外，社頂部落生態旅遊解說員公約第一條：「自加入解說員訓練課程開始起，就必須成為部落巡守隊員，接受排班加入巡守隊的勤務……」，直到今日仍有很大的影響，社區居民願意為環境投入心血付出，不僅觀念改變，更影響了態度和行為。自二〇〇六年至今，巡守隊平均每個月約二十天進行巡守監測，且為無償制。

環境教育改變社頂部落的發展命運，在承載量的管控下，仍然持續吸引國內外遊客的造訪，其中絕大部分收入都回歸到社區居民，盈餘則用來支持協會營運及社區公共事務。不僅帶來實質經濟收益，以環境保育為基礎的社區發展，也贏得尊重。

⊕⊕
社頂部落毛柿林。從毛柿林眺望東海岸。

2 — 滿州鄉里德社區：灰面鵟鷹的天選之地

里德村土地約七〇%位於墾丁國家公園範圍內，每年十月，有大量的國際保育鳥種灰面鵟鷹過境，此地為全臺灣最大的賞鷹地點。長期以來，秋季灰面鵟鷹過境滿州鄉遭獵殺的事件，始終是資源管理單位的棘手難題，里德社區也因此受到各界指責而背負罵名。

過去的里德社區每逢十月，都有大批的警力進駐，因為在此候鳥遷徙的季節，灰面鵟鷹會在村落周邊樹林休息過夜。在物資缺乏的年代，獵鷹是生活的一部分，隨著時代變遷，在金錢的誘惑下，又逐漸轉變成一種商業行為，驅使居民獵鷹販賣。利之所趨，灰面鵟鷹遭到大量獵捕，族群數量也急遽下降。一九八九年，灰面鵟鷹正式被列入《野生動物保育法》中應予保育之珍貴稀有保育類野生動物。

對於里德社區居民來說，並不樂見墾丁國家公園成立，因為國家公園有保護及利用管制的法規強制性，國家公園警察隊負責取締違法獵捕灰面鵟鷹，加上無法像一般區域進行土地開發，使經濟發展受阻。長期以來社區居民對於國家公園存在敵對與不信任，更對其推動各項保育工作態度消極、甚至不予理會。這使得國家公園自一九八四年成立至二〇一二年，二十八年以來始終無法有效貫徹灰面鵟鷹的保育工作。

↑
里德社區的灰面鵟鷹。

⇑
里德社區生態旅遊場域欖仁溪。
⇓
里德社區的特產雨來菇，需要在天然無汙染且具乾淨水源的環境生長。

自二〇一一年開始著手發展生態旅遊，藉由遊程路線的規劃、解說設計，引領民眾體驗自然、欣賞自然，了解環境保育與社區永續之關係。在不斷的實地操作演練，以及輔導團隊及授課講師從旁指導陪伴之下，里德社區建立生態旅遊解說服務團隊，為遊客解說富含生態及環境教育的知識內容。同時為了確保生態旅遊的永續發展，經過社區工作會議討論，決議成立里德社區巡守隊，制定巡守公約，確立每名巡守隊員的權利及義務。里德社區透過生態旅遊實踐環境教育，社區在潛移默化中產生了變化，不僅生態旅遊大受好評，二〇一三年因為執行環境部（前環保署）環保小學堂推廣計畫成效良好，優先入圍二〇一四年的環境部環保小學堂計畫之示範社區。二〇一七年及二〇一九年分別榮獲第五屆及第七屆國家環境教育獎社區組優等。

3 社區參與保護區經營的新里程

二〇一二年屏東縣政府推動旭海觀音鼻自然保留區的社區參與經營，為臺灣保護區管理開啟新紀元。隨後墾丁國家公園管理處陸續推動生態保護區的社區參與經營，包含二〇一六年龍坑生態保護區，南仁山生態保護區南仁湖路線，二〇一九年南仁山生態保護區溪仔口、鼻頭草原路線，以及林業保育署屏東分署（前屏東林區管理處）在十八羅漢山自然保護區推動的社區參與式經營等，現今臺灣有多處保護區也朝向社區參與經營之規劃，共同為保護區經營管理的轉型，帶來可貴的本土經驗。從環境教育到生態旅遊再到地方永續觀光，我們看見這塊土地上的自然與人文共舞，公私協力用心譜寫的一頁島嶼美麗篇章。

另外，二〇二〇年霧臺鄉自然人文生態景觀區成為全國第一個通過劃設的原鄉，這是依據

《發展觀光條例》第十九條第二項劃設「自然人文生態景觀區」，包含阿禮部落、神山部落、大武部落三個自然人文生態景觀區，已取得兼顧進出管制、聘請專業解說員、收費、公基金運用的法源依據，完成生態旅遊法制作業，是臺灣生態旅遊的重要進展。

↑
屏東縣滿州鄉九棚社區參與南仁山生態保護區鼻頭草原經營，鼻頭草原與 1871 年宮古島漂民上岸的八瑤灣遙遙相望。
←
位於霧臺鄉阿禮部落的林下養蜂場。

森林養蜂場

⇧
十八羅漢山自然保護區，山勢層疊聳峙，峰峰獨立的山頭，遠瞻極似人形，因此稱為十八羅漢山。
⇦
十八羅漢山自然保護區外的 U 型谷，也是社區參與巡護監測的場域。

延伸知識櫥窗

從地方到全國的生態旅遊 DMO：旅遊目的地行銷組織（Destination Marketing Organization, DMO）

目的地行銷組織是負責促進特定旅遊目的地的組織，推廣各旅遊目的地給遊客。由於旅遊業的分散結構，促使需要一個組織來協調各權益關係人，有效推廣目的地，建立有效的合作，以促進生態旅遊的發展，這個模式正在臺灣各個生態旅遊區域成形中。

以十八羅漢山自然人文協會為例，協會不僅提供保護區的環境教育與區外的生態旅遊服務，也結合周遭社區推出不同遊程服務和產品，目前推出的生態旅遊 DMO 遊程，第一條路線是串接中興社區，以有機農場、溼地和林下養蜂為主軸；第二條路線串接荖濃社區，以約翰．湯姆生文化路徑為主軸；第三條路線串接寶來社區，以產業及體驗活動為主軸。除了遊程，也協助社區的場域改善、資源調查與計畫合作，以及農家的產品改善與優化等。

DMO 模式最大的特色是以軸帶、產業鏈的角度，重視各權益關係人的思考，DMO 組織不僅有行銷，也包含經營管理功能，培力在地，共榮共好。生態旅遊永續經營不能單打獨鬥，需要與區域連結，創造產品與服務的多元與豐富性，因此 2024 年由長期陪伴社區的輔導團隊發起「臺灣生態旅遊與地方創生聯盟」（TERRA），作為整合平臺，推廣行銷社區產品，提供社區培力增能及互相交流之機會，提升臺灣生態旅遊品牌，推動永續旅遊觀念成為普世價值。民眾可以透過生態旅遊更加認識臺灣每一寸土地，也為臺灣各地社區生態與文化保存貢獻己力。

臺灣生態旅遊與地方創生聯盟成立集結全臺生態旅遊地發展 DMO

四、與森林共生的林下經濟

混農林業（Agroforestry）結合林業與農業間的土地利用，將木本植物（樹木或灌木）與農作物、家禽畜結合起來，是既可為農民帶來利潤，也可為環境帶來益處的雙贏做法。混農林業分六大類：

1、混牧林業（Silvopasture）：結合林業與畜牧業，通常栽植高價值的林木。

2、田籬間作（Alley Cropping）：行列狀同時栽植農作物與長期林木（或生產堅果的樹種）。

3、濱水森林緩衝帶（Riparian Forest Buffers）：天然或更新造林的濱河林帶，包括喬、灌木及草類。

4、防風林（Windbreaks）：長條狀的樹木或灌木栽植帶，包括田間防風林、畜牧防風林、防雪林等。

5、森林農作（Forest Farming）：在樹冠遮蔭下，栽培高價值的特殊作物，作為藥用、食用及觀賞植物等，例如人蔘、菇類及裝飾用蕨類。

6、家庭農園（Homegardens）：集農作物、林木種植、畜禽飼養、漁業養殖於一體的系統。是一種生活方式，提供自給自足和糧食安全。

近年來全球面臨氣候變遷帶來環境災難威脅，造林可以固定大氣中的二氧化碳，又可增加森林覆蓋，減少劇烈天氣變化所造成的衝擊，所以混農林業體系可同時解決糧食危機與調適氣候變遷，兼顧農民收益與自然保育。

一九七〇年代混農林業引起國際重視，而林下經濟是混農林業的一種型態。林下經濟的定義是「藉助林地的生態環境，在林冠下適度開放多種森林副產物的複合經營模式，甚至發展旅遊、環境教育、森林療癒，顧及林木，充分發揮森林生態環境永續經營的綜合效益」。推動林下經濟不僅可以在全球氣候變遷下，持續推廣造林，增加森林覆蓋率，降低二氧化碳濃度，持續改善野生動物棲息地，調節氣候變遷；同時也是維繫原有森林生態系統，使住民享受林下經濟的惠益的一種振興地方產業與延續文化傳承的創新實踐。其產出的經濟動植物，同時解決糧食危機與住民的生計問題，富有兼顧農民收益與自然保育的雙重功能，搭配生態旅遊活動，也將增加森林產業的美學和育樂價值。

受限於法規，過去臺灣的林業用地只許可造林、苗圃等林業使用行為。經跨部會研議三年，修訂《非都市土地使用管制規則》，增列了「林下經濟經營使用」容許項目，農業部林業及自然保育署再配合訂定《林下經濟經營使用審查作業要點》，於二〇一九年四月十八日發布後開放申請。第一波開放林下種植段木香菇及木耳、臺灣金線連、森林蜂產品共三項正面表列物種。二〇二一年底，將臺灣原生山茶列入；二〇二三年則新增了馬藍、天仙果二項；二〇二五年新增林下經濟品項，包括竹笙、絞股藍（七葉膽）、臺灣白及等，臺灣山茶品項也新增諸羅品系，將為臺灣帶來更多優質的林下產品。

林下經濟開啟了林地管理的興革，在維持森林植被，不施用除蟲、除草藥劑以及不使用化學肥料等友善環境方法下，容許林農適度經營森林副產品，在林木漫長的收穫期間支撐林農生計，使山村部落的產業經濟得以穩定發展。如此一來，山林留得住人、留得住文化，不但有助於文化多樣性與山林智慧的存續，也保護森林土地免於轉作非永續的用途。

↗
林下經濟森林養蜂產蜜。
→
林下栽培臺灣金線連歡喜收穫。
↑
屏東縣牡丹鄉高士部落青年至屏科大學習段木香菇菌種培育技術。

五、因應氣候變遷、糧食安全考量的家庭農園

家庭農園是指在家庭周圍或家庭住宅步行距離之內的小塊土地上耕種，屬密集式的多層次農林混作，可在自家屋頂、窗臺、家庭周邊的畸零土地或農地，栽種可食用或使用的樹木與農作物。家庭農園是一種食物森林、食物庭園或可食地景；更是一種生活方式，提供自給自足和糧食安全，以及農作物、林木種植、畜禽飼養的混農經營。

家庭農園存在一年生和多年生植物，可以保護土壤免受侵蝕，並透過有機凋落物來豐富土壤。依賴單一作物，存在潛在的社會經濟風險，如果市場失靈、蟲害或不利氣候條件，將造成生產損失。種植多種作物的農民更有糧食保障。

家庭農園除了自給自足、互助分享、就地保種，更有益於生物多樣性與生物棲息地保護；此外更能增加家庭收入、民族植物利用知識傳承。在極端氣候下，家庭農園在社區韌性所扮演的角色與價值，相當值得重視。

以屏東縣牡丹鄉高士部落二十一戶家庭農園為例，高士部落家庭農園栽種三三二種植物，共分為穀類、香料、裝飾香花、藥用、水果等十二項作物類型，而農田裡種的樹木高達一一八種、蔬菜六十七種、裝飾香花六十三種，顯現是一種混合種植系統，家庭農園蘊藏著特殊的植物品種及具有文化內涵的民族植物。

屏東縣霧臺鄉神山部落魯凱族百步蛇學校家庭農園〇·〇四公頃，農園主積極栽種多樣物

← 家庭農園多樣多層次的物種栽培。

種，其物種組成總計五十六科一〇九種，農園主要目的是作為觀光用途，空間配置分成民族植物區、果樹區、蔬菜區。農園外的活動區，設有廚房、廁所、教學區，提供遊憩服務功能。投入家庭農園工作具有療癒效果，加上家庭農園的保種與文化功能，可帶來金錢收入以外更多的價值。

高雄市六龜區二十處家庭農園平均面積〇．七公頃，共發現四十七科一〇六種植物，種植了多樣化的食用、藥用、觀賞等多用途植物。樟樹、大葉桃花心木、檳榔、臺灣山茶、金煌芒果、香蕉等，都是六龜地區的特色物產，其中有十二戶種植臺灣山茶，為此地家庭農園最常出現之物種，為當地帶來經濟的同時，也反映了當地的農業文化。

↑
部落利用果園環境友善山林養雞。

↗
研究人員與部落合作，透過社區保育讓野外幾近滅絕的臺灣白花蝴蝶蘭重返原生地。

→
部落巡護隊架設紅外線自動相機監測生物資源。

根經濟軸帶發展，留住山林留住人

作為一個在農村長大的孩子，即使在成年進入都市後，我仍不斷地循溯鄉村如何為我的生命帶來養分。我的童年時期正好是臺灣逐漸從農業進入工業社會的大時代，飛快的經濟發展讓很多質樸的價值觀被視為落後而一一拋於腦後。

從在公職提出社區林業計畫，到進入教職，想要透過教育種下生態保育的種苗，我來到一般人眼中沒有希望的偏鄉，成立社區林業研究團隊。進入社區部落深蹲，我反而如魚得水。因為躲過現代化的經濟開發，這兒存留了值得保存的自然原貌；緊密的社區網絡、不同的地方特色以及貼近的山林生活，也彷彿讓我找到童年的生活記憶。我推廣生態旅遊、林下經濟、家庭農園，為的就是希望能把這些原始珍貴的自然資源永續地保留下來，這與美國環境學家麥奇本的「根經濟」理論似乎不謀而合。

社區林業二十年來在生物多樣性及社區營造的基礎下，根經濟已然成形，並在各地萌芽茁壯。以生態旅遊為例，未來透過鏈結全臺生態旅遊地進行軸帶發展，協助農村友善環境生產，建立產品特色，並透過遊程及體驗活動的規劃，策略聯盟區域內一級到三級生產，可讓生態旅遊加值農業，發展社區支持型農業，促進地產地消。老齡化的鄉村社區居民，將得以分享社區文化，年輕人研發具市場吸引力的商品、體驗活動與服務。這些靈活的行銷做法，將持續厚植能量，發揮蝴蝶效應的影響力，帶來臺灣社會新興的環境永續產業。

↘ 部落紅藜田生產地景與遠山森林相映成趣。

↓ 牛比人口還多的屏東縣滿州鄉九棚社區，近年來因生態旅遊而聞名。

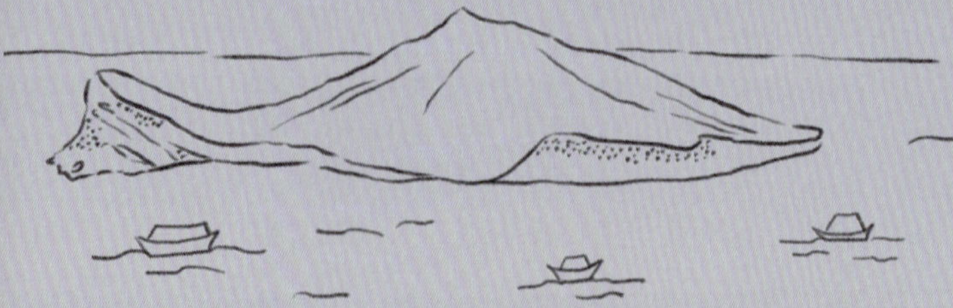

10

共感的地景：
臺灣觀光遊憩區的地景閱讀與再現

李素馨

引言　感到幸福的紋理風景

旅行是自我探索，也是探索世界的一種方式，人們受到內在心理因素的推動，離開平日生活的環境，藉由旅行放鬆身心、追求新奇、探索知識、強化人際關係等。一次次地旅遊拜訪名山勝景、尋幽訪勝、穿梭時空巷弄……那些觸動感官經驗，牽引心靈悸動的地景，是吸引旅人前進的魔力。

地景紋理，是由常民生活與自然環境，不斷堆疊出的變化風景，更是旅遊者認識異地風土人情的重要媒介。這些擁有地方特色、情感內蘊的景色，若經過規劃設計，並透過有限度的經營管理，將能讓人透過觀看、閱讀，心生喜悅，感到生活的幸福。

龜山島，又稱龜山嶼，因外型似浮龜而得名。是宜蘭縣縣屬島嶼中最大的島嶼，也是臺灣目前尚存的活火山。無論從陸路或海路，只要看到龜山島，就知道宜蘭到了。（攝影：王文誠）

一、大歷史下全球移動的景觀演變

1 場所精神：體驗地方獨特的價值

地理環境的地形、河川、山景、樹木、人造物以及人類活動等，構成地景；地名則是人們利用上述元素或形象物件的想像來辨識空間，並賦予名稱，例如龜山島、滬尾（淡水）。這些我們對於空間的認知以及命名的概念，就是所謂閱讀「景觀」。因此，景觀可以說是具有美學、倫理學、自然科學、工程學與人類學、景觀建築學內涵的複合概念。

具有特色的「景觀」通常被劃定為公園、觀光區與遊憩區。「景觀」在國土計畫、城鄉建設中，是一種重要的「精神資源」，遊憩區更與國民休閒生活息息相關。休閒遊憩可能是單純為了享受，或釋放壓力放鬆心情，也可能是為了健康。

一九四八年《世界人權宣言》（*Universal Declaration of Human Rights*，UDHR）明確宣示休閒遊憩是基本人權，在已開發國家中，是一種社會福利，也是基本的公共建設，例如美國是由「公園與遊憩局」管理，具有重要的公共位階。公園遊憩區或某些觀光區的景觀，可以成為一個地區或國家的「名片」，因其代表一種「場所精神」，拉丁語為「*genius loci*」，指一個地方獨特的氛圍和性格，是由自然地理環境以及歷史文化的累積而形成，具有地方獨特的價值，是一種文

淡水滬港。「滬」指沿海漁民以石圍成圈，利用潮汐以捕魚。淡水河北端漁民稱之為石滬角，石滬角之尾端即為淡水街，故簡稱「滬尾」。

化、歷史和社會的交織體，包含地理、社會和文化等不同層面。場所的多重意義及對個人和社群的影響，讓人們理解地方感的重要性。

保羅・高更（Paul Gauguin）的藝術創作充滿了冒險與傳奇，為逃避巴黎世俗壓力，他來到原始的大溪地，以當地風土地景、動植物和在地人生老病死景象，捕捉原始純樸的生命本質，探討了地方空間特性並反思自我認知，引發深刻的哲學思考，例如，我是哪裡人？為什麼我會愛上一個地方？這樣的藝術理念也適用於建築和景觀設計中空間認知形成的概念。將具有地方特色的景觀，透過自然保育和文化資產策略加以保護，形塑地方場所精神，並在土地開發過程中，設定為特殊資源，如此，可以成為提高土地利用價值的重要策略。

「場所精神」是人文地理學者段義孚所談的地方感（sense of place），是「人—地」環境關係研究的本質（Tuan, 1974, 1977）。人居住在地方或經常性接觸地方，會對地方產生各種強烈和持久的情

↑
保羅・高更，《我們從哪裡來？我們是誰？我們要去哪裡？》，1897-1898，布上油畫，139.1cm×374.6cm，波士頓美術館。
（圖片來源：©Paul Gauguin, via Wikimedia Commons）

感反應，可稱之為「戀地情結」（Topophilia）；強調人類對地方的了解、描述與主觀感受，會伴隨著個人特殊經驗或歷史脈絡而累積變化。另外，美國學者威爾遜（Edward O. Wilson）等提出「親生命假說」（Biophilia），指出人類與生俱來具有親近其他生物體的情感，希望和自然世界接觸，因為自然生態訊息有助於人類的發展與生存。

在觀光遊憩發展上，隨著體驗經濟時代來臨，如何讓遊客在景點經由各種方式，獲得如上述道地的自然與文化體驗，包括美食、生態，並與當地人交流等，將有助於形成地方認同。透過旅遊去認識地方、甚至世界，是一種凝視觀看，也是旅遊者與觀光地區的人地互動體驗的價值。

2 從荒野到城市：構成遊憩機會序列

在保護當地歷史文化地景及修復重建建築時，尊重自然荒野的場所精神很重要。美國是最早通過荒野法案的國家之一（一九六四年），《荒野法》定義荒野為「地球及其生物群落未受人類影響的區域，人類本身只是過客」。❶包括美國國家公園、國家森林、野生動植物保護區，甚至河流、峽谷或其他未開發的傳統聚落，均是依此法指定的荒野地區，需進行相關行政職責保護，禁止開發，僅提供非機械化遊憩活動以保護動植物群。

美國「國家公園之父」約翰．繆爾（John Muir）在《我的山間初夏》（*My First Summer in the Sierra*, 1911）一書中，追憶二十一歲時遊歷的景象，「……在這神聖之處，一個人也許會希望見到上帝……」，這種神光乍現具有「無法言喻的欣喜」，必須仰賴我們的感覺、自然的方式，產生更深的歸屬感。❷

❶ 這些地區通常被認為對於某些物種的生存、生物多樣性、生態研究、保護、獨處和娛樂很重要。它們還可以保留歷史遺傳特徵，並為野生植物群提供棲息地，以及在動物園、植物園或實驗室中可能難以重建的動物群。

❷ 約翰．繆爾 1864 年促使優勝美地成為州立公園（1890 年成為國家公園），間接促成全世界第一座國家公園——黃石國家公園於 1872 年設立。資料來源：約翰．繆爾（John Muir），《我的山間初夏》（*My First Summer in the Sierra*），1911。

十八世紀末，歐洲浪漫主義思潮興起，社會大眾對自然的態度由害怕、遠離，轉為希望接近。荒野地區不僅具有深厚的科學以及保育價值；許多觀光服務業者也試圖從荒野中找到生態和娛樂價值，他們認為遊客體驗荒野環境，可以提升自身的審美觀，恢復精神，暫時逃避生活環境壓力。對於一些冒險遊憩者而言，在未知、充滿不確定性的荒野，給予他們刺激以及冒險的感覺，由探險中得到成就感以及滿足感。

由自然荒野至城鎮都市地區，是一具有遊憩機會序列（Recreation Opportunity Spectrum，簡稱ROS）的概念，包括環境、遊憩活動與體驗的相互組合，形成一連續序列多樣化的遊憩機會。克拉克與史坦基（Clark & Stankey, 1979）依可及性、非遊憩資源使用的狀況、現地經營管理、社會互動、可接受的遊客衝擊程度和可接受的制度化管理等六個經營管理要素，將遊憩資源分成四大類：現代化地區（modern）、半現代化地區（semi-modern）、半原始地區（semi-primitive）及原始地區（primitive）。布朗與卓甫（Brown & Drive, 1978）將遊憩資源分為原始地區、半原始無機動車輛地區、半原始有機動車輛地區、集中利用地區、鄉村地區及都市區。也就是將遊憩區依據都市至原野地區所可提供的遊憩資源特色，明確訂出不同的情境屬性。經營管理者可提供多樣化的遊憩機會場所，讓不同觀光旅遊動機和興趣的人們能選擇適當的地點，進行適合的活動，以獲得滿足感，進而使身心獲益（Joyce & Sutton, 2009）。例如，觀光客到臺北信義區一〇一、四四南村附近旅遊，相較於苗栗南庄與新竹縣尖石鄉司馬庫斯，雖然都是體驗地方文化社區聚落，但是交通可及性、容納的遊客量與環境自然度等差異很大，遊客所參與的活動與體驗感受，以及行為之規範，也有很大的差異。

← 都市觀光資源，熱鬧的文化市集。

3 全球休閒旅遊的起源與價值

觀光旅遊的起源是因為人類出於好奇心與冒險心態，並且發現旅遊可以建立貿易路線。在中世紀文藝復興時期，馬可波羅（Marco Polo, 1254-1324）等商人開始展開了長途旅行，前往元朝統治下的中國，回到歐洲後寫下《馬可波羅遊記》。透過此著作，歐洲人對旅遊提高了興趣。隨著商人、教會與各國王室統治領土日益擴大，他們前往離居住地更遠的地方探險與經商，建立貿易路線，促成文化與經濟交流。文藝復興時期，興起專為貴族青年

⇧
鄉村觀光旅遊可享受農村生產、生活、生態環境。
⇩
山林原野地為自然休閒場所。

設計的壯遊（Grand Tour），以遊歷其他歐洲國家為目的，通常會在當地待上一段時間。

工業革命之前，一六一三到一七八五年，稱為大旅行時代（The Grand Tour Era），這是奢華旅遊的鼎盛時期。承繼貴族子弟的壯遊概念，奢華旅遊風氣從英國富豪開始，他們前往法國、瑞士、義大利與德國等地，旅遊成為社會地位的象徵，於十八世紀達到顛峰。

而後因為法國大革命與拿破崙戰爭影響，貴族將觀光旅遊的目的地轉移至海濱地區，海水浴開始成為娛樂活動項目之一。工業革命提高了人民收入，技術革新讓火車和客運運輸逐漸普及，政府也透過立法保障勞工旅遊活動的權利，因此進一步提高了觀光與旅遊的需求。例如一九三八年英國實施《有薪資假期法案》（*Holidays With Pay Act*），當時人們常利用休閒時間，搭乘火車出外旅遊。由於火車觀光相對低廉，且可載運多人，更普及了觀光旅遊。

十八世紀末，鄉村觀光興起，隨著浪漫主義思潮以及報章雜誌與電視媒體對鄉村樸實印象的塑造，田園美好的環境意象（Walmsley, 2003；Cadieux, 2005）促使人們追求徜徉於田園風光的感覺。

隨著工業化與都市化環境快速發展，帶來心理疲累的負面影響日增，人們到鄉村、山林、原野地，尋求舒緩身心壓力，恢復疲勞，凱普蘭夫婦（Kaplan & Kaplan, 1989）認為自然環境是極佳的休息環境，可以使人們恢復直接注意力。恢復性環境應具備四種特徵：離開日常生活環境（being away）、使人心靈契合的延展性（extent）、不須費力就吸引人注意的魅力性（fascination），與支持人們喜好共鳴的相容性（compatibility）環境。

自然療癒（nature therapy）包括遊憩、園藝、森林療癒等，在新冠疫情之後，已益形重要。

❸「逃避」是一個看似貶義的詞彙，然而正由於人類內心與生俱來的逃避心理，推動了人類物質文化和精神文化的創造與進步。「逃避」的過程，也是文化創造的過程。參考資料：段義孚（Yi-Fu Tuan）著，周尚意等譯（2021）。《逃避主義：從恐懼到創造（Escapism）》。臺北：立緒文化。

自然體驗具有重要的心理效益，由專人引導療癒活動，或是自導運用五感體驗自然，達到身心靈放鬆的深沉寧適感，而產生恢復體驗（restorative experience）的效果，呼應了段義孚的逃避主義與正念休閒的概念。❸

↖
雲林草嶺石壁森林療癒基地，
進行身心靈體驗。

由全球大歷史中觀光遊憩活動的變遷來看，顯示休閒旅遊和社會經濟文化發展之間具有極大的關係，隨著交通科技的進展，例如馬車、火車、汽車、輪船、飛機等，不同的運具不僅改變人們移動的方式，也擴展旅遊的範圍，可以到達更遠、更荒野自然的環境。

探險觀光旅遊促成了東西方區域文化間的交流，而遊客與在地接待者之間的關係，是「人—事—物—時空」的轉換，例如觀看與被觀看、異地空間與生活空間、工作時間與休閒觀光時間等。在觀光旅遊移動的地景中，當我們到達目的地時，是什麼樣的自然與文化資源吸引著我？旅客如何透過解說系統閱讀地景？如何感受在地的特質與自己心靈的互動？

二、共感：閱讀地方遊憩地景的N種方式

・回歸在地的遊憩

臺灣具有豐富的自然與人文資源，孕育出多元的風景遊憩型態，包括國家公園、文化遺產、山岳與森林遊樂、濱海與海洋、鄉村觀光、都市觀光，乃至地質公園、地方創生等新興之遊憩地景。不論是自然或文化資源休閒旅遊，皆有其歷史地理、土地紋理、動植物生態資源的知識與故事，若透過軟、硬體之解說，讓遊客了解地方歷史文化與生態故事，進而心有所感，更能產生保護資源或協助促進地方適當發展的能量。

延伸知識櫥窗

臺灣的風景區設立與休閒政策演進

臺灣目前擁有 9 處國家公園，包括墾丁、玉山、太魯閣、陽明山、雪霸、金門、澎湖南方四島、台江以及東沙環礁國家公園，還有 1 處自然公園，即壽山自然公園，主要以自然生態保育為主。

此外，有 13 處國家風景區，包括日月潭、阿里山、東部海岸、東北角暨宜蘭海岸、澎湖、雲嘉南濱海、大鵬灣、茂林、西拉雅、花東縱谷、金門、馬祖以及北海岸及觀音山國家風景區。

森林遊樂區同樣豐富，林業保育署依各地區資源特性，陸續整建 19 處森林遊樂區，分別包括北部區域的滿月圓、內洞、東眼山、拉拉山、觀霧與太平山；中部區域的武陵、合歡山、大雪山、八仙山、奧萬大；南部區域的阿里山、藤枝、雙流與墾丁；東部區域則有池南、富源、向陽與知本等森林遊樂區。

在世界遺產潛力點方面，共有 18 處被列為潛力清單，包括玉山國家公園、太魯閣國家公園、墾丁國家公園、台江國家公園、澎湖南方四島國家公園、東沙環礁國家公園、大屯火山群、雪霸國家公園、阿里山森林鐵路、金門傳統聚落與戰地文化景觀、十鼓文化村與臺灣糖業文化景觀、大湖口文化景觀、九份與金瓜石礦山文化景觀、澎湖玄武岩自然景觀、北投溫泉文化景觀、八田與一與嘉南大圳文化景觀、臺灣鐵道文化景觀以及原住民族文化景觀。

至 2022 年 12 月 31 日止，臺灣共計有 13 座地質公園網絡成員。分別為澎湖海洋地質公園、北部海岸野柳地質公園、北部海岸鼻頭龍洞地質公園、草嶺地質公園、高雄泥岩惡地地質公園、臺東利吉惡地地質公園、馬祖地質公園、雲嘉南濱海地質公園、東部海岸富岡地質公園、桃園草潔沙丘地質公園、和平島地質公園、九份金瓜石水湳洞地質公園、鰲溪地質公園等。分布於全臺各地，涵蓋火山岩、珊瑚礁、海蝕地形等多樣的地質景觀，不僅保護珍貴的地質資源，也成為推動地質科學教育與發展生態旅遊的重要平臺，為臺灣的永續發展提供了重要的自然資源支撐。

臺灣休閒遊憩由自然、山林旅遊進入城鄉發展，與市民日常生活結合。1994 年開始推動「社區總體營造計畫」，在社區營造、文化產業和新故鄉運動思維下，地方文化和產業得以展開與延續。2010 年代以後，隨著社會結構變遷（如人口老化、少子化），社區營造更聚焦於因地制宜的創生策略，例如小農經濟、觀光產業與數位科技結合。1996 年內政部推動「城鄉新風貌」和「一鄉一特色」政策，透過社區參與，提出永續城鄉的整體發展願景。農委會（現改為農業部）輔導農村從「生產型」逐步轉型為「服務型」，朝向休閒農場及農村再生計畫。2019 年由國發會正式啟動「地方創生政策」鼓勵社區運用在地資源發展特色文化與產業。在政府各部門政策與計畫資源的多重挹注下，自然保育、文化觀光、旅遊休閒風潮獲得開展，形成臺灣多元的休閒旅遊資源地景。

・讓臺灣多元地景發光：環境解說教育

解說是遊客與資源的溝通管道，大眾的教育機會，優良的解說能引領人們進入嶄新的迷人世界，帶來新認知、新領悟、新熱情和新興趣。解說系統應該融合當地的自然和文化資源，並涵蓋永續發展理念。遊客來這裡要看什麼？有什麼好玩的事情可以做？遊憩區內有什麼既能保護環境，又有挑戰性的活動？哪些資源可說明環境永續發展的潛在價值？

我們可以把永續性環境解說分為三項主題，分別是：一、天然資源、文化資源；二、基地設計、建築設計、能源管理、供水；三、廢棄物處理、設施的維護與操作。雖然內容不同，但這些原則必須相互作用，並反映於所有解說系統內，包括導覽手冊、標示和解說牌、現場人員解說等，使資源產生相互關聯性。解說永續設計的指導原則旨在導入管理哲學，鼓勵人們作出負責任的旅遊行動，提升遊客遊憩素養（recreation literacy），了解資源特性與相關知識，使其行為表現適合於環境，並逐漸朝向遊憩專門化。

↑ 環境解說教育提升遊客對地方的認同感。

・**遊憩專門化**

遊憩專門化最早由布萊恩（Bryan, 1977）於研究鮭魚釣客時提出，他對於遊憩者有以下發現：一、遊憩者隨著遊憩活動參與時間增長，其專門化之程度與日俱增；二、會積極參與該活動之社交團體，形成所謂「休閒社交圈」，一群人擁有相似態度、信念與思想，從事相似活動，對社群有認同感；三、對於活動追求與消費之態度，逐漸會轉變對活動本質與環境之關懷；四、藉由擁有之設備、技巧，會表現出特殊能力且高度投入，對環境之偏好與活動經驗的累積，

↗ 臺北城北門「承恩門」是清代建築之一，與鐵道北部開發關係密切。

→ 導覽解說人員搭配解說設施可以提高旅遊體驗深度。

使其對於遊憩活動資源的依賴亦俱增。

學者認為遊憩專門化的評量量表包括行為、認知與情感三個構面（Thapa, Graefe, Meyer, 2005），環境知識扮演行為之中介角色，會影響整體與特定利益者之親環境行為（pro-environmental behaviors）。因此，藉由環境解說教育與遊憩專門化之提升，可以使遊憩者增進遊憩與環境素養，讓活動與環境都可以有更好的品質。

例如近年政府推動「向山致敬」政策，改善許多健行、登山步道，造就登山休閒活動蓬勃發展。然而，在登山活動時，時常可見山友們不經意造成自然環境的破壞，如抄捷徑踐踏草皮或走在未鋪設步道的土壤上，容易使土壤表層受到破壞。而隨地亂丟垃圾、便溺、汙水排放等，更容易造成水源區汙染，和環境生態劣化；因此，林務單位或國家公園需藉由導覽解說，或封溪、淨山、無痕山林等管理方式，讓山林休養生息。另外，也可藉由登山者群體的遊憩專門化提升，加強登山安全與山林保育。

登山者在行為、認知與情感三面向的專業化程度，表現於行為面向包含登山活動的經驗、對登山環境的熟悉程度、擁有的登山設備、投資在登山活動的花費、參加社團等；在認知層面，包

括擁有較高之登山技巧、山岳與能力評估的相關知識等；對於登山之情感系統，表現在登山的重要性、進行活動時的快樂程度、是否能藉由登山活動來展現自己的能力，以及登山活動在生活中所占的地位等。因此，登山者累積爬小百岳、百岳之健行登山經驗，日益提升其專業化，不僅能欣賞到壯麗的自然景觀，還能深入體驗當地的文化，在面對高海拔、變化莫測的天氣和艱難的路況，也能協助管理單位、山友提升登山安全、人文山林生態保育管理，這些都是體驗自然和自我深度對話的機會。

三、地景再現：景區永續發展與生態規劃設計

遊憩基地的吸引力，或來自出色的自然或人文特色，或與名勝相鄰，或遠離塵囂。但遊憩環境可能對外來干擾十分敏感，無法抵抗過多人類活動的衝擊。遊憩區開發和設計要清楚界定環境可容許量有多少？可接受改變的限度有多少？只能容許低度開發？或甚至要將過多人為、雜亂設施減量？這些都是維持其永續性環境品質必須考慮的。有些已沒落的地區，可善用觀光開發的好機會，發掘其潛力建設，並保育或修復遭破壞之生態。

→ 登山健行需要尊重山林之環境素養。

← 小琉球海岸保育區與遊客行為之衝突管理。

1 道法自然：景觀生態規劃方法

景觀建築師英．瑪哈（Ian McHarg）於一九六九年出版經典著作《道法自然》（*Design with Nature*），是環境規劃和生態設計領域奠基之作，認為人類的城市與建築開發應該尊重自然，讓環境決定土地用途，利用跨領域科學方法來進行規劃，而不是盲目開發。讓建築與景觀設計融入自然，而非破壞自然。瑪哈提出了一種分層分析法（Layer-Cake Method），將不同的環境因子分層分析，重疊這些圖層，以找出最適合的土地用途。這種方法成為日後地理資訊系統（GIS）的基礎之一，廣泛應用於城市規劃、環境評估和景觀建築。通常包含以下幾個主要內容：

↗ 臺灣農地中常有違規工廠對地景與環境產生破壞。

→ 關於土地的規劃使用，人為活動與風力發電應避免對高美溼地核心區之干擾破壞。

一、自然環境資料

(1) 地形與地貌分析；高程圖（DEM，數值高程模型）；地質土壤、坡度與坡向圖；水文（河流、湖泊、溼地等水體資訊，影響排水、洪水管理）。

(2) 氣候與微氣候分析圖。

(3) 植被圖，生態敏感區圖，特別注意關鍵生態區域，如野生動物棲地、保護區、溼地等，避免不當開發。

二、人文社會環境資料

(1) 土地利用圖，顯示都市、農地、森林、水域等土地用途，為景觀設計提供基礎。

(2) 人口、社經資料圖，顯示人口年齡、性別、社經背景分布。

(3) 交通與基礎設施圖，包含道路、鐵路、橋梁、電網等，影響景觀規劃的可行性與便利性。

(4) 歷史文化資源圖，標示文化遺產、歷史建築、名勝古蹟等，以保護與活化歷史空間。

(5) 土地權屬與政策法規圖，顯示土地所有權、用途分區、建築限制等法規，確保規劃符合政策要求。

三、視覺景觀分析

(1) 視域分析（Viewshed Analysis）：評估從特定觀景點可見的景觀範圍，提升美學價值。

(2) 景觀視覺廊道（Visual Corridor）：規劃重要視覺軸線，確保關鍵景觀不被阻擋或破壞。

(3) 視覺吸收能力（Visual Absorption Capabilities, VAC）：指景觀可接受改變，而不影響其視覺呈現之完整性，包括地形、坡度、地景邊緣、土地區位、植被等。通常坡度越陡，視覺吸收能力越低；而植被越密、地景邊緣越多樣，則視覺吸收力越高。

(4) 景觀經營管理（Landscape management strategies）：經過視覺景觀評估決定經營管理的對策，分為保育、保留、部分保留、改造、大量改造等五種經營，可透過設計與政策措施來保護、改善景觀品質。

景觀規劃圖層套疊的方法，是以證據為基礎（evidence-based），依據科學的資料，整合課題與對策，有效地進行景觀空間規劃，平衡發展與環境保護的需求。

首先對遊憩區開發進行適宜性分析，將基地的潛力與限制，給予權重，確定其吸引力、開發成本（包括環境、文化、交通、災難、能源、運作），對開發目標與課題進行評估，選擇最適宜的模式。規劃過程中必須慎重思考：

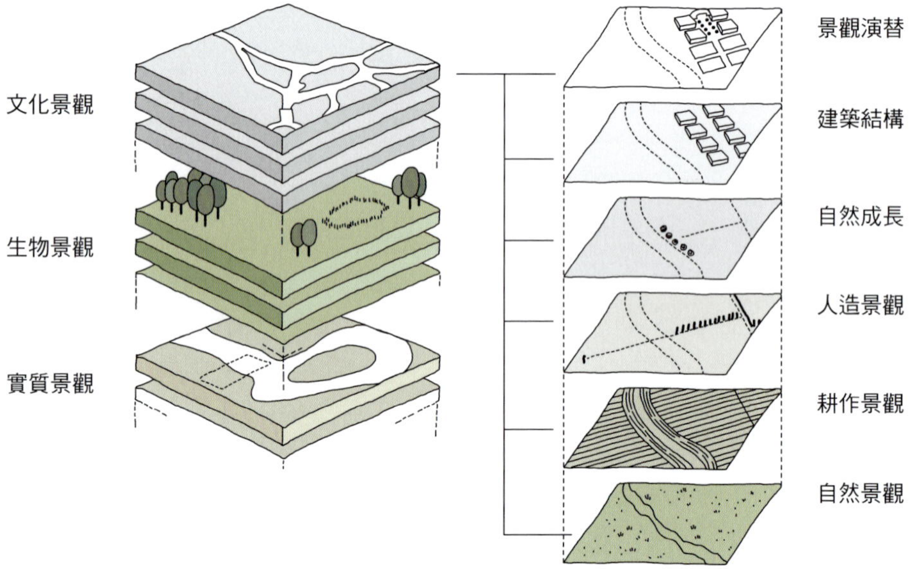

↑
地景疊圖將實質、文化與景觀變遷圖層相疊，為空間資訊系統圖資分析之理念。
（原始資料來源：英．瑪哈〔Ian McHarg〕。〔1969 年〕。
《道法自然》〔*Design with Nature*〕。重製：吳貞儒。）

可以減少開發計畫的影響嗎？引入什麼必要元素（能源、材料、人力、產品）以支持這項計畫呢？能否在合理的環境成本下處理廢棄物呢（如固體廢棄物、汙水、廢氣）？根據基地的資源敏感度、土地的再生能力，判斷基地的開發容許量。

觀光遊憩區應以綠色基礎設施整合多元議題規劃，以保護與管理自然生態系統（Benedict, 2006）。其中綠色基盤（green infrastructure）的概念，可引入遊憩區實質規劃。綠色基盤是指多功能的綠色空間網絡，有助於提升自然和建築環境的品質，成為棲息地間之重要聯繫網絡（van der Ryn and Cowan, 1996），包括遊憩區所有自然、半自然和人為社區網絡的多功能生態系統等。應該優先保護維繫生態與人類生活的環境（如河岸、森林、棲息地與水系）和人為管理的綠地（公園、綠地、水岸和歷史景觀設計），並透過網絡空間連結自然區塊，以提升土地功能與生態效能，再行規劃建築設施，這樣不僅能提高遊憩品質，也能促進生態系統的永續發展。

景觀猶如人體細胞，具有結構（structure）、功能（function）與改變（change）三種性質。景觀結構是實質空間組合，景觀功能是水流、物質、物種，或人類在空間結構中的流動，形成自然區域與人類使用區域的改變。所以，土地利用的改變是結構經過時間的轉型與變動，形成如萬花筒的序列景象（Harris et al. 1996, Forman 1999, 2002）。

假如營建擾動基地，必須想辦法恢復當地的栽植模式，應該盡量保留在地的原生植物，避免不必要的清除與挖掘，並先把它們存放在植物銀行，之後再用當地的植物種植於破壞的基地，以維持生態平衡。綠道（green way）為生態連結的重要元素，近年臺灣許多河岸空間、自行車道系統和國家綠道系統即是強調土地之生態連結和生態核心區塊的概念，例如三貂嶺生態友善隧道「THE DARK LINE」於二〇二二年完工，即是以自然保育手法，重現歷史文化資產，並提供遊客休閒遊憩與自然體驗，更串起了隧道兩側的社區交流活動。

2 景觀營造：遊憩區的地方社區營造

觀光遊憩區可結合鄰近的社區資源，營造地方特色，促進居民與遊客、環境的友好關係，改造場域，提升空間實用性與社區互動，實現永續經營。景觀設計應有效引導遊客參訪，設置步道與可及設施、無障礙友善設施，建立解說系統，以提升遊憩體驗，並注意告示限制進入危險區域。

以華南社區與華南實驗國小合作為例，透過打石技藝、臺階工程與原生植物種植，推動食農教育與農作文化。學校老師皆參與在地導覽與培訓，結合社區產業、旅遊與教育，推動里山農業轉型。另外更以繪本、桌遊寓教於樂，並透過小旅行探索自然景觀、特色書屋與石梯田特殊的地形樣貌，實踐土地零距離理念，找回人與土地的連結，感受土地的脈動。

在臺灣傳統農漁牧地區或原住民部落引入遊憩活動，應採用影響度較低的開發計畫，避免影響當地原本產業經濟，剝奪傳統土地用途。景觀配置應與傳統農漁牧活動相容。在生態旅遊地區，應運用潛在的在地能源，如太陽能、風能等；公共設備系統應配置支援性服務設施，如水電、電信，並同時考慮緊急救援安全性，以及環境之視覺品質、噪音和氣味等五感影響。其他如廢水處理廠和廢棄物回收區等公共設備、能源系統，應選擇合適位置，妥善管理，甚至可考慮作為遊客的環境教育體驗場域。

↑
社區營造培養老中青居民共責共榮環境，並加強接待遊客賦能。

→
三貂嶺生態友善隧道提供遊客休閒遊憩與自然體驗。（圖片來源：達觀設計公司提供）
↓
三貂嶺生態友善隧道打開塵封的隧道，保育垂直自然植被。

許多觀光遊憩區常以「奇觀」為宣傳主導，只注重表象的吸睛，卻顯得庸俗化，過於注重媒體與娛樂宣傳，無法真實呈現社區聚落景觀，造成視覺欺騙。「符號勝於物體，表象勝過本質」，形成「觀光商品化」現象。例如遊憩區或入口意象充斥著婚禮愛心的景觀造型、地方生產水果造型、捐贈單位巨型塑像等，或是過多與地方發展無關之彩繪。建議應由觀光人類學的觀點來詮釋遊憩區或社區資源，當代社會充斥的「景觀偽真實性」設施，並不符合地方創生消費經濟的發展。

四、創造地景：地方化的空間生產與文化治理

亨利．列斐福爾（Henri Lefebvre）以「空間生產」（The production of space）來解釋三重社會空間，包括空間實踐（spatial practice）、空間再現（representations of space）與再現空間（representational space, space of representation）。以下以觀光遊憩地區為例，討論聚落居民、政府專業者和遊客間之關係，說明以地方為導向（place-based）的解說教育學習。

「空間實踐」為居民在社區歷史下所累積出的日常生活空間；「空間再現」是遊憩區現場的教育工作者和空間專業者，將地方與空間的概念設計，融入遊憩區解說設施或活動中；而「再現空間」是社區民眾或志工等參與解說導覽，使遊憩者不僅學習當地知識，還能了解社區、

文化和環境，遊憩者甚至可以參與社區調查、合作項目，和居民解決當地問題，共同「再現空間」。這種參與有助於培養遊憩者的社會參與意識與批判思維，並學習尊重保護遊憩區的文化和環境資源，與地方創生相契合。

1 文化多樣景觀：文化資產與在地美學

一九七二年聯合國教科文組織發布《世界文化及自然遺產公約》，強調文化遺產的保護，並成為觀光市場的重要資源。透過藝術、節慶活動讓遊客深度體驗文化與自然環境；從美術、音樂到歷史、語言，獲得身心療癒。同時，遊客透過與周圍的自然和文化環境的有機連結，體驗「真實」的觀光經驗，對環境特色有深入的了解，提升人文素養。

當地考古學、歷史和居民都是原創資源，可以重演歷史，透過語言與符號再現歷史意義，這是文化意義的生產和轉換過程。「文化觀光」在於展現地方文化，讓在地人民與外來者交流學習，將遊客的五感體驗，包括視覺、聽覺、嗅覺、味覺和觸覺與環境結合，進而得到身心療癒。

以馬祖近年推動「國際藝術島」為例，一九九二年解除戰地政務後，逐步轉型投入島嶼建設。近年以文化治理重塑地方意象，推動觀光，並透過藝術改變地景。

馬祖每座島嶼都有它獨特的身世與可被理解的意象。包括各種戰事遺構；海水顏色的深邃；花崗岩錐石、礫灘；礁嶼間的聚落；被瓊麻掩蓋的大小碉堡；以及大大小小的軍事標語，提醒海風吹拂下的歷史曾經有的枕戈待旦口號。「傾聽島嶼的聲音」活動中，藝術家們的創作與閩東語迴盪、流動於島嶼之間，遊客可以認真地或自在地，去尋找屬於該處的場域系譜；跨越文字、聲音、繪畫、影像、建築、土壤、植栽等不同領域的研究與藝術工作者，將能從中理解馬祖的深厚底蘊，在什麼樣的背景影響下，使其成為現在的樣子？

多樣文化景觀永續性的核心，在於平衡現有文化與新開發計畫，遊憩區應透過考古研究保護文化遺產，並將其融入設計與解說教育。一些神聖地景，如原住民祖靈地或宗教空間，宜以風土設計的語彙，尊重與保護文化歷史；分析當地的設計元素和建築特色，在新開發計畫中保存並延續傳統生活文化。例如在傳統聚落中，容許居民對資源產品採取傳統的收割方式，並且（在可接受的情況下）舉辦活動，與當地食品、音樂、藝術、工藝、生活方式、服飾和建築相連結，促進地方經濟，提升遊憩資源的價值。

2 重返地景：場所依戀

透過景觀改造政策，近年臺灣遊憩區推動城鄉在地觀光、社區營造，成為分享體驗與民眾快樂的泉源，這是專業化的服務產業。然而，遊憩觀光產業仍需創新升級，提升附加價值與經濟效益。除了保育自然與生態永續，需融入文化創意與地方美學，復興傳統技

→
遊客去尋找屬於該處的土壤、植物，以繪畫、文字再現其感受。

↖
東海岸遊客中心以原住民編織與漂流木創作，作為休憩平臺。

←
海就是我的陸，以舊船的零件徵集萌生種子，回應馬祖人漂泊移動的記憶重現與再造。

術，強化在地品牌認同，創新經營行銷，將地方社區的精神、倫理與生活累積的文化意涵，營造出遊憩區獨特地方美學的景觀新風貌。

時間見證自然與景觀的變遷，讓景觀呈現生命生態的演替之美。藉由舉辦文化、生態旅遊或特殊冒險性遊憩活動，或推動「百景選拔」，鼓勵民眾參與評選優良遊樂區，讓自然循環與演替過程被學習、欣賞與保育。社區與遊憩活動若能融入景觀生態美學，轉換成日常生活美感經驗，將能凝聚社區美學風格與環境意識（Van der Ryn & Cowan, 1995）。而聚落透過社區、民眾參與式協商機制，角色互換，聆聽各方面的聲音，可學習地方美感的經驗，凝聚美學價值傳承情懷，逐漸形成在地文化美感的場所依戀感。

未來觀光旅遊的挑戰：智慧、永續、健康

觀光遊憩業治理的核心價值是「分享體驗」、「創造快樂」，是為人們未來幸福而存在的服務產業。然而在地景規劃設計與經營管理時，應基於地景的自然與歷史文化紋理，以社會生態系統的景觀規劃方法，呈現在地地景特色，推動自然觀光、文化觀光的景觀營造策略，生態與文化資源之管理維護要融入文化創意與地方美學風格。

觀光並非地方建設或開發的萬靈丹，需經科學規劃、設計與深耕在地文化，展現地方風

貌，道法自然即是尊重自然與在地文化，確立永續發展與知識管理核心，以公私協力與民眾參與，透過環境與休閒教育，結合地方經驗與歷史文化脈絡，提供遊客五感體驗，讓遊客留下美好的旅遊體驗與回憶。

然而觀光旅遊業仍有許多的挑戰，例如數位科技發展應用、極端氣候、溫室效應，以及如何因應老年化社會、民眾生活壓力等問題。因此，旅遊業應朝向更科技導向的智慧旅遊、環境友善的永續旅遊和身心療癒的健康旅遊發展，這三者若能跨科際整合，將可打造更具價值的旅遊體驗，並且創造「越在地，越國際」的觀光旅遊地景紋理。

⊕ 尊重在地文化，以智慧永續經營的觀光遊憩，能為人們創造健康幸福。

PART 5

韌性・再生

——機會之島

11 多變環境下的島嶼生存方式：
臺灣的地質災害與預警

11

多變環境下的島嶼生存方式：臺灣的地質災害與預警

陳宏宇

引言　與自然的融合之道

數千萬年來，太平洋西岸在地殼板塊鬼斧神工的擠壓抬升之下，出現了一個名為福爾摩沙的美麗島嶼，其渾然天成的地形景觀，交織成密密麻麻而精采的紋理，讓人目不暇給。美麗的紋理，在經年累月的風吹日晒雨淋之下，時而表層巨石脫落，時而山崩地裂，大自然複雜的銳變，讓島民們在生存過程中，催生出一套與老天共存共榮的安全網，地質災害與預警的經驗法則，默默潛移浮現，也構織出一個安心的生活樣態。

臺灣位處太平洋火環帶，鄰近火環帶與周遭的國家，無可避免地必須與地震及颱風所產生的地質災害共存。日常生活與住處四周地質環境，如何能夠彼此融合適應，是生活安全上最重要的基礎。

隨著科技日新月異，大眾對於天然地質災

← 1996 年 7 月底的賀伯颱風造成令人震撼的土石流災害。

害的認知與應對能力不斷提升，為了強化災害防救的韌性，若能善用人工智慧方面的科技，匯聚科學監測資料進行模擬分析等，讓災害預警更精準、更有效率，將能降低災害衝擊損失。

一、山水大地的美麗與殘酷：地質災害

一般人多希望住家前有流水，後有青山，環境優美；然而，一旦青山出現山崩或落石，流水造成淹溢或洪水，甚至屋宇旁出現土石流，美麗將變質成為殘酷的生活夢魘。了解周遭環境可能產生的地質災害種類和衝擊，以及做好事前預警工作，可以讓居家生活真正安全地融入大自然。

1 歷史事件

自然災害事件歷歷在前。

一九九六年七月底的賀伯颱風，為南投地區帶來了一千九百毫米以上的龐大雨量，在信義鄉神木村陳有蘭溪上游，更造成令人震撼的土石流災害。一顆顆三到五公尺的巨大岩塊與混雜的土砂，隨著湍急的水流，

從上游集水區摧枯拉朽直接沖刷、侵蝕至下游各處。

一九九七年八月中旬的溫妮颱風，造成汐止地區林肯大郡順向坡地層滑動，厚實笨重的地層，順著層縫間的滑動面，直接向下衝擊住宅房舍，造成數十條人命的傷亡悲劇。

一九九九年規模七．三的九二一地震，在全島各地造成巨大的人命及財物損失。隨後二〇〇一年夏天的桃芝颱風夾帶巨大的雨量，崩解了中部山區，使得原本受到九二一地震影響而鬆動的地層，產生了山崩及土石流的二次災害，重創原本山明水秀的原野環境。

2 板塊運動與大尺度的侵蝕沖刷

過去許多的研究都指出，臺灣東南側的菲律賓海板塊擠壓西北側的歐亞板塊，造成每年約五到七毫米的垂直上升量。若以臺灣六百萬到一千五百萬年的造山運動歷史來看，理應見識到臺灣高山出現三萬公尺左右的高度。然而，目前最高的玉山僅有三九五〇公尺左右，這代表二萬六千多公尺的高度不見了。主要原因是過去板塊擠壓的造山運動中，颱風豪雨同時伴隨出現，其沖刷侵蝕的現象，從不曾在造山運動過程中怠慢而停息。❶

三萬六千平方公里的臺灣，雖然僅占世界土地面積千分之〇．二四，每年從集水區上游往下游運送的輸砂量，卻匯聚約三億八千四百萬噸；也就是說，每年會出現約三到六毫米的沖刷量。❷此數字相較於世界上其他較大的河川而言，似乎不多；但相對於整體島嶼面積而言，其平均沖蝕率達到了一．九％，此比率可謂名列世界前茅。

❶ Angelier, J. (1986) Geodynamics of the Eurasia-Philippine Sea plate boundary. Spec. Issue. *Tectonophysics,* 125.

❷ Dadson, S. J., Hovius, N., Chen, H., Dade, B. W., Willett, S. D., Hu, J. C., Horng, M. J., Chen, M. C., Stark, C. P., Lague, D. and Lin, J. C. (2003) Links between erosion, runoff variability, and seismicity in the Taiwan orogen, *Nature*, 426:648-651.

⇧
1999 年 9 月的 921 大地震在全島各地造成巨大的人命及財物損失。
⇨
1997 年 8 月中旬的溫妮颱風造成林肯大郡順向坡的地層滑動。
⇩
受到 921 地震影響而鬆動的地層，在 2001 年桃芝颱風期間，產生二次災害山崩及土石流，重創原本山明水秀的原野環境。

3 山區與水作用——土石流

臺灣在地殼的板塊擠壓和碰撞所產生的地層上升過程中，常因地震及汛期期間的暴雨等外力作用影響，在各集水區流域內造成山崩、落石及土石流等破壞性現象。❸在山嶺、溝谷及河流間，會直接或間接對其地表周遭所覆蓋的地層產生淘挖、沖刷等侵蝕作用，使得大量土、石等地質材料的沉積物，在滂沱大雨持續不斷的加壓下，從集水區的上游、中游被運往下游的平原區，甚至沖刷至海洋中。❹這些土石在水流運送及氾濫的過程中，會對居家環境產生諸多衝擊，因此各種財物及人命損失的災害，也會直接或間接地接踵而來。

4 九二一地震

由於地震產生了巨大的震動力，讓震央鄰近山嶺地區原本已經發達的不連續面，直接受到影響，造成地層鬆動，以至於一九九九年的九二一地震過後，接續十年之間，在連續幾次颱風暴雨的肆虐之下，雨水滲入地質材料間，產生巨大的水壓力，使得土壤、岩塊及水流混在一起沖蝕而下，造成了財物及人命的損失。

這種現象在臺灣不曾陌生。二〇二四年四月三日花蓮發生規模七．二地震，其周遭鄰近山嶺地區鬆動的地層，產生山崩、落石不斷，造成不少人命傷亡與損失。不幸的是，七月份接踵而來的颱風、暴雨，造成鐵公路交通中斷，猶如二十五年前九二一地震後的颱風，在中部山區產生類似的災害。

❸ 林慶偉、陳宏宇、林俊全（2005）。〈集集地震引發的地質災害〉。《九二一集集大地震》。臺北：行政院國家科學委員會，165-182 頁。

❹ Chen, H., Hawkins, A. B. (2009) Relationship between earthquake disturbance, tropical rainstorms and debris movement: an overview from Taiwan, Bull. *Engineering Geology & Environment*, 68:161-186.

二、極端氣候不極端：豐枯熱寒無定時

1 豐越豐，枯越枯

近年來氣候變化無常，總讓人難以捉摸。

二〇二〇年北太平洋海面上生成了二十三個颱風，但是卻沒有一個颱風登陸臺灣，整個年度間，全島各地幾乎出現了沒有落雨的現象。事實上，暖化、高溫的現象，最近幾年持續不斷。從氣象署現場的監測紀錄顯示，二〇一四年起連續六年間，臺北測站超過攝氏三十五度的高溫日數幾乎都超過六十天；二〇二〇年甚至達到八十八天，七月份氣象署在臺北觀測站甚至偵測到攝氏三九．七度的高溫，破了一百二十四年監測的最高溫紀錄。當時，全臺水庫的庫容量都出現了最低水位分布的狀況。百年大旱在二〇二一年接踵而來，一連串缺水的現象困擾著社會。政府呼籲大眾節約用水，科學園區再生水使用以及民間限水的呼聲，引發社會各界深感缺水的迫切危機。

而當二〇二三年五月汛期一開始，臺灣鄰近就出現了瑪娃颱風，不僅帶來了大量的雨水，接續而來的杜蘇芮、蘇拉、卡努、海葵以及小犬等五個颱風，不時夾帶致災性的暴雨，不僅將水庫的庫容填充飽飽，還衍生出淹水以及山崩、土石流等地質災害。

二〇二四年夏季如出一轍，五月份汛期開始，颱風暴雨沒有間斷過，凱米、山陀兒、康芮以及天兔等四個颱風，持續讓全臺水庫庫容量達到滿水位。

時而大旱，時而多澇，科學家似乎找不出一個合理統計的回歸期。這種「豐越豐、枯越枯」的極端氣候，目前似乎已經變成大自然的正常型態了。

2 沒有最熱，只有更熱的二〇二四年

世界氣象組織於二〇二五年的報告指出，二〇一九年至二〇二四年是一八五〇年工業革命後全球最熱的五年。

從過去的監測資料發現，二〇二四年全球的增溫已經超過攝氏一．五度，是工業革命後迄今最熱的一年；而且暖化腳步沒有停歇，目前溫度仍持續上升。❺全球各地增溫幅度各有不同，大致上陸地增溫的幅度遠高於海洋。研究報告也指出，在二十世紀後期，暖化增溫主要原因在於人為因素，也就是人類排放的溫室氣體急遽增加，地球持續增溫，導致海水出現熱膨脹效應，加上陸冰的融化，使得海水面高度隨之上升；臺灣及鄰近的海域，沒有倖免。

3 防災之道三方向

根據二〇二四年國科會及環境部共同發布的《國家氣候變遷科學報告》中清楚說明，臺灣在全球氣候變遷情境下，四大水資源分區的變化，如同這幾年的自然事實，汛期雨量偏多、春季雨量偏少，也就是豐水期多雨，枯水期少雨，春季旱象將成為未來的常態。

極端天氣已經導致災害頻率與規模增加，因此，強化防災工作刻不容緩。

由於未來四十年全球暖化現象將持續發生，極端氣候也會更加劇烈，因此，須備好調適策

❺ 國科會、環境部（2024）。《國家氣候變遷科學報告 2024：現象、衝擊與調適》。

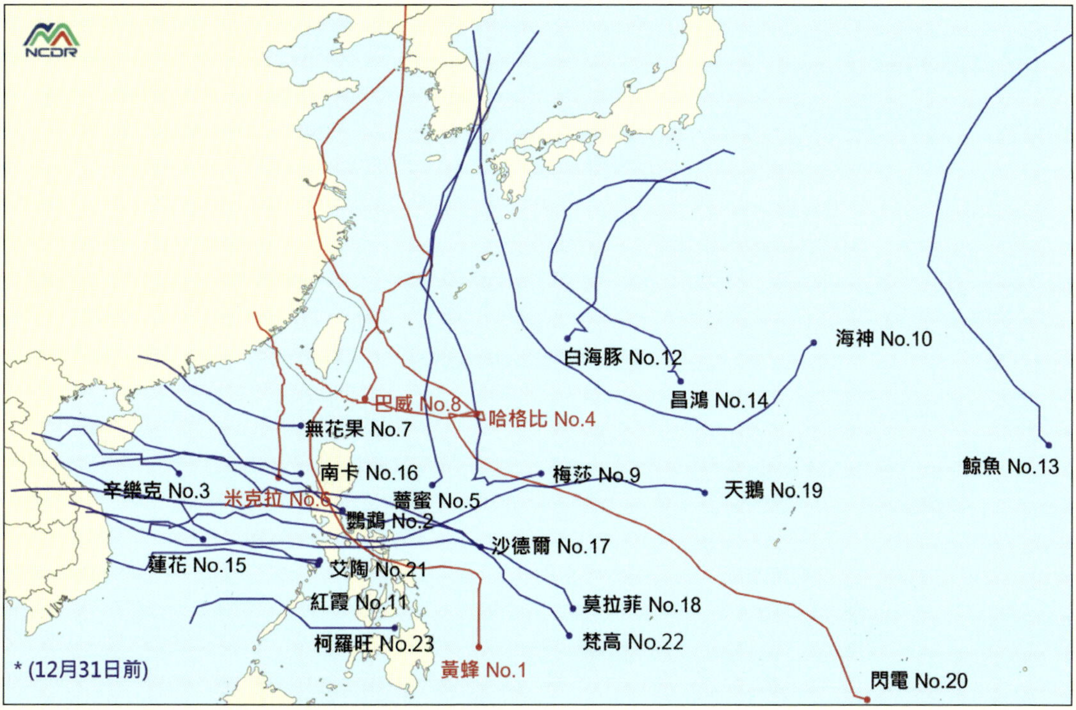

↑
2020 年太平洋生成的 23 個颱風，沒有一個登陸臺灣。

- 1897-2020年高溫35℃以上的天數每年約20天
- 2020年最高溫≧35℃日數共計88天，史上排名第1，比排名第二的2016年的77日增加了11天
- 2020年7月24日臺北站觀測到39.7℃，是124年來最高溫紀錄

	① / ②
2014	61 / 29
2015	53 / 19
2016	77 / 46
2017	72 / 34
2018	57 / 38
2019	61 / 26
2020	88 / 64
2021	44 / 15

*統計至2021/12/31 ①WMO定義35℃高溫 ②中央氣象署定義36℃高溫

↑
2020 年超過 35°C 的高溫有 88 天。

水庫水位監測
1週差異
2週差異
1個月差異
其他選項
新山水庫 83.03 m 82.8% 05-19 08:00 -5.5% (04/19)
翡翠水庫 155 m 62.4% 05-19 12:00 -10.3% (04/19)
石門水庫 207.75 m 11.7% 05-19 12:00 -13.7% (04/19)
寶山第二水庫 114.92 m 3.7% 05-19 12:00 -2.7% (04/19)
永和山水庫 50.51 m 2.9% 05-19 07:00 -3.2% (04/19)
明德水庫 47.67 m 8.6% 05-19 07:00 -1.2% (04/19)
鯉魚潭水庫 249.37 m 2.7% 05-19 11:00 -4.5% (04/19)
德基水庫 1323.5 m 1.8% 05-19 07:00 -1.9% (04/19)
日月潭水庫 734.72 m 27% 05-19 07:00 -5.3% (04/19)
湖山水庫 189.4 m 30.8% 05-19 12:00 -7.7% (04/19)
仁義潭水庫 94.32 m 18.6% 05-19 07:00 -5.5% (04/19)
曾文水庫 189.72 m 6% 05-19 12:00 -5.7% (04/19)
烏山頭水庫 52.6 m 42.5% 05-19 07:00 7.6% (04/19)
南化水庫 157.62 m 11.2% 05-19 07:00 -14.5% (04/19)
阿公店水庫 29.95 m 3.3% 05-19 12:00 -13.4% (04/19)
牡丹水庫 125.41 m 34.8% 05-19 12:00 -9.7% (04/19)
水庫水位與
集水區雨量評估
水情正常
水情提醒
減壓供水
減量供水
分區供水
水庫雨量評估
2021年5月累積雨量與歷史相比皆短少，旱象嚴峻
-1791.2 mm
曾文水庫
-1779.2 mm
德基水庫
-1522.1 mm
鯉魚潭水庫
-1341.8 mm
石門水庫
-1205.6 mm
寶二水庫
-1022.8 mm
翡翠水庫

⇧
2021 年全臺的主要水庫都出現了最低水位分布的狀況。

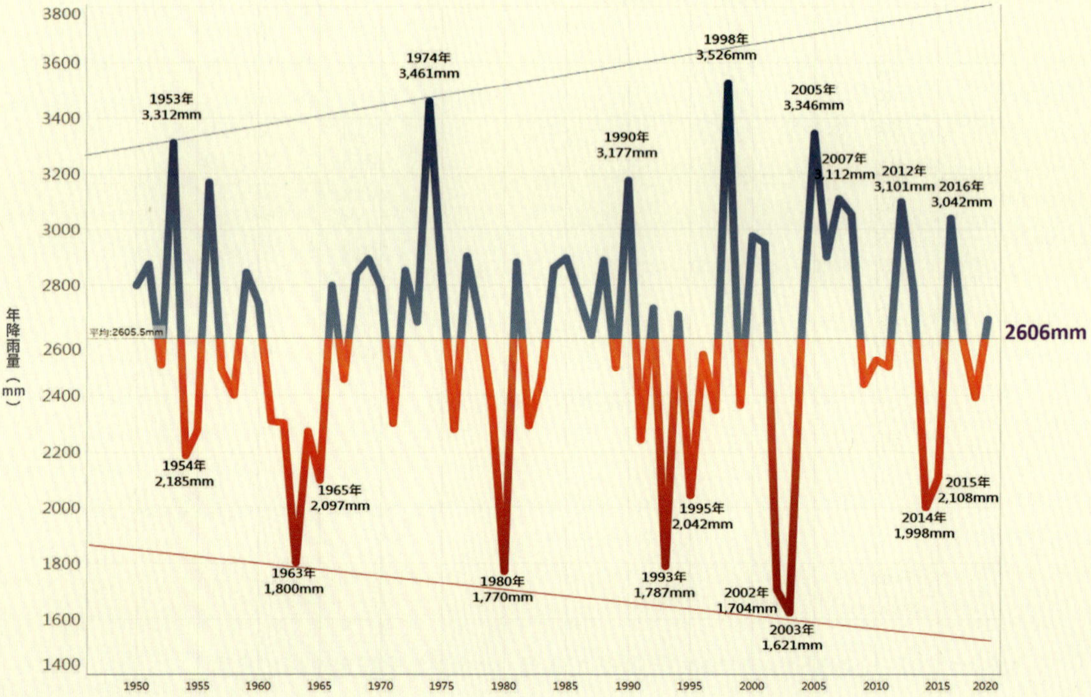
3800
3600
3400
3200
3000
2800
2600
2400
2200
2000
1800
1600
1400
年降雨量（mm）
平均:2605.5mm
2606mm
1953年 3,312mm
1974年 3,461mm
1998年 3,526mm
2005年 3,346mm
1990年 3,177mm
2007年 3,112mm
2012年 3,101mm
2016年 3,042mm
1954年 2,185mm
1965年 2,097mm
1995年 2,042mm
2015年 2,108mm
2014年 1,998mm
1963年 1,800mm
1980年 1,770mm
1993年 1,787mm
2002年 1,704mm
2003年 1,621mm
1950
1955
1960
1965
1970
1975
1980
1985
1990
1995
2000
2005
2010
2015
2020

測站資料：基隆、宜蘭、淡水、臺北、新竹、臺中、臺南、高雄、花蓮、成功、臺東、大武、恆春、竹子湖、鞍部、阿里山、玉山、日月潭

⇧
「豐越豐、枯越枯」的極端氣候，已經變成大自然的正常型態。

略，針對未來可能增加的風險，提早實施防範未然的減災政策，以確保極端事件來臨時，國家與社會降低風險與損害。未來的氣候變遷工作，須朝向「防災、調適、淨零」等三方面進行，透過災害監測與預警能力的提升，才能有效應對、降低災害衝擊。

透過碳排放的減少，增加碳吸收或實施碳封存等因應措施，可以達到全球淨零排放的目標。從長遠角度來看，讓暖化的地球能夠徹底降溫，才是釜底抽薪之道。這些措施，短期內可以減緩暖化趨勢，長期間則能夠穩定地球的溫度，降低極端天氣所造成災害發生的機率與強度。

三、災害應變

天然災害無可避免，讓災害衝擊的風險降低，必須做好災害應變工作，也就是災害出現前的預警工作，提供事前精準的情資研判訊息，以利民眾提前做好避災及減災工作，一旦災害發生時，必可大大減少相關人命財物的損失。

從過去的經驗可知，一般天然災害應變運作的標準程序包括四階段：一、啟動；二、準備；三、應變；四、復原。❻每個階段都會因應不同情資狀況，提出不同的應對資訊及建議。災害情資的預警資訊，以及防減災的超前布署工作，都應該依照應變的標準作業程序，每個階段一步一步確實執行，才可以免於悲劇的發生，確保生命財產的安全。

❻ Sendai Framework for Disaster Risk Reduction 2015-2030, UN, 2015, https://www.undrr.org/publication/sendai-framework-risk-reduction-2015-2030

地震預警

關於地震警報發布，主責單位是中央氣象署。當出現地震規模 5.0，震度 4 級，或是地震規模 6.5，震度 3 級的區域範圍，會即時發布國家級警報，該區域範圍內的手機都會收到即時訊息。由於地震無法預測，沒有事前任何的徵兆可依循，因此當手機響起國家警報時，每個人心理上必須準備好即刻遵循三大基本避災反應動作：**1、趴下；2、掩護；3、穩住**。

深入災害應變中心現場

當中央災害應變中心開設時，各部會必須馬上進駐，各單位工作人員需要隨時提供該單位主責的情資，也就是災防預警資訊。各主責單位將所有研判工作彙整，可即時提供指揮官進行決策參考；國家災害防救科技中心（簡稱 NCDR，全名為 National Science and Technology Center for Disaster Reduction）也會將各項科技監測的災害情資彙整，進行分析研判。一旦有所決策，這些決策建議會立刻送達各開設應變中心的地方政府，使中央及地方政府訊息一致，彼此通力合作，超前部署進行防災，包括山區或鄰近沿海地區民眾的疏散撤離工作。

不管是封閉道路、暫時疏散撤離，一定要在當下快速決定並下達決策，才能爭取更多行動時間。配合災害預警各項訊息進行調度，可將災害衝擊減到最低。

例如經濟部水利署會提供集水區河川及水庫庫容的即時水位分布狀況，是否會達到黃色及紅色警戒的警示，下游是否會出現淹水災害等。農業部的農村及水土保持署會提供各集水區土石流潛勢溪流的即時警示狀況，是否會對下游或周遭居民產生衝擊，並會發布黃色到紅色警戒，目的在於提早進行疏散和撤離措施。暫時的疏散和撤離，可以讓居民的生命得到安全保護。

當大風大雨來臨時，交通部公路局提供各山區道路的即時通阻狀況，例如哪些地區可能造成山崩、落石、土石流，哪些地區可能會破壞道路通行，必須提出高風險路段的自動預警措施，使所有用路人可避開風險衝擊較大的區域。

例如預警颱風登陸前後，其環流所帶來的大風大雨，可能會在哪些地方造成衝擊，盡早圈繪，即時送達各地方政府，使第一線執行工作的人員，快速進行避災及減災超前部署。

四、防災的時代演進：科技時代來臨

1 從類比到數位開放的 open-data

隨著資訊科技的演進，各類防災資訊的傳遞與應用，已經從傳統的類比救災型態，逐漸轉成數位化的整合型，此為現今潮流，也就是利用大量的空間資料蒐集、彙整、分析與展示等大數據（Big Data）整合技術，進行災害潛勢分析、危險度分析、境況模擬、早期預警、損失評估、

颱風預警與降雨預報

臺灣最常見的天然災害以颱風及地震為主，「颱風警報」的發布主責單位為中央氣象署，會依照訂定的標準作業程序進行。當颱風 7 級風之暴風範圍可能接觸臺灣外海 100 公里以內海域時的 24 小時前，會發布「海上」颱風警報；當颱風 7 級風之暴風範圍將接觸臺灣陸地的前 18 小時，會發布「陸上」颱風警報。中央災害應變中心會同時根據警報發布的時間順序，要求各權責單位工作人員提前進駐應變中心，準備各項工作，以提早布署颱風登陸產生災害衝擊時，各項防減災的事前執行作業。

此外，中央氣象署平常在一天內，只發布兩次降雨預報資訊，也就是一天 24 小時內，每隔 12 小時發布一次降雨資訊。當中央災害應變中心啟動颱風應變作業或是特殊暴雨狀況時，會立刻縮短時間，提供每天 8 次的預報資訊，一天 24 小時之內每間隔 3 小時就會發布一次全國各地降雨的量化資訊。民眾迅速了解颱風可能帶來的暴雨分布狀況，以及產生的致災性衝擊，可預先做好應變布署措施。

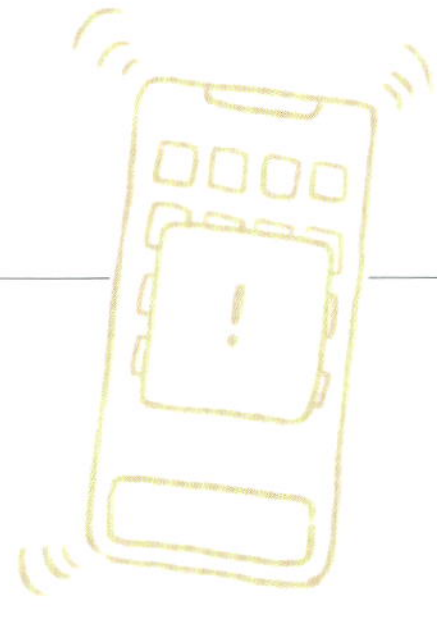

救災管理，以及災後復原重建規劃等各項作業，有效提升防災預警的精準度，協助民眾做好防災準備，並應用於各種天然災害的防救工作。

這些資料的整合，包括了福衛七號衛星的即時觀測數據、氣象雷達及雨量實地量測的數據、集水區的水文及土石流的實地監測數據等，利用數位化技術，自動彙整於標準化之空間地圖，再以人工智慧（AI）的工具將所有彙整的大數據進行分析，迅速建立災害預警模型，同時隨著觀測資料以及時間的變化，隨時進行滾動式修正。

目前災防大數據的平臺系統，都是屬於開放數據（Open Data），也就是所有災害情資預警資訊都是公開的，主要目的是希望全民能夠共享，一起做防災，形成低災害、低風險的社會，這是開放數據的最大精神。

2 建立公司夥伴關係、創新力加值應用

隨著智慧行動裝置普及化，接收災害情資的方式已不再局限於傳統的媒體報導，各防災主責單位的角色也不再只是資訊的提供者。因此，未來資訊廣泛應用的趨勢，逐漸走向公私部門的夥伴關係，也就是由防災主責單位提供開放數據，再透過民間創新的活力，進行資訊的加值應用，再將這些成果提供一般大眾以及防救災人員，以了解即時災情現況。例如，透過「災害情資網」或「落雨小幫手」APP，向民眾提供即時降雨預警資訊、停班停課資訊、交通資訊等，協助民眾進行防災準備和應變。

跨部門整合情資

國家災害防救科技中心在 @LINE 的官方帳號內，提供了氣象、水文、交通、民生等 48 種災害相關的即時訊息給使用者，所有民眾可以從此了解自己居住地的災害情資。其他防災主責單位可將加值應用成果的資料，以「每日三分鐘」、「一圖一表一說明」，或是「主題式呈現」等方式，讓民眾快速掌握重要資訊。

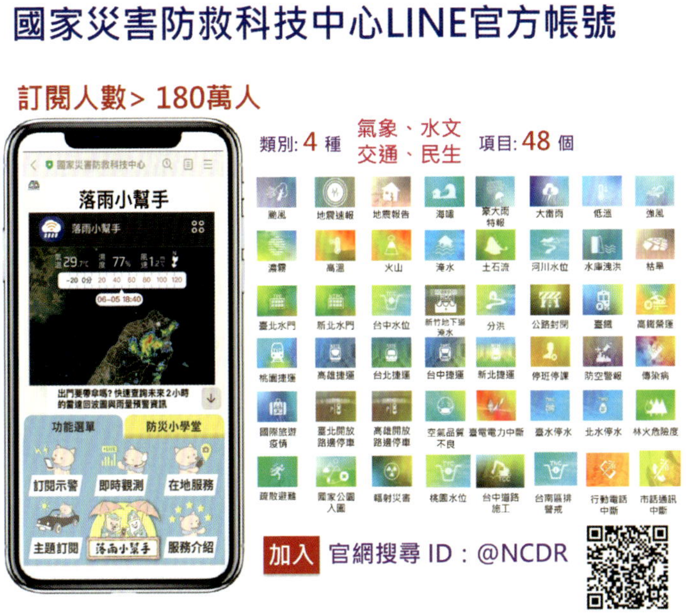

國家災害防救科技中心 LINE 的官方帳號提供了氣象、水文、交通、民生等 48 種災害相關的即時訊息。

過去各防災主責單位採用自行處理方式逕行發布，往往無法掌握完整訊息。經國家災害防救科技中心統一制定可供國內各界運用之災害共通示警協議標準後，各單位便可有所依循，發布共通訊息，以利各系統平臺介接應用，讓災害示警資訊能夠迅速的傳遞到民眾。

統一標準格式後，目前「民生示警公開資料平臺」提供的警報資訊，包括颱風警報、豪大雨特報、地震警報、海嘯警報、道路預警性封閉、道路災害性封閉、淹水警戒、河川高水位警戒、水庫洩洪警戒、土石流紅黃警戒、上班上課狀態，以及臺鐵、高鐵通阻狀況等 60 種預警資料，大大提升了防災效率。

緊急一刻！防災使命

利用科技研發來建置完整的地質災害數據，以及精準的預警系統，可以讓預期的災害衝擊降至最低。二〇一五年的蘇迪勒颱風便是一個活生生的案例。

印象中，當年蘇迪勒颱風登陸臺灣東北部前的八月七日，是個豔陽高照的好天氣，中央災害應變中心從各項數據資料顯示，桃園地區的合流部落可能會在當天半夜颱風登陸後，開始大雨傾盆，然後會在幾個集水區中產生土石流，其中有保全對象的合流部落將首當其衝，會受到嚴重衝擊。因此中央災害應變中心根據這個預警資訊，於八月七日白天便開始啟動疏散撤離的措施，並於當天傍晚全數撤離該部落的二十四戶居民。沒想到隔天八月八日清晨七時過後，滂沱大雨夾帶著大量的土石，猶如摧枯拉朽般直接衝散了集水區的住宅，那一幕現場景象實在令人震撼。

「防災重於救災，離災優於防災」，有效提升防災的精準度，讓防災常識普及化，協助大家做好準備，降低災害衝擊帶來的各種損失，是災害預警最重要的目的。

居住在地球村的每一個人，見證著大自然的循環作用，學習彼此共處，才是島嶼子民能安全融入自然的生存之道。

←
2015 年蘇迪勒颱風在滂沱大雨中夾帶著大量的土石，猶如摧枯拉朽般直接衝散了集水區的住宅。

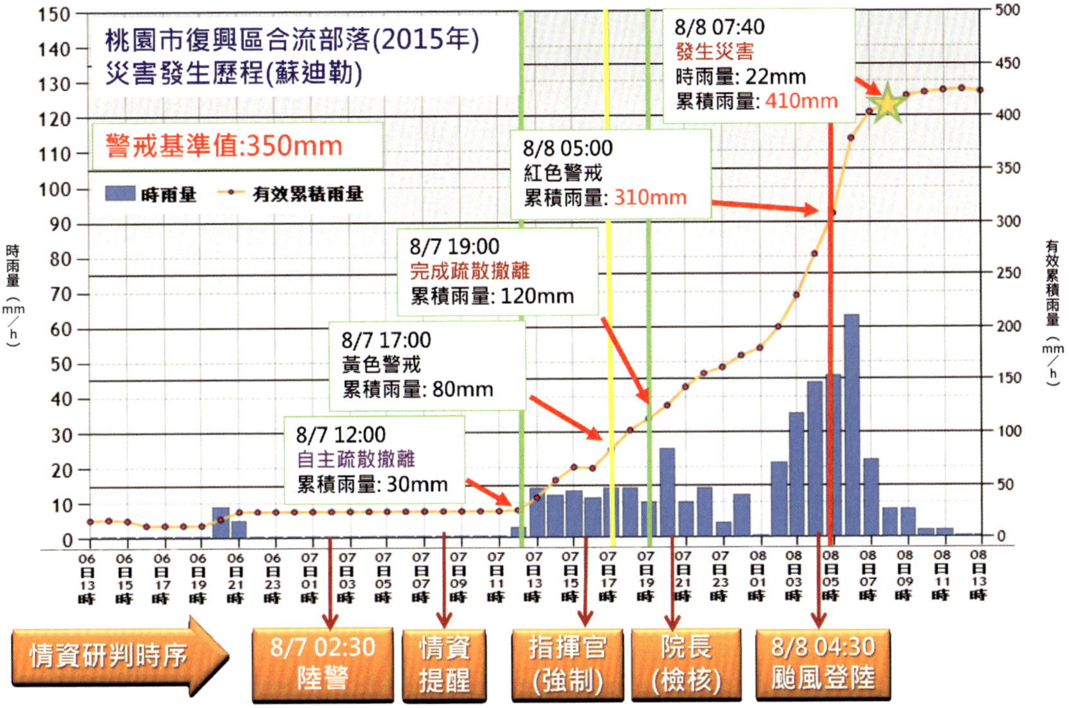
桃園市復興區合流部落(2015年)
災害發生歷程(蘇迪勒)
警戒基準值:350mm
時雨量
有效累積雨量
時雨量（mm/h）
有效累積雨量（mm/h）
8/8 07:40
發生災害
時雨量: 22mm
累積雨量: 410mm
8/8 05:00
紅色警戒
累積雨量: 310mm
8/7 19:00
完成疏散撤離
累積雨量: 120mm
8/7 17:00
黃色警戒
累積雨量: 80mm
8/7 12:00
自主疏散撤離
累積雨量: 30mm
情資研判時序
8/7 02:30
陸警
情資
提醒
指揮官
(強制)
院長
(檢核)
8/8 04:30
颱風登陸

↑
2015 年蘇迪勒颱風侵襲時，啟動疏散撤離的時序。

大自然給我們上的一課

臺灣的山坡地坡度陡峭、地質脆弱，經常重複發生崩塌現象。以秀巒崩塌地為例，此處受到白石溪長時間的坡腳侵蝕，以及颱風降雨影響，崩塌、植被裸露、地表沖蝕等現象重複發生。上圖為 2023 年 6 月地表植被裸露狀況。

此圖為連續經歷 2023 年卡努颱風、蘇拉颱風、海葵颱風、小犬颱風之後，裸露的地表持續沖刷、蝕溝發展，醞釀下一次的崩塌事件。理解環境，重視防災，學習與大自然共處，才是安全融入自然的生存之道。

跋

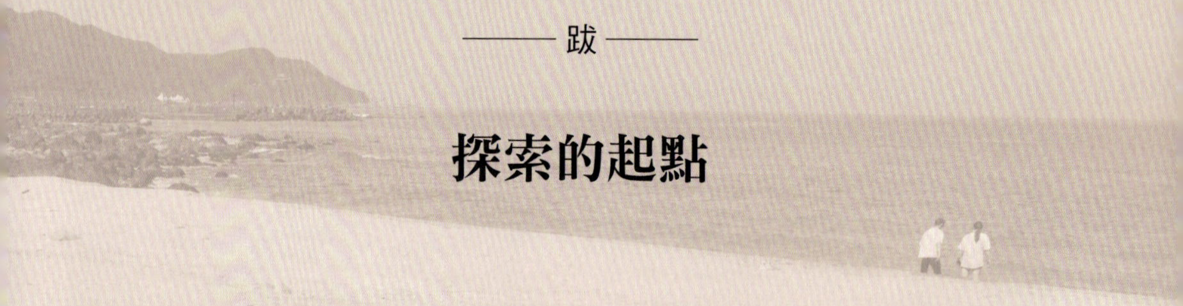

探索的起點

紋理這兩個字，代表著一種組成與條理的特性。臺灣的紋理代表臺灣這塊土地的種種組成、排列與彼此關係。我們所面對的環境，包括因為造山運動形成的地質構造、地表高低起伏，也包括整個生態的棲地，以及人為開發與生存空間。其中，充滿了各種長時間演育出來的生活舞臺，有礦業、林業、農漁牧業；更充滿各種組成空間的秩序與特色。

臺灣的紋理分成兩個系列進行，也分成兩本書出版。這兩本作品希望盡可能呈現臺灣當前的議題與問題，包括自然環境的特色，尤其是豐富的生態多樣性，加上海洋的特色與人們長久以來利用土地的痕跡，及其所構成的文化資產，乃至可能的災害現象等，這些主題都有精簡扼要的剖析。

對當代臺灣而言，相關的議題與發展過程，已經慢慢有較為深入、長期的研究與了解，如今透過 22 篇文章爬梳整理出來，分享國人，是當代學者的一份責任，相信也是一種樂趣。可以介

紹的課題太多了，臺灣紋理系列只能呈現一小部分，但期待對於希望了解更多臺灣故事的讀者而言，這兩本書可提供一些探索的機會，讓您深入了解更多土地的故事。

臺灣的紋理專書順利出版，首先要感謝各位講師的協力，也要謝謝讀書共和國、野人出版社的協助。特別感佩郭重興社長、王梵主編，堅持為臺灣這塊土地的傳承，盡一份心力。

臺灣的紋理系列演講，在 2024 年共進行了 24 場，目前已經後製為 100 集的演講精華版。要謝謝臺大地理環境資源學系提供系列演講的講堂與同步轉播的軟硬體設備，讓這個系列完滿達成目標。感恩這一切。

林俊全

臺灣地形研究室「臺灣的紋理系列演講」連結網址

beNature13

臺灣的紋理 2
人文篇——人地關係中的文化、聚落、產業、景觀與防災

Human Texture of Taiwan
Man–Land Relations Manifested in Culture, Settlement, Economy, Landscape, and Disaster Reduction

作　　者／王文誠、李柏賢、李素馨、林俊全、洪伯邑、洪廣冀、
陳宏宇、陳美惠、黃誌川、劉益昌、蘇淑娟
召集統籌／林俊全
攝　　影／若無特別標示來源，皆為該篇作者提供

野人文化股份有限公司 第二編輯部
主　　編／王梵
封面設計／廖韡
內頁排版／吳貞儒
專案行銷／李夢
校　　對／林昌榮
出　　版／野人文化股份有限公司
發　　行／遠足文化事業股份有限公司（讀書共和國出版集團）
地　　址／ 231 新北市新店區民權路 108-2 號 9 樓
電　　話／ (02)2218-1417
傳　　真／ (02)8667-1065
電子信箱／ service@bookrep.com.tw
網　　址／ www.bookrep.com.tw
郵撥帳號／ 19504465 遠足文化事業股份有限公司
客服專線／ 0800-221-029
法律顧問／華洋法律事務所 蘇文生律師
印　　製／通南彩色印刷股份有限公司
初版一刷／ 2025 年 7 月
初版二刷／ 2025 年 10 月
定　　價／ 700 元
ISBN ／ 978-626-7716-77-9
EISBN(PDF) ／ 978-626-7716-75-5
EISBN(EPUB) ／ 978-626-7716-74-8

歡迎團體訂購，另有優惠，請洽業務部 (02)2218-1417 分機 1124

國家圖書館出版品預行編目 (CIP) 資料

臺灣的紋理 . 2, 人文篇：人地關係中的文化、聚落、產業、景觀與防災 = Human texture of Taiwan : man-land relations manifested in culture, settlement, economy, landscape, and disaster reduction/ 王文誠 , 李柏賢 , 李素馨 , 林俊全 , 洪伯邑 , 洪廣冀 , 陳宏宇 , 陳美惠 , 黃誌川 , 劉益昌 , 蘇淑娟作 . -- 初版 . -- 新北市：野人文化股份有限公司出版：遠足文化事業股份有限公司發行 , 2025.07
面；　公分 . -- (beNature ; 13)
ISBN 978-626-7716-77-9(平裝)

1.CST: 臺灣地理 2.CST: 人文地理
733.3　　114008761